普通高等职业教育"十三五"规划教材

商务礼仪实务

第三版

康开洁　柳　娜　孙艺敏　主　编
杨　程　唐盛仙　朱　莉　副主编
何瑾睿　参　编

清华大学出版社

北　京

内 容 简 介

本书遵循适用、够用、管用和好用的原则来介绍商务礼仪，全书共分七个学习情境，详细介绍了商务礼仪的具体构成，以及各种情况下商务礼仪的操作规则。分别是商务礼仪基础知识、个人形象设计、商务社交礼仪、商务沟通、商务拜访与接待活动、商务会议活动以及求职礼仪。各学习情境中又分为若干子情境，将工作实践中的实际场景融入教学中。

本书适合高职高专院校国际商务、工商管理、商务管理等各种商务贸易类专业教学使用，也适合在职商务人员自学使用。

图书在版编目（CIP）数据

商务礼仪实务 / 康开洁，柳娜，孙艺敏主编 . —2 版 . —北京：清华大学出版社，2020.6（2024.7重印）
普通高等职业教育"十三五"规划教材
ISBN 978-7-302-54944-4

Ⅰ.①商… Ⅱ.①康… ②柳… ③孙… Ⅲ.①商务－礼仪－高等职业教育－教材 Ⅳ.①F718

中国版本图书馆 CIP 数据核字（2020）第 030539 号

责任编辑：刘志彬
封面设计：李伯骥
责任校对：宋玉莲
责任印制：宋 林

出版发行：清华大学出版社
   网 址：https://www. tup. com. cn，https://www. wqxuetang. com
   地 址：北京清华大学学研大厦 A 座   邮 编：100084
   社 总 机：010-83470000   邮 购：010-62786544
   投稿与读者服务：010-62776969，c-service@tup. tsinghua. edu. cn
   质量反馈：010-62772015，zhiliang@tup. tsinghua. edu. cn
印 装 者：三河市人民印务有限公司
经 销：全国新华书店
开 本：185mm×260mm   印 张：15   字 数：364 千字
版 次：2015 年 11 月第 1 版 2020 年 7 月第 2 版 印 次：2024 年 7 月第 7 次印刷
定 价：42.00 元

产品编号：086309-01

Preface 前 言

　　随着市场经济的发展，各种商务活动日趋增多，加之国际间的商务交流日益增多，商务礼仪的重要性也越发凸显。商务礼仪是商业、企业人士在日常商务交往活动中应当自觉遵守的行为规范。在日常工作中，职场人士必须与上司、同事、下属、客户等各种身份的人保持一种团结友好、相互尊重、合作共赢的关系，而礼仪，在人际沟通中扮演着必不可少的重要角色。因此，必须时刻注意维护自身形象。大学生掌握礼仪知识、遵循礼仪规范、避免不合礼仪的言行，就业以后才能卓有成效地开展商务活动。

　　谈到商务礼仪，很多人认为与公司的发展关联不大，与个人职业发展联系不强；也有人认为职业经理人不讲究商务礼仪，照样能够纵横商界。但是越来越多的人已经认识到，商务礼仪的作用不能小视。商务礼仪作为企业文化、企业理念不可或缺的组成部分，其作用无可替代。在商务活动中，任何一个微小的礼仪细节的疏忽，都可能给自身及公司的形象带来损害，甚至会因此失去一个重要客户。

　　本书遵循适用、够用、管用和好用的原则来介绍商务礼仪，全书共分七个学习情境，详细介绍了商务礼仪的具体构成，以及各种情况下商务礼仪的操作规则。分别是：商务礼仪基础知识、个人形象设计、商务社交礼仪、商务沟通、商务拜访与接待活动、商务会议活动以及求职礼仪。

　　各学习情境中又分为若干子情境，将工作实践中的实际场景融入教学中。学习目标指明了本情境学习知识的总体要求，强调了学生实践能力上要求学习的重点。导入案例是本情境学习核心部分的前奏。知识链接是学习的核心部分，重点介绍了各学习情境中礼仪的基本知识、规范和注意事项，并在其中引入了相关案例和知识拓展。相关案例是贴近学习内容的一个个典型情境，知识拓展介绍了与知识内容相关的阅读材料。最后，任务训练有助于学生课后的实操练习。

Contents 目 录

1 学习情境一 商务礼仪基础知识
Chapter 1

子情境一 礼仪认知

学习目标

1. 理解礼仪的相关概念及礼仪的特征。
2. 了解礼仪的起源与发展。
3. 理解礼仪的功能和基本原则。

导入案例

G20杭州峰会东道主文明公约

　　2015年11月16日，中国国家主席习近平在土耳其安塔利亚宣布，中国将于2016年9月4日至5日在杭州举办二十国集团领导人第十一次峰会，即G20杭州峰会。在本次G20峰会上，习近平将与G20成员、嘉宾国领导人及国际组织负责人齐聚杭州，围绕"构建创新、活力、联动、包容的世界经济"主题，以及"加强政策协调、创新增长方式""更高效的全球经济金融治理""强劲的国际贸易和投资"等重点议题展开讨论。这不仅是一场盛事，更是一次浙江精神的展示、市民素质的锤炼、社会风气的洗礼。于是，使命从此处生发，合力由此刻凝聚。在杭州市文明办、市文广集团主办的"全城同写东道主文明公约"大型公益活动上，《G20杭州峰会东道主文明公约》正式出炉。"见面微笑喜相逢，言行自信又从容，礼仪衣着尚体统，敬老爱幼人情浓，宽人律己人自重，车行有序礼让恭，文明娱乐勿扰众，爱护生态责任重。"这八句话体现着一座城市的文明，也是所有杭州人的文明承诺。文明公约虽然只有短短几十字，但是对市民的行为习惯是一种提升。每个人都应该积极投身到提升自己文明礼仪素养的行动中，做文明的劝导者，带动周边人遵循公约，造就美丽杭州。

　　（资料来源：程娟. 商务礼仪[M]. 成都：四川大学出版社，2017.）

知识链接

在当今社会，礼仪是人立身处世的根本，是人际关系的润滑剂。古人曰："人有礼则安，无礼则危。故曰，礼者不可不学也。"礼仪是一门必修而又修不完的行为规范。

（一）礼仪的概念

礼仪是人际交往过程中外在的表现形式与规则的组合，它作为在人类历史发展中逐渐形成并积淀下来的一种文化，始终以其某种精神的约束力，支配着每一个人的行为。礼仪是人类文明进步的重要标志，是适应时代的发展、促进个人进步和成功的重要途径。礼仪、法律与道德被称为人生幸福的三位守护神。礼仪不像法律那样威严，不像道德那样肃然，礼仪始终是一个会心的微笑，一种温和的声音，一种怡情悦心的需要。

礼仪是人类社会发展到一定阶段而产生，并且随着社会的发展而发展的社会道德准则和全体社会成员共同认可并且自觉遵守的行为规范，以及体现这些准则和规范的各种礼貌、礼节、礼数和各种仪式的综合体系。

礼貌，一般是指在人际交往中通过言语、动作向交往对象所表示的谦虚和恭敬。礼貌是人的道德品质修养的最简单、最直接的体现，也是人类文明行为的最基本的要求。在现代社会，礼貌已经成为日常的行为规范。

礼节，通常是指人们在交际场合相互表示尊重、友好的惯用形式。在现代社会中，由于人与人之间地位平等，礼节从形式到内容都体现出人与人之间的相互平等、相互尊重和相互关心。它实际上是礼貌的具体表现方式。它与礼貌之间的相互关系表现为没有礼节，就无所谓礼貌；有了礼貌就必然需要具体的礼节。

礼数，在古代指的是礼仪的等级，如"王命诸侯，名位不同，礼亦异数"。在现代主要是指人们在生活中处理高低、上下、亲疏、远近等人际关系时的礼仪分寸，如子女孝敬父母，学生尊敬老师。礼数和礼节这两个概念的内涵相近，但是并不相同。

礼貌是礼仪的基础，礼节、礼数是礼仪的基本组成部分。换言之，礼仪在层次上要高于礼貌、礼节和礼数，其内涵更深更广。礼仪，实际上是由一系列具体的、表现礼貌的礼节、礼数所构成的。它不像礼节、礼数一样只是一种做法，而是一个表示礼貌的系统而完整的过程。从本质上讲，它们所表现的都是对人的尊敬和友善。

▶ **1. 规范性**

礼仪的规范性不仅约束人们在一切交际场合的言谈话语、行为举止，使之合乎礼仪，而且也是人们在一切交际场合必须采用的一种"通用语言"，是衡量他人与判断自己是否自律敬人的一种尺度。任何人想要在交际场合表现得合乎礼仪、彬彬有礼，都必须对礼仪无条件地加以遵守。

【相关案例】

总 理 和 鞋

在外事活动中，周恩来总理非常重视礼节。他病重期间，重要的外事活动都还要坚持参加。后来病得连脚板都肿起来了，他原来的皮鞋、布鞋都不能穿，只能穿着拖鞋走路。参加外事活动时，工作人员关心总理，让他穿着拖鞋参加外事活动，认为外宾是能够理解的。周总理不同意，他慈祥又严肃地说："不行，要讲礼仪嘛！"于是，他让工作人员为他特制了一双鞋。

（资料来源：曹艺. 商务礼仪［M］. 北京：清华大学出版社，2009.）

▶ 2. 限定性

礼仪主要适用于交际场合，适用于普通情况下的、一般的人际交往与应酬。当所处场合不同、所具有的身份不同时，所要运用的礼仪会有不同，有时甚至还会有很大差异。一般而言，适合运用礼仪的主要是初次交往、因公交往、对外交往三种交际场合。

▶ 3. 操作性

礼仪要求切实有效、实用可行、规则简明、易学易会、便于操作。礼仪不是纸上谈兵、空洞无物、夸夸其谈，而是既有总体上的礼仪原则、礼仪规范，又在具体的细节上以一系列的方式方法，细致而周详的对礼仪原则、礼仪规范加以贯彻，把它们落到实处。礼仪的易记易行，使其被人们广泛地运用于交际实践，并受到公众的认可。

▶ 4. 传承性

任何国家的礼仪都具有自己鲜明的民族特色，任何国家的当代礼仪都是在本国礼仪的基础上发展起来的。离开了对本国、本民族既往礼仪成果的传承扬弃，就不可能形成当代礼仪，这就是礼仪的传承性。作为一种人类文明的沉淀与积累，礼仪将人们在交际应酬中的习惯做法固定下来，流传下去，并逐渐形成自己的民族特色，这不是一种短暂的社会现象，也不会因为社会制度的更替而消失。对于既往的礼仪遗产，正确的态度不是食古不化全盘沿用，而是有扬弃有继承更有发展。今天是过去的延续，每个民族的礼仪都是这个民族发展历史的产物。没有传承性，民族性就不存在。

▶ 5. 时代性

礼仪是社会关系和社会文明的产物，是为适应人际交往关系需要而产生的。随着社会关系和社会文明的发展变化，礼仪也必然要发展变化。时代性体现了礼仪的俗随时变，与时俱进。现代生活具有多元、丰富、多变的特点。现代礼仪必须正确反映时代精神，体现新的社会道德规范，在实践中不断更新其内容，改变其形式。

▶ 6. 国际性

礼仪是基于人类共同生活、交往的需要而产生、发展和完善的。作为一种文化现象，礼仪是全人类的共同财富，它跨越了国家和地区的界限。尽管不同国家、民族和地区由于自然条件、历史文化、风俗习惯等的不同，礼仪的表现形式也有所差异，但真诚、尊重、得体是礼仪的基本原则，为世界各国人们所奉行。而在相互尊重原则的基础上形成并完善的国际礼仪，亦为世界各国人们所接受和广泛使用，如在奥运会上，为竞赛成绩名列前茅的运动员举行升旗仪式，为荣获冠军的运动员奏国歌，已成为世界通行礼仪。

（二）我国礼仪的发展历程

中国自古就是礼仪之邦，礼仪体系的形成和发展也经历了一个从无到有、从低级到高级、从零散到成体系的渐进过程。发展到今天，我国传统的礼仪文化不但没有随着市场经济发展和科技现代化而被抛弃，反而更加多姿多彩，从国家的礼制、民族习俗到各行各业的礼仪规范都得到了发展和丰富。

▶ 1. 原始社会的礼仪（约公元前 21 世纪以前）

旧石器时代，人们生活的主题是果腹和蔽体，学会了对石块的简单加工。距今约 50 万年前的北京山顶洞人，就有了礼的观念和实践。他们利用禽兽之皮来缝制衣物以遮羞御寒；把贝壳串起来挂在脖子上做装饰；族人死去还要举行宗教仪式，并在死人身上撒红色的赤铁矿粉。

新石器时代，家庭礼仪逐渐形成。人们在当时已经开始注重尊卑有序，男女有别了。在房子里，家庭成员按照长幼之序席地而坐，长辈坐上边，小辈坐下边；男人坐左边，女人坐右边。

在原始社会后期，私有制和阶级出现端倪，国家也渐具雏形。原始氏族社会的交际礼仪向阶级社会的交际礼仪逐步过渡。此时的礼仪已经较为完善，具有了系统性。

▶ 2. 奴隶社会的礼仪（约公元前 21 世纪—前 211 年）

夏商周这三个时代的礼仪与原始社会后期的礼仪一脉相承，日趋完善，更加突出了君臣、父子、夫妻、兄弟、长幼、亲疏、贵贱、尊卑的等级关系，形成了典制传统。

春秋战国时期，诸侯混战，礼崩乐坏，诸子百家争鸣，礼仪也发生了深刻的变革。礼仪制度为国礼，民众交往的礼俗逐渐成为家礼。以孔子、孟子为代表的儒家学者对礼的起源、本质和功能等问题进行了系统阐述。

【知识拓展】

礼学经典——《周礼》《仪礼》《礼记》

我国古代有三部著名的礼典，《周礼》《仪礼》《礼记》，被称为"三礼"。"三礼"之名始于东汉郑玄，他在注《周礼》《仪礼》《礼记》自序中说，"凡著《三礼》七十二篇"。三礼之学是战国末至西汉初儒家关于伦理道德、社会政治思想的著作，是礼乐文化的理论形态。

《周礼》，原名《周官》。近人考证为战国时作品。汉列入儒家经典（并入礼经），是一部宏大的官制体系。"周"非"西周"之周，为"周天之官"意。《周礼》分《天官冢宰》《地官司徒》《春官宗伯》《夏官司马》《秋官司寇》《冬官司空》六篇。天、地、春、夏、秋、冬六官象征天地四方六合，体现了"以人法天"的思想。《周礼》属古文经学。

《仪礼》，本名《礼》，是春秋战国时一部分礼制的汇编。孔子传授"六经"，汉武帝时设五经博士，其中的《礼经》都是指《仪礼》。汉代《礼》各篇标题前均无"仪"字。东晋元帝时置仪礼博士，始有《仪礼》之名。唐文宗开成年间石刻《九经》，采用《仪礼》之名，《仪礼》正式为经。《礼经》包括《士冠礼》《士昏礼》等十七篇，内容涉及古代贵族生活的各个方面。

《礼记》，即《小戴礼记》。原是解说《仪礼》的资料汇编，通常认为为西汉戴圣所编。戴圣之叔戴德编《大戴礼记》。《小戴礼记》载有《曲礼》《檀弓》《王制》《中庸》《大学》等内容，大都是孔子弟子及其再传、三传弟子等所记。唐正式列入"九经"。

▶ 3. 封建社会的礼仪（公元前 211—1840 年）

秦始皇统一中国，拉开了中国封建社会的序幕，礼学家们顺应封建统治阶级的政治需要，构建起宗法制度为基础的封建礼教。汉武帝时期"罢黜百家，独尊儒术"的治国方略，使儒学的政治地位急剧提高。汉代儒学家的卓越代表董仲舒提出"天人合一""天人感应"

说，指出"天、地、人，万物之本也"；强调"君权天授，王者天所予也"。告诫人们天威不可冒犯。同时，将"三纲五常"的学说进一步理论化，并加以广泛推崇，使之成为人们不敢违背的礼仪准则。两宋时期，礼学家们意识到治国必先齐家，齐家必先修礼，于是使家礼空前兴盛。家礼的核心是"孝"和"忠"，即晚辈孝顺长辈，妻子忠于丈夫。统治阶级把家礼政治化，把儒家原本提倡双向的"君礼臣忠，父慈子孝"的伦理道德，变成无原则的"灭人欲"的忠和孝，这种愚忠和愚孝的思想压抑了人们的个性发展，限制了人与人之间的平等交往。明清时期礼仪之风更盛，各种明目的礼仪增多，形式更加完善。但是核心依然是"尊君抑臣、尊父抑子、尊夫抑妻、尊兄抑弟、尊神抑人"。

【知识拓展】

"三纲五常"和"三从四德"

"三纲五常"是汉代董仲舒提出的并被封建统治者确立为封建社会的伦理规范。三纲，即君为臣纲、父为子纲、夫为妻纲，要求为臣、为子、为妻者绝对服从于君、父、夫；为君、为父、为夫者为臣、子、妻作出表率。五常，即仁、义、礼、智、信，是用以调整君臣、父子、兄弟、夫妇、朋友关系的行为规范。

"三从四德"是"三从"与"四德"的合称。三从，指幼从父、嫁从夫、夫死从子；四德，指妇德、妇言、妇容、妇功。三从四德是一种中国古代女性的道德规范，是为适应家庭稳定、维护父权及夫权家庭（族）利益需要，根据"内外有别""男尊女卑"的原则，由儒家礼教对妇女的一生在道德、行为、修养等方面进行的规范要求。

▶ 4. 近代社会的礼仪（1840—1949 年）

西方文明和文化对中国传统的伦理秩序产生了巨大的冲击。西方文化体现的"自由、民主、平等、博爱"等思想，深受中国进步阶层的欢迎，资本主义礼仪规范部分地、有选择地被中国国民接受，简化了中国传统礼仪的繁文缛节，形成了独特的中西合璧的半封建半殖民地礼仪。

辛亥革命后，孙中山先生和同仁们破旧立新，用民权代替君权，用自由、平等取代宗法等级制；普及教育，废除祭孔读经；改易陋俗，剪辫子，禁缠足等，从而正式拉开现代礼仪的帷幕。20 世纪三四十年代，中国共产党领导的苏区、解放区，重视文化教育事业及移风易俗，进而谱写了现代礼仪的新篇章。

▶ 5. 现代社会的礼仪（1949 年至今）

1949 年 10 月 1 日，中华人民共和国宣告成立，中国的礼仪建设从此进入了一个崭新的时期。

新中国成立后，摒弃了昔日束缚人们的"神权天命""愚忠愚孝"以及严重束缚妇女的"三从四德"等封建礼教，确立了同志式的合作互助关系和男女平等的新型社会关系，而尊老爱幼、讲究信义、以诚待人、先人后己、礼尚往来等中国传统礼仪中的精华则得到继承和发扬。

"文化大革命"时期的十年动乱，使国家遭受了难以弥补的严重损失，也给礼仪带来了一场"浩劫"。许多优良的传统礼仪被当作"封、资、修"扫进垃圾桶。礼仪受到摧残，社会风气逆转。

1978 年改革开放的春风吹遍了祖国大地，中国的礼仪建设了进入新的全面复兴时期。

从推行文明礼貌用语到积极树立行业新风，从开展十八岁成人仪式教育活动到制定市民文明公约，各行各业的礼仪规范纷纷出台，岗位培训、礼仪教育日趋红火，讲文明、重礼貌蔚然成风。广阔的华夏大地上再度兴起礼仪文化热潮，具有优良文化传统的中华民族又掀起了精神文明建设的新高潮。

（三）礼仪的功能

礼仪之所以被提倡，是因为它具有许多功能，既有助于个人，也有助于社会。

▶ 1. 沟通功能

交往的过程是信息双向传递的。礼仪作为人们内在修养、素质、意志、心态的体现，传递着尊敬、友好的信息，被交往双方自觉或不自觉地接受、使用，成为互相间感情沟通的途径。

▶ 2. 协调功能

礼仪的协调功能，体现在对人际关系的润滑和调节上，人们在交往中按礼仪规范去做，可缓和和避免某些不必要的情感对立与障碍，使交往能够顺畅融洽地进行，形成和谐的人际关系。

▶ 3. 教育功能

礼仪通过评价、劝阻、示范等教育形式，纠正人们不正确的行为习惯，倡导人们按礼仪规范的要求去处理人际关系，维护正常的社会生活。人们互相教育、互相影响、互相促进，能够促进社会的和谐安定。

【相关案例】

一口痰吐掉的合约

国内某医疗器械厂与一家美国客商达成了引进输液管生产线的协议，合作进展得非常顺利，马上就要签订协议。然而，该厂厂长在陪同外商参观车间的时候，不经意地向墙角吐了一口痰，然后用脚在地上来回地擦。外商看到了这一幕后，开始犹豫不决。后来，外商通过翻译给那位厂长写了一封信："恕我直言，一个厂长的卫生习惯可以反映一个工厂的管理素质。我们今后要生产的是用来治病的输液皮管，贵国有句谚语：'人命关天！'请原谅我的不辞而别……"就这样，一个基本上就要达成合作的项目，因为一口痰而告吹了。

由此可以看出，作为一名商务人士，其言谈举止、待人接物等细节稍微不注意，小则影响个人形象，大则影响企业形象。

（资料来源：孟庆强. 商务礼仪[M]. 武汉：华中科技大学出版社，2016.）

▶ 4. 评价功能

在人际交往中，礼仪往往是衡量一个人文明程度的准绳。它不仅反映着一个人的交际技巧和应变能力，而且还反映着一个人的气质风度、阅历见识、道德情操及精神风貌。可以说，礼仪即教养。通过一个人对礼仪运用的程度，可察知其教养、文明和道德的程度。

（四）礼仪的基本原则

礼仪的核心是一种行为准则，用来约束我们日常生活的方方面面。因此，人们在运用、遵行礼仪时，在宏观上必须掌握一定的原则。

▶ 1. 尊重原则

尊重是人性的需要，尊重是人际交往的基本原则。而礼仪从内容到形式都体现着尊重，尊重是礼仪的本质。孔子说："礼者，敬人也。"这是对礼仪核心思想的高度概括。

尊重包括自尊和尊重他人，自尊和尊重他人是礼仪的情感基础。人与人之间只有彼此互相尊重，才能保持和谐的人际关系。古人云："敬人者，人恒敬之。"在人际交往中，要做到敬人之心常存，处处不可失敬于人，失敬就是失礼。

▶ 2. 平等原则

平等原则是指对任何交往对象都一视同仁，以礼待人，给予同等程度的礼遇。

礼仪的核心是平等。在人际交往中，不应该因为交往对象彼此之间在年龄、性别、种族、国籍、文化、职业、身份、地位、财富以及与自己的关系亲疏远近等方面有所不同，就厚此薄彼、区别对待。"投之以桃，报之以李""礼尚往来"，社会交往中每个人都希望得到尊重。平等原则是现代礼仪区别传统礼仪的最主要的原则。

【相关案例】

汤姆与老夫妇的合同

一日，汤姆·霍普金斯和往常一样打开了样板房，等待顾客上门。

不一会儿，一辆破旧的车子驶进了屋前的车道上，一对年老邋遢的夫妇走了进来。汤姆热忱地和他们打招呼表示欢迎。此时，建筑商杰尔却摇头示意汤姆："别在他们身上浪费时间。"汤姆没有理会，依然热情耐心地接待这对年老的夫妇。认定汤姆在浪费时间的杰尔恼怒地离去了。

汤姆带着他们仔细地参观这栋豪华房子，房屋内部气派典雅的格局深深地震撼着这对年老的夫妇。在参观了房子的每个角落后，这对夫妇私下商量了五分钟，并做出了最终的决定。丈夫从外套口袋里取出了一个破损的纸袋，拿出一沓钞票，堆在楼梯的梯级上。这是老人一辈子担任酒店服务生领班积攒下来的小费……杰尔回来看到那张已签好的合同，惊呆了！

这正是："你如果心存歧视的话，会失去很多潜在的资源，这一点对于销售人员来说尤其重要。"（卡耐基）

（资料来源：史锋. 商务礼仪[M]. 北京：高等教育出版社，2008.）

▶ 3. 真诚原则

礼仪讲究"诚于忠，形于外"，心中有"礼"，言行才能有"礼"。在人际交往的品德因素中，真诚是最基本、最重要的一项。真诚原则要求运用礼仪时，务必做到诚心待人、心口如一、言行一致、诚实无欺。如果口是心非、言行不一、弄虚作假，则不利于人际关系的营造和个人形象及组织形象的塑造。

▶ 4. 宽容原则

宽容是一种美德。在人际交往过程中，由于个人经历、文化、修养等因素而产生的差异不可能消除，这就需要求同存异、相互包容。宽容的原则要求人们在交往活动中运用礼仪时，要严于律己、宽以待人。不过分计较他人在礼仪上的过失，多体谅他人、善解人意，有容人雅量。

▶ 5. 自律原则

自律是对待个人的要求，是礼仪的基础和出发点。自律原则要求人们在社会交往过程中自我要求、自我约束、自我对照、自我反省、自我检查。古人云："己所不欲，勿施于人。"学习、应用礼仪，最重要的就是按照礼仪规范严格要求自己，克己慎独、表里如一。

▶ 6. 适度原则

适度原则要求人们运用礼仪时要因人、因时、因事、因地而恰当处理，要注意技巧，把握分寸，认真得体。做得过了头或者不到位，都不能体现对人的敬意和尊重，即所谓的过犹不及。如握手时，毫不用力是失礼，用力过大同样是失礼。

▶ 7. 从俗原则

由于国情、民族、宗教信仰、文化背景的不同，在人际交往过程中，存在着"十里不同风，百里不同俗"的现象。为此，在交往中必须做到入乡随俗，尊重他人特有的风俗习惯，与绝大多数人的习惯保持一致，切勿目中无人、自以为是、我行我素，或者少见多怪、妄加非议。

任务训练

▶ 1. 案例分析

尊重上级是一种天职；尊重下级是一种美德；尊重客户是一种常识；尊重同事是一种本分；尊重所有人是一种教养。

问题：(1) 这段话体现了礼仪的哪个原则？

(2) 礼仪的原则在生活中的重要性有哪些体现？

▶ 2. 礼仪情景剧场

相声：话说礼仪

甲：我俩一上台，大家就能从我们身上看出"文明礼仪"四个字。

乙：对。我们两个都非常讲礼貌，懂文明。

甲：我们俩是好朋友，但可不是那种酒肉朋友！

乙：哎！

甲：我们在交往的过程中非常注意克己慎重、举止文雅、谈吐有度、礼貌待人、表里如一、以诚待人，不逢场作戏、言行不一。（甲在说到一半的时候，动作越来越大，这时乙在一边做跳舞的动作，甲不由自主地跟着一起跳，以"巴扎嘿"的舞姿统一亮相结束！）（甲推开乙说）干什么呀？我说得好好的，起什么哄呀！

乙：别生气，我看你挥手动脚的，我给你加段舞蹈。

甲：你懂什么，这叫形体语言。

乙：还形体语言，别逗了！

甲：看来你不明白，这形体语言在人际交往过程中非常重要。

乙：是吗？

甲：当然是的。

乙：这么看来，你什么都懂了？

甲：一般一般，我们说相声的肚子就是杂货铺！

乙：嘿！还什么都懂！

甲：我们也就会"说学逗唱，琴棋书画，刀枪棍叉！坑蒙拐骗，偷窃扒……拿（很自然地不愿说出来）"。

乙：这么一说，您倒是什么都懂了！您是专家！

甲：（整理整理服装）专家谈不上，一般吧（晃头）。一般一般，世界第三。

乙：你瞧，还来劲啦！哎，我说第三呀！在下有一事不明，不知当讲否？

甲：有何事不明，但讲无妨，我是知无不言、言无不尽哪！

乙：我是问怎样才能培养好的文明礼仪？

甲：这个问题简单。培养好的文明礼仪主要注重四个基本原则，一是尊重原则；二是自律原则；三是真诚原则；四是适度原则。

乙：说得真好！

甲：明白了？

乙：更糊涂了！

甲：好嘛！我这白忙活了！

乙：最好您能举个例子，这样我能更清楚一些。咱反应慢！

甲：这好办。首先说说这尊重原则吧，尊是尊敬的尊，重是重视的重。

乙：这不是废话吗！

甲：就是说，尊重是相互的，您想得到别人的尊重，您必须先尊敬别人。比如咱俩一上台，观众掌声欢迎，咱俩鞠躬还礼，这就是相互尊敬、相互尊重。

乙：那干吗非得这样呀，要是调一个儿怎么样？

甲：怎么调？

乙：咱俩一上台，让观众给咱俩鞠躬，咱俩鼓掌，这不也是相互尊敬、相互尊重吗？

甲：噢，你说让台下好几百观众整齐地站起来，面无表情地向咱俩鞠躬？（甲对乙做鞠躬的动作）

乙：哎，你等等，我怎么觉得在向遗体告别啊？

甲：所以我说不行不是，既要相互尊重，又不能违反客观规律！

乙：看来你还真有学问！

甲：还好，反正到目前为止没有发现我不会的。一般一般，世界第三！

乙：他又来劲了，那什么是自律的原则呢？

甲：自律就是严格要求自己。曾子曰："吾日三省吾身，为人谋而不忠乎？与朋友交而不信乎？传不习乎？"孔子曰："非礼勿视，非礼勿听，非礼勿言，非礼勿动。""克己复礼为人。一日克己复礼，天下归仁焉。"

乙：停停，什么乱七八糟的，都21世纪了，你还说那听不懂的话！

甲：这位是不学无术，什么都不懂，这些都是古代圣人的话啊。子还曾说过，每日当自律，每日不自律就会犯法律，犯了法律加刑律，到时强行让你来自律，也不知是自律好过不自律，还是自律强过不自律。

乙：好嘛！绕口令啊。这是哪位"子"说的呀！

甲："我子"呀！

乙：你呀？还"圣人"？！

甲：是呵！"剩余之人"的"剩人"啊！

乙：嗨！那什么是真诚的原则呢？

甲：真诚，那更好理解了，有一首歌唱得好！

乙：哪首歌？

甲：（唱）朋友一生一起走，那些日子不再有，一句话，一辈子，一生情，一杯酒。朋友不曾孤单过，一声朋友你会懂，还有伤，还有痛，还要走，还有我……（乙做陶醉动作）你这是什么毛病？

乙：我被你的歌声打动了，你看我真诚不真诚？

甲：我看你不是真诚。

乙：那我是？

甲：你是真疯！

乙：（推甲）哎，那您给我说说什么是适度。

甲：适度！那就是什么事情都要有个度，这个度把握好，不到这个度显得不热情，过了这个度就会产生厌烦。

乙：不到这度，显得不热情。过了，不就显得更热情了吗？有什么不好的吗？

甲：那咱们俩表演一下。

乙：好啊。

甲：在座的朋友们，今天我给大家说段相声，说得不好的请您原谅。

乙：哎，您谦虚了。

甲：一会儿呀，我还要唱一首歌。人们都说我唱歌有一个特点，"别人唱歌要钱，我不要钱要命"，五音不全，请您包涵。

乙：您太客气了。

甲：唱完我准备再给您跳个舞，跳得不好，您别介意！我这模样不好，倒您胃口了，您别往心里去，您撑着别吐了。

乙：行了，您就快点吧！

甲：我要是有忘了词的地方，请您多担待，您那别骂我。

乙：我说你还有完没完？！

甲：我这人客气起来没完没了，请多关照，您给我点掌声，我给您鞠躬了，我要开始说了，请您注意了，您坐稳了，有心脏病的人先吃好药！我说得不好请多关照！

乙：你还有完没完了！（甲乙向观众鞠躬，退场。）

子 情 境 二　　商务礼仪认知

学习目标

1. 理解商务礼仪的特点、作用与原则。
2. 培养商务礼仪人员应具备的修养。
3. 应用商务礼仪原则来修炼自身礼仪素养。

导入案例

曾经理的失误

刘香是一位热情而敏感的女士，在中国某著名的房地产公司任副总裁。有一天，她接待来访的建筑材料公司主管营销的曾经理。曾经理被秘书领进了刘香的办公室，秘书对刘香说："刘总，这是某某公司的曾经理。"刘香离开办公桌，面带微笑，走向曾经理。曾经理先伸出手来，与刘香握手。刘香客气地对他说："很高兴您来为我们公司介绍这些产品。这样吧，让我先看一看这些材料，再和您联系。"曾经理在几分钟内就被刘香请出了办公室。几天内，曾经理多次打电话，但秘书的回答是："刘总不在。"

到底是什么让刘香这么反感一个只说了两句话的人呢？刘香在一次形象课上提到这件事："首次见面，他留给我的印象是不懂基本的商务礼仪，还没有绅士的风度。他是一个男人，位置又低于我，怎么能像王子一样伸出高贵的手来让我握呢？他伸给我的手不但看起来毫无生机，握起来更像一条死鱼，冰冷、松软、毫无热情。当我握他的手时，他的手掌也没有任何反应，握手的这几秒钟，他就留给我一个极坏的印象：他的心可能和他的手一样的冰冷。他的手没有让我感到对我的尊重，他对我们的会面也并不重视。作为一个公司的销售经理，居然不懂得基本的握手方式，他显然不是那种经过高级职业训练的人。而公司能雇用这样素质的人做销售经理，可见公司管理人员的基本素质和层次也不会太高。这样素质低下的人组成的管理阶层，怎么会严格遵守商业道德，提供优质、价格合理的建筑材料呢？我们这样大的房地产公司，怎么能与这样的小公司合作呢？"

（资料来源：曹艺.商务礼仪［M］.北京：清华大学出版社，2009.）

知识链接

一、商务礼仪的内涵

商务礼仪是人们在商务活动中，用以维护企业或个人形象，对交往对象表示尊重、友好的行为规范和惯例。它是一般礼仪在商务活动中的运用和体现。

商务活动从本质上说也是一种交际活动，而交际活动就必须遵循一定的规则和规范，从而形成了商务礼仪。在现代社会中，商务礼仪已成为商务活动中必不可少的社交规范。商务礼仪已经成为建立企业文化和现代企业制度的一个重要方面。

二、商务礼仪的作用

（一）塑造形象

在商务活动中，礼仪运用得是否得体和规范，反映了一个人的修养和文明程度，反映了商务人员对交往对象的尊敬与友好。良好的仪表、风度、谈吐和举止，会给人留下良好的第一印象，形成交际中的"首因效应"，产生较强的心理定式。所谓个人形象就是个人在公众观念中的总体反映和评价。从事商务活动的人员应该从自我做起，积极地学习、研究和掌握现代商界共同遵守的礼仪规范，在每一件小事上都要注重礼仪修养，做到礼仪无小事，从而树立良好的个人形象。

企业形象是企业的生命，良好的企业形象是企业的无形资产。树立企业形象是指在激烈的商务竞争环境中，通过得体而诚挚的各类商务活动，为企业树立高效、讲信誉、易于交往、善待商业伙伴的形象。一个企业具有良好的企业形象，意味着有较高的知名度和美誉度，可以赢得客户及社会各方的信赖与支持，从而促进商务活动的顺利开展。对现代企业来说，学习与普及商务礼仪，已成为现代企业提高美誉度、提升核心竞争力的重要手段。

【知识拓展】

"首轮效应"，有时也称"首因效应"，主要探讨的是一个人或一个单位留给他人的客观印象是如何形成的问题。换言之，它是一种有关个人形象、单位形象的成因及其塑造的理论。从总体上讲，"首轮效应"理论的核心在于：人们在日常生活中初次接触某人、某物、某事时所产生的即刻的印象，通常会在对该人、该物、该事的认知方面发挥明显的、甚至是举足轻重的作用。对于人际交往而言，这种认知往往直接制约着交往双方的关系。

"末轮效应"是相对于"首轮效应"而言的，强调服务结尾的完美和完善，即要"功德圆满"。"末轮效应"的主要内容是：在人际交往之中，人们所留给交往对象的最后的印象，通常也是非常重要的。在许多情况下，它往往是某个单位或某个人所留给交往对象的整体印象的重要组成部分。有时，它甚至直接决定着该单位或个人的整体形象是否完美，以及完美的整体形象能否继续得以维持。"末轮效应"理论的核心思想，是要求人们在塑造单位或个人的整体形象时，必须有始有终、始终如一。

（资料来源：史锋．商务礼仪［M］．北京：高等教育出版社，2008．）

（二）规范行为

礼仪最基本的功能是规范各种行为。在商务交往中，人们相互影响、相互合作，如果不遵循一定的规范，双方就缺乏协作的基础。如果交往的双方都能够按照礼仪的规范约束自己的言行，不仅可以避免某些不必要的感情对立与矛盾冲突，还有助于建立和加强人与人之间相互尊重、友好合作的新型关系，使人际关系更加和谐，社会秩序更加有序。规范的礼仪行为有利于个人和组织树立自我形象，赢得友谊。

（三）沟通协调

礼仪既是形象，也是纽带，是沟通与协调的手段。

在商务交往中，由于人们的立场、观点的不同，对同一问题会产生不同的理解和看法，如果双方不能沟通，不仅交往的目的不能达到，还可能产生误解与隔阂，进而影响到商务活动的有效开展。恰当地运用礼仪，可以消除差异、增进理解，促进情感的沟通。

(四) 增进感情

在商务活动中，随着交往的深入，双方可能都会产生一定的情绪体验。它表现为两种感情状态：一种是感情共鸣；一种是感情排斥。礼仪容易使双方互相吸引，增进感情，有利于良好的人际关系的建立和发展；反之，如果不讲礼仪，语言粗俗不堪，那么就容易产生感情排斥，造成人际关系紧张，给对方留下不好的印象。

【知识拓展】

《简明心理学辞典》对情感共鸣的解释是：情感共鸣也称情绪共鸣，是指在他人情感表现或造成他人情感变化的情境(或处境)的刺激作用下，所引起的情感或情绪上相同或相似的反应倾向。

一般认为，情感共鸣是一个人(观察者)在观察到另一个人(被观察者)处于一种情绪状态下时，产生与被观察者相同的情绪体验。比如，生活中我们常遇到这样的情况，当你走进欢乐的人群中，会受到情绪感染而有所兴奋；当你走进悲伤的人群时，自己的情感也会压抑、低沉；看电影时，人的情绪会随着影片中的主人公的情感一起跌宕起伏，他笑你也笑，他哭你也哭，悲他人之悲，哀他人之哀，这都属于情感共鸣范畴的心理现象。

情感共鸣的发生，是主体受客体感染而引起的。然而，他人的情感并非都能引起主体的共鸣，这与主体当时的心理状态和认识有关。例如，某位小学生与同桌是好朋友，当同桌考试取得双百分而兴高采烈时，该小学生受到感染，也可能会产生与之相同的心情。如果这位小学生与同桌有矛盾，当同桌取得双百分的好成绩而兴奋不已时，这位小学生就可能会产生不愉快或反感。情感共鸣不是某种情感的扩散或植入，而是主体无意地不自觉地受到外部影响的结果。

(资料来源：百度百科.)

现代企业处在一个复杂、开放的大系统中，面对各类公共关系，如客户关系、政府关系、社区关系等，要协调各方不同的利益要求，难免会产生摩擦和矛盾。而商务礼仪，能起到化解矛盾、消除分歧、达成谅解、促进合作的目的，能使各类公共关系沿着合理、合意的方向发展。

三、商务礼仪的原则

任何事物都有自己的规则，商务礼仪也不例外，凝结在商务礼仪规范背后的共同理念和宗旨就是商务礼仪的原则，是衡量我们在不同场合、不同文化背景下的礼仪正确、得体与否的标准，同样的礼仪在不同的场合会带来不同的结果；同样的场合却因人的不同而有不同的含义，所以，如何在纷繁复杂、瞬息万变的商业环境中立于不败之地，就需要掌握礼仪的基本原则。

(一)尊重原则

是否尊重他人是一个人的文化素养的体现，是一个人的精神境界的写照，是一个人有无社会经验的表现。

▶ **1. 珍惜他人的健康和生命**

现在我国正推行"拒绝二手烟"的活动，因为被动吸烟容易造成人体的危害。因此在公共场所或用餐时，欲吸烟者应记住先询问是否可以吸烟，以免危害他人健康，侵犯他人的健康权。用餐中，如欲喝酒也该讲究礼貌，千万不要不分场合地劝酒。酒喝多了会伤身，如果酒后开车更是危险，既损人又不利己。所以商业行为中注重对方的健康权和生命权亦是很重要的一环。

▶ **2. 多用商量语气**

在商业会谈的礼仪中，商量是一门艺术。学习如何彼此尊重，多用商量的语气，对领导者而言尤其重要。当我们有求于人的时候，不论是上司或下属都宜采用询问商量的口气，如多用"可不可以？""好不好？"让对方有考虑的时间及空间，因为他有权选择说"可以"或者"不行"。在办公室中，常见的情况是员工要请假，却摆出一副理直气壮的样子。如："老板，我明天有事，要请假。"同样地，上司也常对员工说："这件事情下班前一定得完成。"如此的口气不仅让对方很难表达意见，同时还会造成或加大双方的隔阂。反之如果采用"老板，我明天有事要处理，不知道能否向您请个假？""小陈，这件事情很紧急，下班前能不能帮我完成？"这种温和商量的语气，会使人感到受到尊重，也容易获得正面的答复，更能使事情顺利进行，也使谈话气氛和谐愉快。

▶ **3. 避免惊吓他人**

开会中途，如物品不慎掉落地上需要捡拾时，应先通知身旁的人，然后再俯身去捡，并说声"对不起！"，切不可直接弯身取物，以免吓着身旁的人。另外，桌子下部分是女性隐秘的空间，不能冒失行事。从背后喊人，使人受惊吓的行为也是很不恰当的。走路或与人交谈时，千万不可把手放在服装口袋里，这样会使人缺乏安全感，会使人对你有为人轻浮、无所事事的印象。另外，将双手交叉于胸前也是很不礼貌的行为，因为欧洲人认为隐藏双手，不让别人看见是敌意的行为，所以一定要将双手露出，如果天气很冷可戴上手套。用餐时不能用刀、叉、筷子等尖锐的东西指向他人，这样会使人产生恐惧感。与客人谈话的时候，也不要将笔尖朝向他人，诸如此类的行为都会使人感到不安。

▶ **4. 尊重他人隐私**

每个人都希望拥有自己的空间和不为人知的秘密。所以，在公共场所不要随意谈论或打听他人隐私。有些过于私人的问题还容易造成尴尬的场面，应尽量避免公开谈论。如婚姻状况，女性的年龄、体重、三围以及薪水、穿着服饰的品牌、使用的化妆品品牌等问题。与人交谈时，如果对方不愿主动提及某事，必有其原因或有难言之隐，此刻最不应该有的态度就是"打破砂锅问到底"。如果知晓了别人的困难，又没有能力替人分忧解难，记住千万不要在背后幸灾乐祸，因为这是很不道德的行为。如果知道了别人的隐私，也不要到处去传播，那样就会落得一个传播小道消息、出卖朋友的恶名，也很难交到真正的朋友，在公司里也难以立足。

(二)守信原则

中国传统文化强调做人要以信义为本，讲求"一诺千金"。孔子说："民无信不立，与朋友交，言而有信。"在社交场合，一是要守时，守时是对别人尊重的重要体现，甚至相当于珍惜别人的生命。时间就是金钱，时间就是生命，商场上最看重的莫过于守信了，所以与人相约一定要守时。特别是我们正朝着国际舞台大步迈进，因此更要养成守时的好习惯，因为文明越进步的国家越珍惜生命，也越强调守时的重要性。二是要守约，即与人签订的协议、约定和口头答应的事要说到做到，所谓言必信，行必果。在社交场合，如果没有把握就不要轻易许诺他人，许诺做不到反落个不守信的恶名，从此会失信于人。在现代社会生活、工作节奏加快，守时守约更为重要。不论身份高低、职权大小、财富多寡，都要自觉遵守、应用礼仪的义务，守法循礼，守约重诺。

（三）宽容原则

宽容就是心胸宽广，不过分计较个人的得失，所谓"海纳百川，有容乃大"。要体现宽容原则应做到以下几点。

（1）入乡随俗，尊重当地的风俗习惯和宗教信仰。

（2）理解他人、体谅他人，对他人不求全责备，因为"金无足赤，人无完人"。

（3）虚心接受他人的批评意见，即使批评错了，也要认真倾听。有了过错后允许他人批评指正，才能得到大家的理解和尊重。有时批评者的意见可能是错误的，但只要不是出于恶意，就应以宽容大度的姿态对待，有则改之，无则加勉。

（四）真诚原则

真诚是做人之本，也是商务人员立业之道。有位名人曾说过，人与人相交贵在交心，人与人相知贵在知品，人与人相敬贵在敬德。真诚向来是为人所称道的品德，而虚伪做假最遭人厌弃。真诚待人，可广结人缘，拥有众多的同行朋友和社会友人，与人相处就会感情融洽，即使有点误会或隔阂，也能消除，正所谓心诚则灵；虚假处世，只会糊弄一时，终不会长久，必定相交者寡。在礼仪及其规范的遵循上，如果你是真诚的，即使你不会效仿对方的做法，也会赢得他人的理解。例如，外国人到中国不会用筷子，我们不会认为这是失礼的行为，而会认真地教他如何使用筷子。

（五）适度原则

在哲学上，"度"指的是事物保持自己一定质的数量界限，超过这个界限，就要引起质的变化。在人际交往中情感的表达也有一个适度的问题，这就是待人既要彬彬有礼，又不低三下四；既要殷勤接待，又不失庄重；既要热情大方，又不轻浮谄谀，把握好各种情况下的人际距离及彼此间的感情尺度。比如握手，毫不用力，会产生一种被冷淡或不被看重的感觉；用力过大，会给人以粗俗的感觉；只有用力适中，才会让人觉得热情、真诚。

（六）自律原则

自律原则是指在社交中自觉按礼仪规范去做，无须别人的提示与监督。通过礼仪的教育和训练逐渐使人们树立起一种内心的道德信念和礼貌修养准则，这样就会获得一种内在的力量。在这种力量下，人们不断提高自我约束、自我控制的能力。自觉依据规范待人处世的人能够与大家和谐相处。反之，就容易使人产生反感，甚至发生冲突。

【相关案例】

失礼行为的后果

某财会公司的一位实习生参加公司组织的一次郊游活动，地点是在一个乡村俱乐部，他把此次郊游当作一次重要的社交活动。在餐会上喝了很多酒，酒后失态地大喊大叫，让人讨厌。最后，他这样一个贪杯的人没有得到这家公司的聘书。

在一次重要的会议上，由于会议开得很晚，一位女性与会者开始显得不耐烦了。这位女士从公文包里拿出移动电话拨通了自己的语音信箱并开始记录信箱里的留言。此时，会议仍在进行当中。她的举动破坏了会场的安静，分散了其他与会者的注意力。她这种无礼的行为彻底葬送了她的职业前途。

（资料来源：杨丽. 商务礼仪与职业形象[M]. 大连：大连理工大学出版社，2009.）

自律的原则还反映在不要忽视细节礼仪，因为别人往往是从细微处来观察你的为人和品格的。有时，可能一个细节就能得到别人对你的尊重和敬佩。

【相关案例】

小便宜毁了前程

有两个实习生在一家公司实习，老板是一位非常有钱的中年人，他经常将重要的事情放手让这两位实习生去做。可是在一年以后，其中一位留了下来，而另一位却被解聘了，其原因是另一位在出差时还带着女朋友，花了很多差旅费，他认为老板不会知道，而老板虽然看出来了，也都给他报销了，但是，在公司最后决定人员的去留时却没有留下他。一件小事能反映人的精神道德风貌和自律的程度，也决定了他将来事业的发展和行为。

（资料来源：杨丽. 商务礼仪与职业形象[M]. 大连：大连理工大学出版社，2009.）

（七）灵活原则

在现代商务活动的各种场合中，我们不是必须按照一些固定的礼仪规则去做事，而是要根据不同条件和场合灵活掌握和应用各种礼仪规范，没有一成不变的标准，要根据具体情况和个人的习惯做出选择。如果你拿不准应该是按实际情况灵活处理，还是按现成的规则去做，那就要审时度势，入乡随俗，采取合适的行动。但是，无论何时或采取何种应对方式，一定要做到彬彬有礼。

【相关案例】

肯德基入乡随俗

肯德基在进入中国之前是用西餐的就餐方法。可是进入中国以后，慢慢地人们开始觉得还是用手直接拿着吃更方便，也吃得更香。现在当你去肯德基时，会发现所有中国人都是用手直接拿着吃的，这就说明商务礼仪追求的是实用性和灵活性，也说明入乡随俗的好处。

（资料来源：刘辉. 商务礼仪[M]. 大连：大连理工大学出版社，2011.）

（八）谦和原则

"谦"就是谦虚；"和"就是和善、随和。谦和是一种美德，更是社交成功的重要条件。《荀子·劝学》中曾说道："礼恭而后可与言道之方，辞顺而后可与言道之理，色从而后可言道之致"，就是说只有举止、言谈，态度都谦恭有礼时，才能从别人那里得到教诲。谦和，在社交场合表现为平易近人、热情大方、善于与人相处、乐于听取他人的意见，显示出虚怀若谷的胸襟，因此对周围的人具有很强的吸引力，有着较强的调整人际关系的能力。当然，我们此处强调的谦和并非无原则地妥协和退让，更不是妄自菲薄。应当认识到过分的谦虚其实是社交的障碍，尤其是在和西方人的商务交往中，过分的谦虚是不自信的表现，会让对方对你的能力产生怀疑。总之，掌握并遵守礼仪原则，在人际交往、商务活动中，就能成为待人诚恳、彬彬有礼之人，并受到别人的尊重。

【知识拓展】

英国学者大卫·罗宾逊概括出了从事商务活动的黄金规则，可用"IMPACT"来概括，即 Integrity（正直）、Manner（礼貌）、Personality（个性）、Appearance（仪表）、Consideration（善解人意）和 Tact（机智）。

正直：指通过言行表现出诚实、可靠、值得信赖的品质。当个人或公司被迫或受到诱惑，想要做不够诚实的事时，这就是对正直的品质进行考验的时候。良好商务礼仪的一条黄金规则就是，你的正直应是毋庸置疑的，不正直是多少谎言也掩饰不了的。

礼貌：指人的举止模式。当与他人进行商务交往时，礼貌的行为可以向对方表明自己是否可靠，行事是否正确、公正。粗鲁、自私、散漫是不可能让双方的交往继续发展的。

个性：指在商务活动中表现出来的独到之处。例如，你可以对商务活动充满激情，但不能感情用事；你可以不恭敬，但不能不忠诚；你可以逗人发笑，但不能轻率轻浮；你可以才华横溢，但不能惹人厌烦。

仪表：所有人都会（哪怕是下意识地）对交往者以貌取人，要做到衣着整洁得体，举止落落大方，这些都是给商务伙伴留下好印象的至关重要的因素。

善解人意：这是良好的商务礼仪中最基本的一条原则。成功的谈判者往往会在正式谈判前扮演一下对手的角色。人们如果事先就想象即将与之交谈、写信或打电话联系的对方能有的反应，就能更谨慎、更敏锐地与对方打交道。

机智：商场中每个人都极有可能对某些挑衅立即做出反应，或者利用某些显而易见的优势；如果我们一时冲动，则会悔之不已。不过本条黄金规则更深的内涵是：有疑虑时，保持沉默。

四、商务礼仪修养

作为一名合格的商务人员，在商务交往中，除了要有良好的业务素质、扎实的文化知识、丰富的社会经验外，还必须加强礼仪修养，使个人的言行在商务交往活动中，与自己的身份、地位、社会角色相适应，从而被人们理解和接受。

(一)加强道德修养

礼仪作为一种修养，是在多层次的道德规范体系中最基本的行为规范之一，属于社会公德的内容。礼仪与道德相辅相成、互相补充。道德是礼仪的基础，礼仪是道德的表现形式。举止大方、温文尔雅、彬彬有礼，是以良好的道德修养为基础的。道德修养能有效地调节和控制人的行为，美好情操是文明习惯的自然修饰和流露。有德才会有礼，无德必定无礼。因此，修礼宜先修德。

(二)注重践行礼仪

讲究商务礼仪，必须积极运用礼仪，做到知行统一。

▶ 1. 遵守规则

商务礼仪是人们在商务活动中形成，并得到共同认可的一种行为规范，它有许多约定俗成的规则，这些规则在一般情况下是不可以违反的，如果违反了这些规则，将被视为一种缺乏礼貌和修养、不尊重他人的表现。

▶ 2. 养成习惯

俗话说："习惯成自然。"习惯一旦形成，就会成为无意识的行为。坚持以礼待人，从点滴做起，持之以恒，不断积累、升华，并抑制和纠正不良的习惯，将学习、运用礼仪真正变为自觉行为和习惯做法。

▶ 3. 注意细节

商务礼仪是由许多细节构成的，从细节中可以体现出一个人的礼仪素养，这些细节体现在穿着打扮上、举手投足间、言谈举止中。有时这些细节就是一句话或是一个动作。

任务训练

▶ 1. 案例分析

日本有一家叫木村事务所的企业想扩建厂房，他们看中了一块近郊土地意欲购买。同时也有其他几家商社想购买这块地。木村事务所的董事长木村先生前后半年多次登门，费尽口舌，但该块地的所有者——一位倔强的老太太，说什么也不卖。

一个下雪天，老太太进城购物顺便来到木村事务所，她本意想告诉木村先生死了这份心。老太太推门刚要进去，突然犹豫起来，原来屋内整洁干净，而自己脚下的木屐沾满雪水，肮脏不堪。正当老人欲进又退时，一位年轻的小姐出现在老人面前："欢迎光临!"小姐看到老太太的窘态，马上回屋想为她找一双拖鞋，不巧正好没有了。小姐便毫不犹豫地把自己的拖鞋脱下来，整齐地放在老人脚前，笑着说："很抱歉，请穿这个好吗?"老太太犹豫了：她不在乎脚冷?"别客气，请穿吧! 我没有什么关系。"等老人换好鞋，小姐才问道："老奶奶，请问我能为您做些什么?""哦，我要找木村先生。""他在楼上，我带您去!"小姐就像女儿扶母亲那样，小心翼翼地把老太太扶上楼。于是，就在要踏进木村办公室的一瞬间，老人改变了主意，决定把地卖给木村事务所。那位老人后来告诉木村先生说："在我漫长的一生里，遇到的大多数人是冷酷的。我也去过其他几家想买我地的公司，他们的接待人员没有一个像您这里的小姐对我这么好，您的女职员年纪这么轻，就对人那么善良、体贴，真令我感动。真的，我不缺钱花，我不是为了钱才卖地的。"就这样，一个大企业家倾其全力交涉半年也徒劳无功的事情，竟然因为一个女职员有礼而亲切的举动无意促成了，真是奇妙至极。

问题：(1) 案例体现了商务人员应具备哪些修养?

(2) 商务礼仪有哪些作用?

▶ 2. 礼仪情景剧场

小品：临时清洁工

人物：甲、乙。

道具：一把扫帚、一个簸箕、一个垃圾箱、一块写有"禁止践踏草坪"字样的木牌。

甲：学院最近搞实践活动，我积极响应号召。今天我要当一名临时的清洁工，我的基本工作是搞好这一片的卫生，我的职责是让这一片更加卫生(挥手一指)，遇上随地吐痰、吐口香糖、乱丢垃圾的，进行罚款，每次五元(伸出五指)。

(拿起扫帚扫地，一位男学生从草坪上践踏而来。)

甲：您好！同学，请站住。(指指草坪上竖起的牌子)你没看到上面写着"禁止践踏草坪"吗？

乙：(不屑一顾，指着裤子上的牌子)美特斯·邦威，不走寻常路。

甲：(一副惊奇的模样)这么高的栅栏你是怎么过来的？

乙：(指指鞋)李宁，一切皆有可能。

甲：对不起，罚款五元。

乙：(慌张地)凭什么呀？

甲：(幽默地)动感地带，我的地盘我做主。

(乙感到理亏，说不出话，乖乖地交了罚款。)

甲：(望着乙离去的背影，沉思了片刻)随着经济的发展，我们文明程度的提高并没有和经济发展同步，在我们身边抢座、排队加塞儿、乱丢垃圾、随地吐痰、随地大小便等现象比比皆是。在国运昌盛的今天，我们没有理由再粗俗下去。中国迫切地需要一场文明礼仪运动！我们离真正的文明礼仪到底还有多远？答案就在每个中国人的行动中！

学习情境二
个人形象设计

子 情 境 一　仪容设计

学习目标

1. 能够根据不同商务社交场合，有针对性地修饰和美化自己的仪容。
2. 能够根据不同场合与自己的脸型选择合适的发型。
3. 能够按照化妆的基本要求修饰妆容。
4. 掌握仪容礼仪在社会生活与工作中的运用及其作用。
5. 能够在商务活动中树立个人形象、展现个人魅力。
6. 充分认识仪容礼仪的重要性。

导入案例

不修边幅的小李

祖籍山东的小李大学毕业后留在了杭州某贸易公司，他的口头表达能力不错，对公司产品的介绍也得体，人既朴实又勤快，在业务人员中学历又最高，老总对他抱有很大期望。可做销售代表半年多了，业绩总上不去。后来，大家发现他是个不修边幅的人，双手拇指和食指喜欢留着长指甲，里面经常藏着很多"东西"。脖子上的白衬衣衣领经常是酱黑色，有时候手上还记着电话号码。他喜欢吃大饼卷大葱，吃完后，不知道去除异味。在大多情况下，小李没有第二次机会见到想见的客户。

（资料来源：李霞. 商务礼仪实务[M]. 北京：清华大学出版社，2011.）

知识链接

在与人交往中，心理学家认为最重要的第一印象是人的外在形象，尤其是在初次交往中的印象至关重要。人的外在形象即人的外表，它包括人的容貌、服饰、姿态和风度等，是构成人际交往"第一印象"的基本因素，在人际初次交往中所占比例高达55%，因此有人说形象创造财富。

一、仪容

仪容，通常是指人的外观、外貌，其中的重点是指人的容貌。在人际交往中，每个人的仪容都会引起交往对象的特别关注，并将影响对方对自己的整体评价。商务人员对个人仪容的首要要求是仪容美，具体有三层含义。

（1）仪容的自然美，指仪容的先天条件好，天生丽质。尽管以貌取人是不对的，但先天美好的仪容相貌，无疑会令人赏心悦目，感觉愉快。

（2）仪容的修饰美，指依照规范与个人条件，对仪容进行必要的修饰，扬长避短，设计、塑造出良好的个人形象，在人际交往中尽量让自己显得有备而来，自尊自爱。

（3）仪容的内在美，指通过努力学习，不断提高个人的文化、艺术素养和思想、道德水准，培养高雅的气质与美好的心灵，使自己秀外慧中，表里如一。

真正意义上的仪容美，应当是上述三个方面的高度统一。忽略其中任何一个方面，都会使仪容美失之偏颇。在这三者之间，仪容的内在美是最高境界，仪容的自然美是人们的心愿，而仪容的修饰美则是仪容礼仪关注的重点。修饰仪容的基本规则是美观、整洁、卫生、得体。

二、仪容的修饰

仪容修饰的主要是面部，广义上还包括头发、手部以及穿着某些服装而露出的腿部。追求容貌美本是人们的天性，随着人民生活水平的提高和社会交往的密切，各行各业的人们都力求以一种美好的容貌出现在公众面前。这既维护了个人的自尊又体现了对他人的尊重。仪容美的塑造是一项艺术性和技巧性很强的系统工程。

（一）面部的修饰

面容是人的仪表之首，是人体暴露在外时间最长的部位，也是最为动人之处。面容修饰不仅是打扮和美容，实际上体现的是一个人良好的精神面貌和对生活的乐观、积极的态度。

▶ 1. 妆容的要求

（1）干净整洁。商务人员应当杜绝仪容上的脏、乱、差。平时要勤洗脸、勤洗头、勤洗澡，注意眼部保洁、耳部护理、鼻子美化、口腔卫生、唇部修饰等，使自己的仪容显得干净清爽、整洁利索。

（2）修饰避人。商务人员在按常规修饰个人仪容时，应当规避他人，切忌在公共场合或工作中"修饰"自己，诸如补妆、整理衣裤、梳理头发、清理鼻孔的分泌物等。如果在别人面前"当窗理云鬓，对镜贴花黄"，既失之于端庄稳重，又有可能被人误解。

▶ 2. 清洁面部

重视皮肤的清洁保养，是保持青春、延缓衰老的重要措施。光洁的皮肤，不仅能体现女性特殊的柔美，而且是化好淡妆的条件和基础。从美容的角度来说，皮肤的清洁保养是根本。清洁面部最简单的方式就是勤洗脸。正确的洗脸方法是：首先用温水湿润脸部，再取用适量的适合自己皮肤的洁面乳，将洁面乳揉搓至起泡；其次用双手的中指和无名指由下颌向上，手指由内向外打圈轻揉，经过鼻翼两侧至眼眶、颈部和耳部反复多次，以达到对皮肤彻底清洁的目的；最后用温水清洗面部，将洁面乳残余泡沫彻底清洗干净。洗完脸后用清水对面部进行适度的按摩，可以促进血液循环、加速新陈代谢，有效防止皮肤的松弛和老化。

▶ 3. 清洁眼部

眼睛是人际交往中被关注最多的地方。因此，对眼睛的修饰是面部的首要之处。首先要及时清除眼部分泌物或沾染的其他不洁之物。一般情况下，眼睛应该无眼屎、无睡意、不充血、不斜视。商务人员一般不用人造睫毛。眉毛的形状不雅观的话，可进行必要的修饰。若需佩戴眼镜，应注意三点：一是眼镜除了实用之外，还需要注意其质量是否精良、款式是否适合本人；二是眼镜一定要每天擦拭，以保持镜片清洁，还可定期对镜架进行清洗；三是在社交场合或工作场合，不能戴墨镜，这样会有拒人千里之外之嫌。

▶ 4. 清洁耳部

耳孔里的分泌物及落入的灰尘映入对方的视野会显得极不雅观，因此应经常进行耳部的除垢，不要在公共场所大掏特掏自己的耳朵，耳孔内的过长耳毛要进行修剪。

▶ 5. 清洁鼻腔

鼻子处于五官中心部位，是面部最突出的部位。要随时保持鼻腔的清洁，首先不要随便吸鼻子、擤鼻涕；其次也不要当众用手挖鼻孔或让别的东西充塞鼻孔；此外有些人鼻毛过长、过旺，有碍美观，要用小剪刀经常修剪一下长到鼻孔外的鼻毛，严禁鼻毛外现。鼻部黑头要认真清洗，可用专门的去黑头鼻贴，将其处理掉，切勿乱挤乱抠，以免造成局部感染。

▶ 6. 清洁口腔

牙齿洁白、口腔无异味是对清洁口腔的基本要求。护理口腔还应当特别注意口中的异味，在与人交往的时候，如果口中散发出难闻的气味，会使对方很不愉快，也让自己很难堪。为此应坚持每天"三个三"，即每日三餐后的三分钟内要刷牙，每次刷牙的时间不应少于三分钟，以去除残渣、异味；还要注意保持牙齿的洁白，及时去除有碍于口腔卫生和美观的牙石（斑），最佳的办法就是定期去医院洗牙。一般情况下，成人半年左右应洗牙一次。另外，在重要应酬之前忌食蒜、葱、韭菜、腐乳、虾酱、烈酒等，忌吸香烟之类气味刺鼻的东西。平时应有意识地呵护自己的嘴唇，不使自己的唇部干裂、起皮，还应避免嘴边嘴角残留食物。在正式场合，男士留有乱七八糟的胡须，一般会被认为是很失礼的。个别女士因内分泌失调而长出类似胡须的汗毛，应及时清除，并予以治疗。

（二）发型的修饰

▶ 1. 清洁头发

努力使自己的头发保持清洁卫生的状态。具体来说，应当至少三天洗一次头发，并且随时检查自己头发的清洁度。如果要出席重要的商务活动或与此相关的社交活动，那么最好是去理发店或美容店，请理发师对自己的头发精心修剪一番。一般来说，刚刚修剪过的头发，别人是会看出来的。能使交往对象借此发现你是"有备而来"，对此次会面很重视，一定能让其感到受到尊重。对头发勤于梳洗的作用有三个方面：一是有助于保养头发；二是消除异味；三是有助于清除异物。若是对头发懒于梳洗，让自己蓬头垢面，满头汗馊、油味，发屑随处可见是有损个人形象的。

【相关案例】

松下幸之助理发

被称为"经营之神"的日本著名企业家松下幸之助曾是穿着随意、不拘小节，头发也乱七八糟的人。有一次他去理发，理发师给他提意见："您是公司的总经理，却毫不重视自己的容貌修饰，别人会想，公司总经理都如此，他公司的产品还会好吗?"一席话说得松下幸之助无言以对。以后他接受了理发师的建议，十分注意自己的仪容，并且要求自己的下属也要加以重视。

（资料来源：史锋.商务礼仪[M].北京：高等教育出版社，2008.）

梳理头发要选择适当的工具，木材、牛角等自然材料做成的梳子对头发的损伤较少。要养成早晚梳头的习惯，每次梳理用力要适度，持之以恒，对头发大有益处。一些商务人士会随身携带一把梳子以备不时之需，但切忌公开梳理头发。在别人面前梳理头发显得既不雅观又很失礼。头发一定要洁净、修理好、梳整齐，不可以披头散发，肩背上不应有散落的头发与头屑。

要定期修剪头发，男士最好每月一次，女士视情况而定。对于商务人士而言，男士修剪头发要注意前发不覆额，侧发不掩耳，后发不及领，不烫染头发。女士发型不宜长于肩部，不宜挡住眼睛，不标新立异，不过于夸张。

护理头发一方面要保护头发，避免接触强碱或强酸性物质，并尽量防止对其长时间的曝晒。另一方面要养发，给头发补充营养。养护头发除了使用护发素、发膜等养护头发的产品，还应注意饮食，少食辛辣刺激或油性大的食品，做到标本兼治。

▶ 2. 发型设计

塑造头发的整体造型，即发型和发饰，是美发的关键。它不仅反映一个人的个人修养和艺术品位，而且是个人形象的核心部分。发型设计以美观、大方、整洁和方便生活与工作为原则，因此除了流行时尚和个人品位外，还要与自己的脸型、气质、体型和年龄相匹配，与自己的气质、职业、身份及周围的环境等因素相吻合，才能给人以整体美。对商务人士来讲，发型风格应以庄重、简约、典雅和大方为主。

（1）性别因素。男女有别，在头发的长度上就有所体现。一般认为女士可以留短发但很少理寸头；男士头发可稍长但不宜长发披肩，且不应超过人们的审美极限。商务男士一般不理成光头也不宜留得过长，要显得儒雅而精神，精明而干练。女性在商务活动中，头发长度不宜过肩，更不允许披头散发，最好对头发进行必要的梳理，梳成发髻。男士和女士发型分别如图 2-1 和图 2-2 所示。

图 2-1　男士发型

图 2-2　女士发型

（2）年龄因素。人有长幼之分，头发的长度亦受此影响。例如，一头飘逸披肩的秀发，在少女头上相得益彰，有如青春的护照，而若出现在年逾七十的老奶奶头上，则显得不合时宜。商务女性要注意，由于选择的发型与年龄不协调，会让人产生抵触和反感的情绪。

（3）脸型因素。发型与脸型的配合十分重要，发型和脸型配得适当，可以表现出此人的性格、气质，而且使人更具有魅力。椭圆脸型形似鹅蛋，故又称鹅蛋脸，是一种比较标准的脸型，很多发型均适合，并能达到很和谐的效果；圆脸型脸颊部比较丰满，圆圆的脸给人以温柔可爱的感觉，适合垂直向下的发型，头顶蓬松两边收紧，留有刘海；长脸前额发际线较高，下巴较大且尖，脸庞较长，应避免把脸部全部露出，尽量使两边头发有蓬松感，不宜留长直发，适合波浪的卷发或齐眉刘海的发型；方脸型有较阔的前额与方形的腮部使方脸型缺乏柔和感，适合圆柔的短发型和垂肩的中长发型；正三角脸型形似"梨"又称梨形脸，头顶及额部较窄，下颚部较宽，适合刘海在眉毛以上且有层次的蓬松发型；倒三角脸上宽下窄，像个"心"形，又称心形脸，特征与正三角脸型相反，适合抑制上部宽度的下巴处蓬松的齐肩发型；菱形脸上额角较窄，颧骨突出，下巴较尖，设计发型时重点考虑颧骨突出的地方，适宜内弧线的厚重刘海的中短发型。

（4）身材因素。一般来说，身材修长的人在发型方面有较多的选择，无论长发或短发，由于其身材的优势会显得精神飒爽。身材矮小者在选择发型时会受到一定的限制，最好选择短发型，会使自己显"高"些，长长的披肩发只会令自己显得更加矮小。身材高而瘦的人可选择长发或波浪式卷发，让自己显得丰盈一些；身材矮而胖者一般不宜留长发和蓬松发型，留短发会显高、显瘦些。

（5）职业因素。商务人士结合职业特点，应选择庄重、典雅、保守的发型，华丽美艳、奇异、夸张的发型都不适合商务人士，尤其不适合穿工作制服的人士。在商务场合，设计与选择发型时要多考虑职业与工作性质才能相得益彰，既符合惯例又能得到他人认可。

（三）肢体的修饰

▶ 1. 手部的修饰

手是肢体中使用最多、动作最多的部位，要完成各种各样的手语、手势，因此，难免得到众多目光的眷顾。手常常露在服饰之外，极易被他人所注意。社交中要经常与人握手，要做各种手势，因此，适时适度地保护与美化手部十分必要。如果手部的"形象"不佳，整体形象将大打折扣。对手部的具体要求有以下三点：

（1）清洁。在日常生活中，手是接触他人和物体最多的部位。从清洁、卫生、健康的角度来讲，应当勤洗手。手脏之后、接触精密物品或拿食物入口前、上过卫生间之后，都应及时洗手。手部肌肤的油脂腺较少，较身体其他部位更易变得干燥，但又经常需要暴露于空气中。因此，细心呵护双手要注意：每晚用滋润的润手霜按摩双手；经常除去手上的死皮；做家务或干粗活时戴上手套；经常运动，使之保持柔软；偶尔可敷上一些现成或自制的护手膜。

（2）不涂艳丽指甲油。女性可根据不同情况的需要，涂上不同颜色的指甲油以美化指甲。适当地使用指甲油美化指甲，可以增添手部的魅力，给对方留下美好的印象。一些与指甲颜色相近的指甲油能够对指甲起到很好的修饰作用，但是过于醒目的指甲油，如红色、紫色等，用在商务场合就不适宜。

（3）不蓄长指甲。手指甲通常不宜长过其指尖，要保持指甲的适度修理，养成"三天一修剪、每天一检查"的良好习惯；还应注意及时剪除指甲周围的死皮。定期修剪指甲，将其修剪成椭圆形不仅使之变得美观，而且可保持它们的健康。手指简单的按摩运动，可促进指尖血液循环，有利于营养输送至指甲。有人习惯将小指指甲留长；有的人当众剪指甲，这些都是不良举止，应尽力避免。

▶ **2. 腿脚部的修饰**

腿部在近距离之内为他人所注目，因此腿部的修饰必不可少。人际交往中，人们常有"远看头，近看脚"的观察习惯。如果对腿脚部的清洁掉以轻心，就会出现被人戏称为"凤凰头，扫帚脚"的不雅现象。腿部的修饰主要应注意腿部、脚部和汗毛，在正式场合应特别注意三个方面：一要勤洗脚；二要勤换袜子，做到每天换洗袜子，注意不要穿不透气、易生异味的袜子；三要定期交替更换鞋子，在穿鞋前，务必细心清洁鞋面、鞋跟、鞋底等处，定期保养，使其干净整洁。

在正式场合，男士不能暴露腿部即不允许男士穿短裤；女士可以穿长裤、裙子，但不得穿短裤或是暴露大部分大腿的超短裙。女士在正式场合穿裙子时，光着腿不穿丝袜是不雅观的，非正式场合并无限制。成年男子一般腿部汗毛都很重，所以在正式场合不允许穿短裤或卷起裤管；女士的腿部汗毛如果过于浓密应脱去或刮掉或穿深色丝袜。

【知识拓展】

脚部的护理首先要保持脚部清洁。除天天洗脚，天天换袜子以外，还要注意以下方面的禁忌：

第一，忌穿号码小的鞋子。经常穿不适合脚大小的鞋，不仅可能使脚部畸形还会在脚后跟或脚掌处磨出硬皮，即使以后穿合脚的鞋也会有压痛感，时间长了还可能形成鸡眼，甚至会导致脚趾或足底皮肤变形。

第二，忌对脚部干燥处不做处理。尤其是秋冬季节，脚底皮肤容易干燥脱皮和皲裂，如果不做处理，脚部皮肤健康状态会受到极大影响，切不可小视脚部皮肤干燥的问题。

第三，忌不穿或少穿袜子。春夏季节，因水土或其他原因很容易生出又痒又痛的足癣或者脱皮，严重者会化脓甚至奇痒。只为方便不穿袜子有可能将霉菌传染到身体其他部位。

第四，忌不注意脚部防晒。女士们对于夏天穿凉鞋的脚面晒出的鞋印十分敏感，若不注意不仅有损于脚面皮肤的洁白细润，甚至还会出现皮肤过敏等状况。应注意脚部防晒以保持脚部正常状态。

（资料来源：程娟. 商务礼仪[M]. 成都：四川大学出版社，2017.）

三、妆容的美化

仪容的美化主要是通过化妆来完成的。化妆不是简单的涂脂抹粉，而是一种复杂而又有趣的综合艺术。化妆是指通过使用丰富多样的化妆品，采取合乎规则的步骤和技巧，对面部进行恰到好处的描画和渲染，以强调和突出人的自然美，减弱或掩饰容貌上的欠缺和不足，从而达到美容的目的。商务人员在工作中美化仪容要符合职业特点，淡妆为宜。略施淡妆会使商务人员显得端庄、美丽、稳重、大方。切忌浓妆艳抹，过分修饰。

(一)化妆的功能

对商务人士来说，化妆最重要的功能有两个方面：

(1) 要求职员化妆上岗，有助于体现单位的令行禁止和统一性、纪律性，有助于使单位形象更为鲜明、更具特色。

(2) 要求职员化妆上岗，意在向商界的交往对象表示尊重。也就是说，在商务活动中化妆与否，绝非个人私事，而是衡量其对商务活动对象是否尊重的一个尺度。

(二)化妆的基本原则

▶ **1. 自然美化原则**

化妆要化得美丽、生动、具有生命力，更要真实、和谐、自然，切不可矫揉造作。化妆是为了修饰自己容貌的不足之处，使自己变得更加靓丽，但要避免人工修饰的痕迹过浓。突出自己的自然美，以淡雅的妆容给人留下最深刻的印象，才是化妆的最高境界。

▶ **2. 整体协调原则**

面部协调，即面部化妆部位色彩搭配及浓淡协调，所化的妆针对脸部个性特点，整体设计协调；全身协调，即面部化妆还须注意与发型、发色、服饰、饰物协调，力求取得完美的整体效果；场合协调，即根据不同的场合化不同的妆容，化妆要与所在的场合气氛一致；身份协调，即化妆后要适合自己所从事的职业。

(三)化妆的技巧

▶ **1. 女士化妆步骤**

从技巧上讲，进行一次完整而全面的化妆有一定的规范。女性全套化妆的大体步骤包括以下几个方面。

(1)沐浴。沐浴时使用浴液，浴后使用润肤蜜保养、护理全身，保护手部。

(2)发型修饰。浴后晾干或吹干头发，使用发胶、摩丝等做出满意、合适的发型。

(3)洁面、润肤。用洗面奶去除油污、汗水与灰尘，使面部保持清洁。随后，在脸上扑打化妆水，用少量的护肤霜将面部涂抹均匀，以保护皮肤免受其他化妆品的刺激。此外，它还有助于涂敷粉底打底色，为面部化妆做好准备。

(4)涂敷粉底。在面部的不同区域使用深浅不同的粉底，以修饰脸型、突出五官，使妆面产生立体感。选择与肤色较接近的粉底，用海绵块或手指从鼻子处向外均匀涂抹，尤其不要忽视细小的部位，在头与脖子衔接处要渐淡下去。粉底不要太厚，以免像戴了一个面具。粉底涂抹完后要达到调整肤色、掩盖瑕疵，使皮肤细腻光洁的目的。完成之后，即可使用少许定妆粉来定妆。定妆时用粉扑蘸上干粉轻轻地、均匀地扑到妆面上，只需薄薄一层，以起到定妆作用，使妆面柔和，吸收粉底过多的光泽。扑好粉后，用大粉刷将妆面上的浮粉扫掉。

(5)修饰眼部。先画眼影，根据不同的服饰、场合，确定眼影的颜色，画眼线，修饰睫毛，然后根据脸型修剪眉形，注意眉弓的位置。眼线要贴着睫毛根画，浓妆时可稍宽一些，淡妆时可稍细一些。上眼线内眼角方向应淡而细，外眼角方向则应加重，至外眼角时要向上挑一点，把眼角向上提，显得眼角上翘。修饰睫毛应先将睫毛用睫毛夹子夹住由内向外翻卷。然后用睫毛刷从睫毛根到睫毛尖刷上睫毛液。为了使睫毛显得浓密，可在睫毛液干后再刷第二遍、第三遍。最后再用眉刷上的小梳子将粘在一起的睫毛梳开。修饰眉毛首先用眉刷自下而上将眉毛梳理整齐。然后用眉笔顺眉毛生长方向一道道描画，眉毛从眉头起至三分之二处为眉峰，描至眉峰处应以自然弧度描至眉尾，眉尾处渐淡。最后用眉刷顺眉毛生长的方向刷几遍，使眉形自然、圆滑。

（6）美化鼻部。即画鼻侧影，以掩饰鼻形的缺陷。

（7）打腮红。使用胭脂扑打腮红的目的是修饰美化面颊，使人看上去容光焕发。注意腮红的位置，一般小孩涂在脸蛋上，成人涂在颧骨上。腮红应抹在微笑时面部形成的最高点，然后向耳朵上缘方向抹一条，将边缘晕开。可用腮红和阴影粉做脸形的矫正。如在宽鼻梁两侧抹浅咖啡色，鼻梁正中抹上白色，使鼻子立体感增强。

（8）修饰唇部。先用唇线笔描出合适的唇形，然后填入色彩适宜的唇膏，使其红唇生色，更加美丽。用唇线笔画好唇廓后，可用唇刷涂唇膏，也可用棒式唇膏直接涂。口红的颜色应与服装及妆面相协调。

（9）喷涂香水。香水用来美化身体的整体"大环境"。使用香水应注意两方面的问题：首先是选择香型问题，一般来说应选择香味淡雅清香的香水。如果香味浓烈刺鼻，周围的人会很难忍受。在探望病人时，香水的味道更不能刺鼻，否则会造成病人的不适。其次是按正确部位喷洒或搽抹。

【知识拓展】

香　　水

香水按照香精浓度可分为以下几种。

①香精。赋香率为 $18\%\sim25\%$，持续的时间可达 $7\sim9$ 小时，价格昂贵且容量小，通常都是 7.5 毫升或 15 毫升的包装，国内鲜少人使用。

②香水。赋香率为 $12\%\sim18\%$，持续的时间为 $3\sim4$ 小时。价格比一般香水略高。

③淡香水。泛指一般淡香水，赋香率为 $7\%\sim12\%$，持续的时间为 $2\sim3$ 小时。价格相对便宜，也是最常见、最被广泛使用的。

④古龙水。赋香率为 $3\%\sim7\%$，持续的时间为 $1\sim2$ 小时，价格较为便宜。

⑤清香水（也称清凉水）。在各个香水等级中香精含量最低，为 $1\%\sim3\%$。刮须水和体香剂都属此等级。

香水的使用方法：

①七点法。首先将香水分别喷于左右手腕静脉处，双手中指及无名指轻触对应手腕静脉处，随后轻触双耳后侧、后颈部；轻拢头发，并于发尾处停留稍久；双手手腕轻触相对应的手肘内侧；使用喷雾器将香水喷于腰部左右两侧，左右手指分别轻触腰部喷香处，然后用沾有香水的手指轻触大腿内侧、左右腿膝盖内侧、脚踝内侧。注意搽香过程中，所有轻触动作都不应有摩擦，否则香料中的有机成分发生化学反应，可能破坏香水的原味。

②喷雾法。在穿衣服前让喷雾器距离身体 $10\sim20$ 厘米，喷出雾状香水。喷洒范围越广越好，随后立于香雾中 5 分钟；或将香水向空中大范围喷洒，然后慢慢走过香雾。这样都可以让香水均匀落在身体上留下淡淡的清香。

香水使用应注意以下事项。

①香水不要洒在易被太阳晒到的暴露部位。因为香水中的香料有些是从天然植物中提取的挥发油，这些挥发油中有的含有呋喃香豆精的成分，如香柠檬油等。若喷洒在面部以及易被太阳晒到的部位，日光中的短波紫外线就会与皮肤上喷洒的这些化学物质相结合，出现光化学反应，可能导致脸上出现皮肤炎症和点状黑斑。

②香水不宜直接擦在脸上及过敏性皮肤上面。由于香水含有较多量的酒精，尤其是花露水，酒精含量更高，刺激性较大，故脸部及易过敏的皮肤和婴儿皮肤都不宜直接擦香水。

③香水不宜总是直接洒在皮肤上，因为皮肤若长期受酒精的刺激可能会产生过敏现象。应变换使用方法，可根据情况，将香水洒在衣料上散发香味。

④香水不宜过浓或洒得过多，不然会适得其反，还易导致嗅觉障碍症，于精神状态不利，另外也易给人一种孤傲浮华、孤芳自赏的感觉。

⑤香水不宜涂在额上、腋下和鞋内等易出汗的部位。因为这些部位汗液多，易将香水冲淡，而且汗味和香味混合会产生怪异气味。

⑥香水不宜喷洒在毛皮、黄金和珍珠等服饰品上，因为香水会使它们失去天然光泽。

⑦两种不同的香水不宜混在一起使用，混合后的香味会使原来的每一种香水都失去纯味，且很可能闻起来给人极不舒服的感受。

（10）修正补妆。检查化妆的效果，进行必要的调整、补充、修饰和矫正。至此，一次全套化妆彻底完成。

▶ **2. 男士化妆步骤**

仪容美化不是女子的专利，男士要显得有风度、庄重、文雅和有朝气，容貌修饰是必不可少的。

（1）清洁。成年男子皮脂腺的分泌活动活跃，油脂分泌过多，容易黏结灰尘形成污垢，甚至会出现粉刺而影响面容。因此，男士的美容主要是对皮肤进行清洁按摩，保持皮肤的健康、卫生。

（2）修饰。男士应该选择适合自己皮肤的护肤品来保护皮肤。唇部可用无色唇膏或润唇膏保持嘴唇的丰满圆润。男士化妆重在画眉，补缺断处，突出眉毛的"剑"形效果。

（3）剃须。男士经常剃须可以使面部清洁、容光焕发。除有特殊宗教信仰与民族习俗外，商务人士不要蓄须，要养成每天剃须的习惯。

▶ **3. 妆后检查**

（1）检查左右是否对称。眼、眉、腮、唇、鼻侧等两边形状、长短、大小、弧度是否对称，色彩浓淡是否一致。

（2）检查过渡是否自然。脸与脖子，鼻梁与鼻侧，腮红与脸色，眼影、阴影层次等过渡是否自然。

（3）检查整体与局部是否协调。各局部是否缺漏、碰坏，要符合整体要求，浓淡是否达到应有效果。整个妆面是否协调统一。

（4）检查整体是否完美。化妆忌把镜子贴近脸部检查。虽然这样能看清细小的部分，但一般情况下，人们只是在一米之外的距离与你面谈或打招呼，所以要在镜前五米处审视自己，对脸部整体的平衡做出正确的判断。

(三)化妆的禁忌

化妆时，应认真遵守以下礼仪规范：

（1）勿当众化妆。应事先化好妆，或是在专用的化妆间进行。若当众化妆，则有卖弄表演或吸引异性之嫌，弄不好还会令人觉得身份可疑。

（2）勿在异性面前化妆。聪明的人绝不会在异性面前化妆。对关系密切者而言，这样做会使其发现自己本来的面目；对关系普通者而言，这样做则有"以色事人"，充当花瓶之嫌。无论如何，都会使自己形象失色。

（3）勿使化妆妨碍他人。有人将自己的妆化得过浓、过重，香气四溢，这种过度的化妆，就是对他人的妨碍。

（4）勿使妆面出现残缺。若妆面出现残缺，应及时避人补妆，若听任不理，会让人觉得低俗、懒惰。

（5）勿借用他人的化妆品。每个女性的化妆盒都具有隐私性，隐藏着各自的喜好和习惯，随便使用别人的化妆品，等于侵入别人最隐秘的私人空间。而且，直接接触皮肤的化妆品、化妆用具最易带上个人细菌，容易造成交叉感染。

（6）勿评论他人的化妆。别人化妆与否、怎样化妆属于个人的自由，他人不宜评头论足，议论别人的化妆方式，也不宜批评和指责别人化妆的效果。

四、妆容美化

在商务活动中，恰如其分的化妆不但可以增加个人形象的分数值，还能展示良好的精神风貌，体现出对自身职业的尊重，同时也是尊重他人的一种表现。

▶ **1. 化以淡妆为主的工作妆**

商务人员在工作岗位上应当化淡妆，实际上就是限定在工作岗位上不仅要化妆，而且只适宜化工作妆。有人将这一规定简洁地称为"淡妆上岗"。

淡妆的主要特征是简约、清丽、素雅，具有鲜明的立体感。

男士所化的工作妆，一般包括：美发定型；清洁面部与手部，并使用护肤品进行保护；使用无色唇膏保护嘴唇；使用香水等。女士所化的工作妆，在以上基础上，还要注意对修饰性化妆品的适当使用。

▶ **2. 避免过量使用香水**

正确使用香水的位置有两个：

一是离脉搏跳动比较近的地方，如手腕、耳根、颈侧、膝部、踝部等处。

二是既不会污损衣物，又容易扩散出香味的服装上的某些部位，如内衣、衣领、口袋、裙摆的内侧，以及西装上所用的插袋巾的下端。

▶ **3. 避免当众化妆或补妆**

化妆过程不雅，既是对他人的妨碍，也是对自己的不尊重。假若真需要修饰，应到洗手间去进行。

▶ **4. 避免与他人探讨化妆问题**

不要在工作岗位上介绍自己的化妆心得，也不要评价、议论他人化妆的得失。每个人的审美不同，所以不要在这方面替别人"忧心忡忡"，否则，费力不讨好。

▶ 5. 避免自己的妆面出现残缺

妆面出现残缺应及时补妆。

任务训练

▶ 1. 案例分析

中日双方欲成立一家合资公司，双方约定在某日进行谈判。中方为了慎重起见，特意从某大学里挑选了一位女大学生做翻译。她梳着一头披肩发，无论身材、长相、语言都无可挑剔。谈判如期进行。在谈判中，日方向中方提出要求，你们必须换翻译，否则我们无法进行谈判！这时，中方感到很纳闷，便问："是她翻译得不好？还是她长得不漂亮？"日方说："她翻译得很好！长得也很漂亮！但每次她的头发甩过来甩过去，使我们无法集中精神。"

问题：(1) 这名女大学生违反了什么礼仪？

(2) 这名女大学生应该怎么做？

▶ 2. 自己动手来试试之化妆篇

口号：化妆是一门艺术，是一种生活。

原则：淡雅无痕，美丽动人。

要求：准备镜子、洗脸盆、毛巾、清洁纸巾、棉球、海绵扑、粉刷、腮红刷、眉刷、化妆水、粉底、眼影、眉笔、腮红、口红等必要的化妆品。

方式：个人化妆或两人一组化妆。

子情境二　仪表修饰礼仪

学习目标

1. 掌握服饰搭配与打扮的原则。
2. 了解男士西装的选择方法、基本穿法，能够合理搭配西装。
3. 了解女性职业套装的穿法和饰物的佩戴技巧。
4. 掌握服饰礼仪在社会生活与工作中的运用及其作用。
5. 能够根据场合要求进行合理的穿戴。
6. 充分认识服饰礼仪的重要性。

导入案例

彭丽媛：柔软与巧妙的中国"她实力"

中国的"夫人外交"，像一股旋风刮过，所到之处，让国内舆论振奋，令国际舆论瞩目。媒体报道说，彭丽媛的穿戴已成为时尚的范本，人们议论着她的自信和得体，她本土品牌的手提包、丝巾和衣服，这些有趣的媒体谈资，都成为这个春天中国外交的一大亮点。成熟的中国真正在融入世界，用世界习惯接受的方式与世界打交道，用世界看得懂的流行方式向世界"说明"中国。

彭丽媛富有中国文化特色的衣着，不仅对外传递出中国开放的形象，更对内树立了一种文化自信。看得出来，国内舆论的热情比国外舆论强烈多了，这种文化自信更多地感染了过去很少有机会以这种方式体验国家情感的国人身上，对本土品牌的自信，对国家形象的自信。一次很多国产品牌都借机沾了光，大打彭丽媛概念，有些品牌甚至卖断了货。

其实受益的绝不仅仅是经济层面的本土品牌，更重要的是中国外交的形象拓展。相比军事和经济上的硬实力，有人说这是中国在展示软实力。美国前国务卿希拉里曾提出过一个概念，叫"巧实力"，四两拨千斤，事半功倍，小成本大收益，巧妙地向世界展示并提升自己的实力。这一次的"夫人外交"，既是软实力，又是巧实力，还是既柔软又巧妙的"她实力"，以让中国和世界都兴奋的感性方式，赢得了巨大的外交效益。

（资料来源：曹林. 彭丽媛：柔软与巧妙的中国"她实力"[J]. 北京：中国青年报，2013-4-1.）

知识链接

古人云："衣服容貌者，所以悦目也。"从礼仪上讲，一个人的服饰打扮不完全是为了自己，也是为了"给人看"。正如德国美学家格罗塞所说："诱惑人们将自己装饰起来的最大的、最有力的动机，无疑是为了想取得别人的喜悦。"尤其是在商务活动中，人们总是有意无意地以美的标准去塑造自己，通过服饰的美展示内心对美的追求，进行自我的审美体验，向人展示一种美的激情、美的感动和美的享受。从某种意义上说，服饰是人的外在表象，由服装本体及其延伸饰物构成。服饰是一种文化，是一种文明，是一门艺术，是一种无声的语言。服饰表达着一个人的品格、品位、审美情趣及生活态度。意大利著名影星索菲亚·罗兰说过："你的衣服往往表明你是哪一类人，它们代表着你的个性。一个和你会面的人往往自觉不自觉地根据你的衣着来判断你的为人。"

【相关案例】

面试的小李

某公司招聘文秘人员，由于待遇优厚，应聘者如云。中文系毕业的小李同学前往面试，她的背景材料可能是最棒的。大学四年中，在各类刊物上发表了3万字的作品，内容有小说、诗歌、散文、评论、政论等，还为6家公司策划过周年庆典，英语表达也极为流利。小李五官端正，身材高挑、匀称。面试时，招聘者拿着她的材料等她进来。小李穿着迷你裙，露出大腿，上身是露脐装，涂着鲜红的唇膏，轻盈地走到一位考官面前，不请自坐，随后跷起了二郎腿，笑眯眯地等着问话。孰料，三位招聘者互相交换了一下眼神，主考官说："李小姐，请下去等通知吧。"她喜形于色地说："好！"拎起小包飞跑出门。考官面面相觑，小李始终也没有等到录用消息。

（资料来源：刘韵. 汽车商务沟通与谈判技巧[M]. 上海：同济大学出版社，2014.）

一、服饰的功能

服饰作为自然环境和社会环境综合作用的产物，具有多种价值，发挥着多重功能，其主要功能是保护、展示和审美。

▶ 1. 保护功能

服饰产生于人们的生理需要。远古时代，人类多半裸露在寒暑交替的自然环境里，饱受日晒雨淋、风袭雪侵之苦，为了蔽体御寒，人类便披兽皮、围树叶。直到纺织术的发明，随着社会的发展，才有了现代意义的服饰。但不管服饰如何变化和发展，总离不开它的基本属性：蔽体，这是它的第一功能。

▶ 2. 提升形象的功能

美国著名的服饰设计师约翰·摩洛埃曾做过一项多元性研究。他派一位中下层社会出身的大学毕业生去拜访100家公司，去其中50家时穿着普通服装，去另外50家时则穿着高档服装。每家公司的经理，摩洛埃都事先打过招呼，让经理们通知自己的秘书，这个年轻人是摩洛埃刚刚聘任的助理，并要求秘书听从这个年轻人的吩咐。结果这位年轻人穿着高档服装去拜访时，秘书几乎是有求必应；而穿着普通服装时，至少有1/3的秘书对他表示冷淡，或颇有微词。当他要求调3份职员档案时，身着高档服装时有42次在10分钟内收到；而在身着普通服装时只有12次。这个实验的统计数据显示，身着高档服装时，在50次会面中得到的积极反应和合作是30次，而身着普通服装时却只有4次。可见，借助服饰既可以美化形象，增强人际吸引力，又可以塑造形象，优化你的"第一印象"，使你得到人们的重视和尊敬，生意兴隆、发达，事业顺畅、成功。

▶ 3. 审美功能

当人们开始用贝壳、兽齿打扮自己，以及在腰带上挂满精巧的饰件来装饰自己时，便萌发了美的意识，衣着也就有了审美功能。随着时代的发展，服饰的作用不仅是保护人的身体，更重要的是表现人格特征和文化修养。传播学家认为，一个人可以用四种方式表达自身的信息：语言、表情、姿势、服饰，其中服饰是最含蓄也是最有趣的一种，它不是固定的符号，却能通过服饰与身份的对比，传递出语言不能穷尽的丰富信息。展示一个人的个性特征和涵养，追求气质美、风度美、仪表美，均离不开服饰。从服饰最初的保暖御寒的实用功能，发展到讲究服饰的审美功能，服饰因此成为现代社会展现仪表仪态的重要工具。

二、服饰打扮的原则

▶ 1. 正式和整洁的原则

商务人员在上班的时候要穿得正式，有的公司有对员工着装有非常明确的要求。正式的着装主要是制服或西装，如有些企业要求员工工作时间必须西装革履，有些企业要求员工必须穿制服才能上岗。整洁的原则也是服饰打扮最根本的原则，一个衣着整洁的人总能给人积极向上的感觉，总是受欢迎的；而一个衣衫褴褛的人，给人的感觉总是消极颓废的。所以，在穿制服时也要注意服装的整洁，不要太随意。美国很多公司要求员工的衬衣和领带每天都要更换。

▶ 2. 个性原则

不同的人由于年龄、职业、文化素养不同，自然就会有不同的气质。因此，服饰的选择既要符合个性气质，又要能通过服饰凸显个性气质。

▶ 3. 着装的 TPO 原则

TPO 是英文 Time（时间）、Place（地点）、Occasion（场合）三个单词的缩写，是国际上公认的穿衣原则。

（1）T 原则，指服饰打扮应考虑时代的变化、四季的变化及一天各时段的变化，服饰应顺应时代发展的主流和节奏，不可太超前或太滞后；服饰打扮还应考虑四季气候的变化，夏季应轻松凉爽，冬季应保暖舒适，春、秋两季应注意及时增减衣服并防风；服饰还应根据早中晚气温的变化而调整。西方许多国家都有一条明文规定：人们去歌剧院看歌剧一类的演出时，男士一律穿深色晚礼服，女士着装也要端庄典雅，以裙装为宜，否则不准入场。这一规定旨在强调社交场合的文明与礼仪，同时也体现着西方国家尊重他人、营造优美环境与氛围的社会文化。

（2）P 原则，指服饰打扮要与场所、地点、环境相适应，以获得视觉与心理上的和谐感。西装革履与静谧的办公室相协调，男士在严肃的写字楼里穿着拖鞋，女士穿着拖地晚礼服送文件，将是什么情景？在工作场所就应穿职业服，回到家里就应穿居家服，不同的场合和环境应选择不同的服饰。

（3）O 原则，指服饰打扮要考虑特定的场合与气氛，要选择与之相适宜的服饰造型与颜色，实现人景相融的最佳效应。场合原则是人们约定俗成的惯例，具有深厚的社会基础和人文意义。服饰所蕴含的信息内容必须与特定场合的气氛相吻合。否则，往往会引起人们的疑惑、猜忌、厌恶和反感，导致交往空间距离与心理距离的拉大。

着装最基本的原则是体现"和谐美"，上下装呼应和谐，饰物与服装色彩相配和谐，与身份、年龄、职业、肤色、体形和谐，与时令、季节环境和谐等。

▶ 4. 协调性原则

（1）着装要满足担当不同社会角色的需要。人们的社会生活是多方面、多层次的，在不同场合担当不同的社会角色，因此要根据情况选择不同的着装，以满足担当不同社会角色的需要。

（2）着装要与肤色、体形、年龄相协调。例如，较胖的人不要穿横格的衣服；肩胛窄小的人可以选择有垫肩的上衣；颈短的人可以选择无领或低领款式的上衣；中老年女士不能像少女一样穿超短裙。

（3）着装要注意色彩的搭配。色彩搭配的方法有两种，即亲色调和法与对比色调和法。亲色调和法是将色调近似但深浅浓淡不一的颜色组合在一起。对比色调和法是将对比色进行搭配，使之对立，既突出各自的特征，又能相映生辉。

【知识拓展】

服装的色彩搭配中，不同的色彩有着不同的象征意义。

暖色调——红色象征热烈、活泼、兴奋、富有激情；黄色象征明快、鼓舞、希望、富有朝气；橙色象征开朗、欣喜、活跃。

冷色调——黑色象征沉稳、庄重、冷漠、富有神秘感；蓝色象征和平、心灵的安静。

中间色——黄绿色象征安详、活泼、幼嫩；红紫色象征明艳、夺目；紫色象征华丽、高贵。

过渡色——粉色象征活泼、年轻、明丽而娇美；白色象征朴素、高雅、明亮、纯洁；淡绿色象征生命、鲜嫩、愉快、青春等。

（4）着装要与穿着者所处的环境相协调。置身于不同的环境、不同的场合应该有不同的服饰穿着，要注意所穿着的服饰与周围环境的和谐。

（5）着装要与穿着的时间相协调。注重环境、场合、社会角色和自身条件，不顾时节变化的服饰穿着自然也是不可取的。

三、商务男士着装要点

西装是目前世界最流行的一种服装，也是商界人士在正式场合的优先选择。西装七分在做，三分在穿。穿着西服有一整套严格的规矩。

西装的外观造型目前有欧式、英式、美式和日式等四种造型。欧式西装呈倒梯形，特点是肩宽胸饱领大，多为双排扣形式，后摆不开衩。英式西装剪裁得体，多为单排扣，后摆两侧开衩。美式西装线条柔和，自然垫肩，以 2～3 粒扣的单排扣为主，后摆中间开衩。日式西装领窄短，呈"H"形，多为单排扣，后摆不开衩。

（一）西装的三要素

西装通常被视作男士的脸面。男士西服的三个基本要素是西装、衬衫、领带如图 2-3 所示。较为通行的西装是两件套或者三件套，统一面料、统一色彩是规范化的正式场合的西装，另外要注意三件套西装在正式场合不能脱下外衣。穿着西装，对工作人员而言，体现着其身份也体现着其所在企业的规范化程度。

图 2-3　西装的三要素

（二）穿着西装的原则

▶ 1. 三色原则

三色原则是指男士在正式场合穿着西装套装时，全身颜色必须限制在三种之内，否则就会显得不伦不类，有失庄重和保守。

▶ 2. 三一定律

三一定律是指男士穿着西服套装外出时，其鞋子、腰带、公文包三个部位的色彩必须协调统一。最理想的选择是鞋子、腰带、公文包皆为黑色，鞋子、腰带、公文包是商务男士身体上最为引人注目之处，令其色彩统一有助于提升自己的品位。

▶ 3. 三大禁忌

穿着西装是要美化自己的形象，在穿着中要做到"有所为，有所不为"。首先，西服袖口的商标牌应摘掉，否则不符合西服穿着规范，在高雅场合会贻笑大方。其次，穿夹克不能打领带，夹克属于休闲装，不能与领带配套。最后，穿西装忌穿尼龙丝袜和白袜子，袜子颜色的选择有与皮鞋同色和与西裤同色两种。

(三)穿着西装的要点

一套合体的西装，可以使穿着者显得潇洒精神，风度翩翩，极具魅力。西装的穿着十分讲究，除了挺括清洁外，穿西装还需要关注以下几方面。

▶ **1. 西装必须合体**

男式合体的西服上衣长度应长过臀部，垂下手臂时与虎口相平，四周下垂平衡，手臂伸直时上衣袖长应至手腕部。一般西装领子应紧贴衬衫领口且低于衬衫领口 1 厘米左右，衬衫的袖口也应稍微长于西装袖口。合体的西装胸围以穿一件 V 字领羊毛衫，松紧度适宜为好。上衣的下摆与地面平行，裤子要烫出裤线，裤长以裤脚接触脚背为妥。

▶ **2. 配穿正式西服衬衫**

西服衬衫的花色以单色为宜，细条纹比粗条纹更为合适，其他方格、花衬衫轻易不与西装搭配，正式礼服衬衫以白色为原则。穿着西装讲究搭配，才能突出西装的协调端庄之美。男士在正式场合应穿同一面料、同一颜色的西装套装，颜色以深色为好，内穿淡色衬衫为佳。西服衬衫通常是长袖衬衫，要注意选择合适的衬衫领型进行搭配。衬衫领子要挺括，尤其领子和袖口处不能有污垢、油渍。衬衫的下摆要塞在裤腰里，系好领口和袖口，衬衫的衣袖稍长于西装上衣袖，以衬托西装的美观。衬衫里面的内衣领和袖口不能外露。穿西服在正式场合必须打领带，其他场合可以随意。打领带时衬衣领口扣子必须系好，不打领带时衬衣领口扣子应解开。

【相关案例】

新　衬　衫

一名刚毕业的大学生准备参加招聘面试。他买了件新衬衫，在面试当天才拆开。他并不在乎衬衫上有皱痕，因为穿上西装就能挡住了。但是，没料到面试过程中，面试官却让他把西装脱了好随便一点。他当时就傻眼了，满脑子想的都是衬衫上的皱痕。

(资料来源：曹艺．商务礼仪[M]．北京：清华大学出版社，2009.)

▶ **3. 系好领带**

领带被称为西服的"灵魂"。领带与西服的和谐统一，对西装的穿着起着至关重要的作用。凡是正规场合，穿西装必须系领带，领带的色彩、图纹可根据西装的色彩搭配，应达到相映生辉的效果。领带的长度、宽度要适中，领带的长度一般为 130～150 厘米，系好领带后其大箭头正好触及皮带扣为宜。领带的宽度应与西装翻领的宽度相协调，领带的领结要饱满，与衬衫的领口要吻合紧凑。领带的打法步骤如下：

(1)平结。平结是男士们选用最多的领带打法之一，几乎适用于各种材质的领带。完成后领带呈斜三角形，适合窄领衬衫。如图 2-4 所示，其要诀是：宽边在左手边，也可换右手边打；在领带中间形成凹凸的情况下，尽量让两边均匀且对称。

(2)双环结。一条质地细致的领带再搭配上双环结颇能营造时尚感，适合年轻的上班族选用。如图 2-5 所示，其要诀是：领带第一圈会稍露出于第二圈之外，千万别刻意给盖住了。

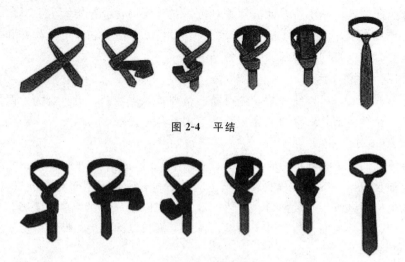

图 2-4　平结

图 2-5　双环结

（3）交叉结。这是适合单色素雅质料且较薄领带选用的打法，可以展现流行感。交叉结的特点在于打出的结有一道分割线，适用于颜色素雅且质地较薄的领带，感觉非常时尚。如图 2-6 所示，其要诀是：按步骤打完领带后，其背面是朝前的。

图 2-6　交叉结

（4）双交叉结。双交叉结很容易体现男士高雅的气质，适合正式活动场合选用。该领带打法多用于素色且丝质领带，适合搭配大翻领的衬衫。如图 2-7 所示，其要诀是：宽边从第一圈与第二圈之间穿出，完成领带结，充实饱满。

图 2-7　双交叉结

（5）温莎结。温莎结是因温莎公爵而得名的领带结，是最正统的领带打法。打出的结呈正三角形，饱满有力，适合搭配宽领衬衫。该领带结应多往横向发展，也勿打得过大，应避免材质过厚的领带。如图 2-8 所示，其要诀是：宽边先预留较长的空间，绕带时的松紧会影响领带结的大小。

（6）亚伯特王子结。亚伯特王子结适用于浪漫的扣领及尖领系列衬衫，搭配浪漫质料柔软的细款领带，两边略微翘起。如图 2-9 所示，其要诀是：宽边先预留较长的空间，并

图 2-8　温莎结

在绕第二圈时尽量贴合在一起，即可完成此结型。

图 2-9　亚伯特王子结

（7）简式结（马车夫结）。适用于质地较厚的领带，最适合打在标准式及扣式领口衬衫上。简单易打，非常适合在商务旅行时使用。如图 2-10 所示，其要诀是：先将宽端以 180°由上往下扭转，并将折叠处隐藏于后方完成打结，待完成后可再调整其领带长度，在外出整装时方便快捷。这种领带结非常紧，流行于 18 世纪末的英国马车夫中，所以也称为马车夫结。常见的马车夫结在所有领带的打法中最为简单，尤其适合厚面料的领带，不会造成领带结过于臃肿、累赘。

图 2-10　简式结（马车夫结）

（8）浪漫结。浪漫结是一种完美的结型，故适合用于各种浪漫系列的领口及衬衫。浪漫结能够靠褶皱的调整自由放大或缩小，而剩余部分的长度也能根据实际需要任意掌控。浪漫结的领带结形状匀称、领带线条顺直优美，容易给人留下整洁严谨的良好印象。如图 2-11 所示，其要诀是：领结下方的宽边压以皱褶可缩小其结型，窄边也可将它往左右移动使其小部分出现于宽边领带旁。

图 2-11　浪漫结

（9）半温莎结（十字结）。最适合搭配浪漫的尖领及标准式领口系列衬衣。半温莎结是一个形状对称的领带结，它比温莎结小。看似很多步骤，做起来却不难，系好后的领结通常位置很正。如图 2-12 所示，其要诀是：使用细款领带较容易上手，适合不经常打领带的人。

（10）四手结。四手结是所有领带打法中最容易上手的，适用于各种款式的浪漫系列

图 2-12　半温莎结（十字结）

衬衫及领带，通过四个步骤就能完成打结，故名为"四手结"。它是最便捷的领带系法，适合宽度较窄的领带，搭配窄领衬衫，风格休闲，适用于普通场合。如图 2-13 所示，其要诀类同平结。

图 2-13　四手结

▶ 4. 系好纽扣

西装纽扣有单排、双排之分，纽扣系法有讲究。双排扣西装应把扣子都扣好。单排扣西装中，一粒扣的，系上端庄，敞开潇洒；两粒扣的，只系上面一粒扣是洋气、正统，只系下面一粒是牛气、流气，全扣上是土气，都不系敞开是潇洒、帅气，全扣和只扣第二粒不合规范；三粒扣的，系上面两粒或只系中间一粒都符合规范要求。

▶ 5. 用好口袋

西装的口袋里应当少装东西，这样可以保证西装在外观上不走样。若是把西装上的口袋当作一只"百宝箱"，用需要的东西把它塞得满满的，无异是对西装的亵渎。通常，西装上的口袋都有着各不相同的作用。上衣左侧的外胸口袋除可以插入一块用以装饰的真丝手帕外，不应再放其他任何东西。而钢笔、钱夹或名片夹等可以放在内侧的胸袋里，但不要放过大、过厚的东西或无用之物。外侧下方的两只口袋，原则上以不放任何东西为佳。

▶ 6. 用好领带夹

领带夹应在穿西装时使用，也就是说，仅仅单穿长袖衬衫时没必要使用领带夹，更不要在穿夹克时使用领带夹。穿西装时使用领带夹，应将其别在特定的位置，即从上往下数，在衬衫的第四与第五粒纽扣之间，将领带夹别上，然后扣上西装上衣的扣子。从外面一般应当看不见领带夹。因为按照礼仪的规定，领带夹这种饰物的主要用途是固定领带，如果稍许外露还说得过去，如果把它别得太靠上，甚至直逼衬衫领扣，就显得过分张扬。

▶ 7. 穿好鞋袜

穿西装一定要穿皮鞋，黑色或深冷色的皮鞋适合同一切正式的礼服配用。一般来说，鞋子的颜色应与西服的颜色相衬，而在工作场所，穿黑色鞋是一个原则。穿西装不能穿旅游鞋、轻便鞋或布鞋以及露脚趾的凉鞋。与皮鞋配套的袜子，最好选择深色、单色为主进行搭配，最好是黑色的。

【知识拓展】

男士着装十忌

一忌裤腿太短。裤腿短会给人造成视觉错误。使腿变短，使矮个子显得更矮；对于高个子而言，则会给人重心不稳的错觉，而且有失庄重，略显滑稽。

二忌裤裆太肥。这会使人显得不整洁、拖沓、不挺拔利落。

三忌裤腿管太宽。这不仅造成视觉上的怪异感，更为关键的是行动不便。

四忌衬衫领子太大。衬衫领子太大使细长脖子的瘦者更显羸弱。

五忌衬衫领口敞得太大。穿西装如果不系领带，衬衫领口可解开一粒纽扣，但如果领口敞得太大就会显得缺乏修养或太过随便。

六忌衬衣太瘦，紧紧绷着肚皮。这对胖腹人尤为不利，会突出发胖的腹部，显得局促可笑，不够大方。

七忌领带颜色刺眼。领带的色彩要与着装的整体相协调，否则显得孤立，破坏整体美。

八忌用涤纶面料做西装。涤纶面料质感欠佳，表面的"浮光"显得不够档次，其透气性与吸湿性均不好，长期穿着对人体不利。

九忌西装袖子过长。一般而言，西装的袖子应比衬衫短1～2厘米。这样既可以保持西装的清洁，也可使着装显得有层次、精神抖擞。

十忌西装配运动式皮鞋。西装是十分讲究的正式服饰，要配以正式皮鞋才算和谐。而运动式皮鞋太显随意，这样搭配缺乏整体性和配套性，有品位低之嫌。

四、商务女士着装礼仪

相对偏于稳重单调的男士着装，女士们的着装则亮丽丰富得多。得体的穿着，不仅可以显得更加美丽，还可以体现出一个人良好的修养和独到的品位。

(一)穿着到位

商务女性在正式场合穿套裙，尤其是标准型的套裙，上衣的衣扣要全部系上，不允许将其部分或全部解开。上衣的领子要完全翻好，衣袋的盖子要拉出来盖住衣袋；不允许将上衣披在身上，或者搭在身上；裙子要穿得端端正正，上下对齐之处务必好好对齐。

(二)区分场合

在正式场合职业女性穿着套装固然非常适宜，但一般场合穿着的套装也可选用简约、品质好的上装和裤装，并配以女士高跟鞋。近年来，女性职业装已有时装化的倾向，更注重品质、个性和时尚化的元素。但要求"时尚而不性感"。过分性感和暴露的服装，不能出现在办公室内。商务女性在出席宴会、音乐会时，要酌情选择与场面相协调的礼服或时装；在旅游购物和健身时应该选穿休闲或运动服。

(三)配饰适当

商务女性穿套裙的配饰要宜精不宜糙，要精心考虑衬衫、内衣和鞋袜的选择。

▶ **1. 衬衫**

与套裙配套的衬衫以单色为佳，色彩要雅致而端庄。其他各种各样的色彩，只要与所穿的套裙色彩相和谐，如暗纹、条纹、小花点的衬衫，与套装搭配得当雅致，均可选择。面料以轻薄而柔软的自然面料为主。

2. 内衣

内衣被称为"贴身的关怀"。一套内衣由胸罩、内裤或者连体塑身衣等构成，应当柔软贴身并且起着支撑和烘托女性身体曲线的作用。选择内衣时，关键是要大小适当，既不能过于宽大，也不能过于窄小。但总的原则是穿上内衣后身体感觉舒适，不应当使它的轮廓一目了然地在套装之外展现出来。穿着内衣有两个讲究：一是内衣不外露；二是内衣不外穿。

3. 鞋子

得体的鞋子能够映衬服装的整体美，为全身服装添色增辉。选择鞋子以真皮为好，款式大方简便，没有过多装饰与色彩，鞋跟不能太高太尖，以中跟为好。鞋的颜色必须和服装的颜色相配，注意套裙一般不与露脚趾的皮凉鞋搭配。穿着套装时要注意鞋袜应当大小相宜，完好无损，不可当众脱下。

4. 袜子

选择丝袜为好，连裤袜和长筒袜是与套装的标准搭配。穿长筒袜的时候要注意，长筒袜一定要比裙子长。丝袜勾破了一定不能再穿，可以在随身包里备一双丝袜。

(四)色彩要正

商务女士的套裙色彩，不仅要兼顾着装者的身份、年龄、性格、体型等，更要与着装者从事商务活动的具体环境协调一致。对色彩不要墨守成规，年轻女士穿一套优雅入时的套装会显得青春朝气而又端庄大方，但过分花哨夸张的款式要避免。一套套裙的全部色彩，不应超过两种，否则显得杂乱。同时，与流行色保持协调，以显示自己的品位和个性。

【知识拓展】

常见服装类型、样式及特点如下表所示。

常见服装类型、样式及特点

服装类型	样式	特点
"H"型	上衣宽松，裙子为筒式	让着装者显得优雅、含蓄，为身材肥胖者遮丑
"X"型	上衣紧身，裙子为喇叭状	上宽下松，穿出纤细腰部
"A"型	上衣宽松，裙子为宽松式	体现上半身的身材优势，又适当遮盖下半身身材劣势
"Y"型	上衣宽松，裙子为紧身式	遮掩上半身短处，表现下半身长处

(五)穿着套裙的禁忌

1. 正式场合忌讳穿着黑色皮裙

在商务场合和其他正式场合不能穿着黑色皮裙，否则会让人啼笑皆非。因为在外国，黑色皮裙是街头女郎标准的装扮。尤其与外国人打交道或是出访欧美国家时，在正式场合穿着黑色皮裙是绝对禁止的。

2. 套裙与鞋袜不搭配

职业女性穿着套裙时的鞋子应为高跟或半高跟皮鞋，皮质要好，大小相宜，颜色以黑色最为正统。此外，与套裙色彩一致的皮鞋亦可选择。袜子一般为长筒袜或连裤袜，颜色宜为单色，可以选择肉色、黑色、浅灰、浅棕等几种常规颜色。切勿将健美裤、九分裤等裤装当成长袜来穿。袜子应当完好无损，袜口没入裙内，不暴露于外。

▶ 3. 忌讳光脚穿套裙

职业女性穿套裙时光脚不仅显得不够正式，而且会使自己的某些瑕疵见笑于人。尤其在国际交往中穿着套裙时不穿袜子往往会被人视为故意卖弄风骚，有展示性感之嫌。因此，在正式场合穿套裙最好搭配好丝袜。

▶ 4. 忌讳出现三截腿现象

所谓三截腿是指穿半截裙子的时候，穿半截袜子，袜子和裙子中间露一段腿肚子，结果导致裙子一截、袜子一截、腿肚子一截。职业女性套裙的这种穿法容易使腿显得又粗又短，术语叫作"恶性分割"，在国外被视为是没有教养的妇女的穿着。

▶ 5. 忌穿着暴露

在正式场合穿着过露、过紧、过短和过透的衣服，如短裤、背心、超短裙、紧身裤等，容易分散他人注意力，同时也显得不够专业。还要注意切勿将内衣、衬裙、袜口等露在外衣外面。

总之，穿衣是"形象工程"的大事。西方的服装设计大师认为："服装不能造出完人，但是第一印象的80％来自着装。"

【知识拓展】

服饰搭配礼仪知识

(1) 深浅互补。上衣深色，下装可以浅色；上衣浅色，下装就要深色。

(2) 厚薄均匀。上装比较厚，下装也要选择比较厚的；上装比较薄，下装也挑薄款搭配。否则，会给人不均匀的感觉。

(3) 肥瘦合身。比较瘦小的人要尽量穿贴身的码，否则服装太大，给人感觉更加瘦弱。相反，比较肥胖的人衣服尽可能宽松一点。

五、饰物的佩戴

(一)佩饰的基本原则

▶ 1. 适体原则

首饰要供使用者个人使用，适体即适合使用者个人的情况，这是首饰佩戴应遵循的第一个原则。

适体主要指两点：一要适合人的体型、年龄、脸型等；二要适合人的个性。人的体型有高矮胖瘦之分，年龄有老中青幼之别，脸型有长方圆的不同，适体首先要适合这些情况。如圆脸或戴眼镜的女士，要少戴大耳环和圆形耳环，戴得过多或戴得不合体则有画蛇添足之嫌；年轻女士应选择质地佳、颜色好、款式新潮的时装首饰，以显妩媚可爱；相反，年龄较大的女士则应戴一些比较贵重的、比较精致的首饰以衬托自己庄重、高雅。首饰的个性是通过首饰使用者的个人气质表现出来的，要善于利用各种饰物的点缀为人增色，来衬托个人的特质，如知识型女性应佩戴一些较为端庄素净的首饰，以树立起自己端庄、理智的形象；天真型女性所用首饰的式样最好不要过于复杂；魄力型女性佩戴首饰应以刚直抽象的为好，才显得练达、节奏感强、干劲十足；妖娆甜美型女性应该佩戴线条造型不那么冷峻、色彩柔和、充满暖意的首饰，方显得温情脉脉，富有吸引力。

▶ **2. 适度原则**

为了美化形象，服装要有装饰品，人要佩戴首饰，但必须注意适度。适度是指佩戴首饰要有分寸，宜简则简，宜繁则繁，符合美化的要求。一般来说，太简则易流于粗陋，太繁则易流于杂乱。为了达到服饰的整体效果，各种首饰的配套作用是必不可少的。一件漂亮的衣服，配以恰如其分的装饰品，会使衣服锦上添花，更加富有魅力。如果首饰佩戴得不合适，则会喧宾夺主，破坏服饰的整体美。首饰的品种、形态、材质各不相同。适度就要求在品种的采用、形态的确定、材质的选择等方面都与佩戴者本身情况相符，恰如其分。

▶ **3. 适用原则**

首饰的适用原则主要是指不同场合应佩戴不同质地、款式的首饰。社交场合佩戴豪华瑞丽、线条明快的宝石或金首饰方能引人注目；结伴出游时，不宜佩戴贵重的高档首饰，应该选择题材活泼、造型简单、色彩鲜明的首饰，以显得活泼、自然；庄重严肃的场合如商务谈判，只可以佩戴简单、素色的饰品，以显得稳重而又不失身份。

▶ **4. 适时原则**

每一个时代有每一个时代的服饰美，适时就成为首饰佩戴的十分重要的原则。适时的首饰是美的，过时的首饰则难以体现当代人的美感。21世纪有21世纪的首饰，21世纪的人佩戴古代的首饰肯定是不合时宜的。

适时有一个时尚问题，还有一个季节问题。如柳枝抽芽的初春，佩戴绿色系的宝石饰物，如绿宝石、翡翠、孔雀石等，会显得生机勃发；满山红叶的秋天，黄金、琥珀、玛瑙、鸡血石的首饰使人感到深沉瑰丽；雪花悄然飘落的冬天，戴上银饰品或白金饰品，或镶紫英石及月长石等饰物，会给人一种安静的神秘感；等等。

(二)佩饰使用礼仪

▶ **1. 丝巾**

丝巾受女士的钟爱，不管什么场合，利用飘逸柔美的丝巾稍作点缀，都能让穿着更有味道。可以用丝巾调节脸部气息，如红色系可映衬面颊红润；或是突出整体打扮，如衣深巾浅、衣冷巾暖、衣素巾艳。

佩戴丝巾要注意：如果脸色偏黄，不宜选用深红、绿、蓝、黄色丝巾；脸色偏黑，不宜选用白色、有鲜艳大红图案的丝巾。

丝巾大小不一，材质不一，系法更是多种多样，几种简单实用的丝巾系法，如图2-14~图2-18所示。

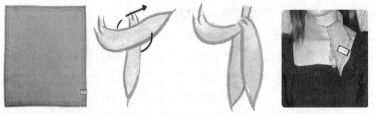

利用重复对折将方巾对折出领带形，绕在颈上打个活结，将上端遮盖住结眼，并将丝巾调整至合适的位置

图 2-14　巴黎结

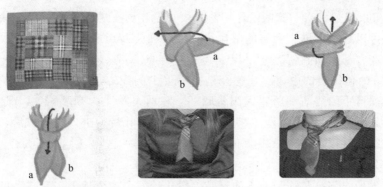

将领巾对折成领带形，较长的a端绕过较短的b端，穿过领巾内侧向上拉出，穿过结眼由下拉出，并调整成领带形

图2-15 领带结

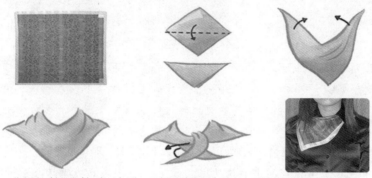

将领巾对折再对折成三角形，三角形垂悬面在前方，两端绕至颈后打结固定，调整正面折纹层次

图2-16 西班牙结

将方贴重复对折，稍微扭转后绕在颈上，重复打两个平结，并让两端保持等长。将两端分别置于胸前及肩后

图2-17 海芋结

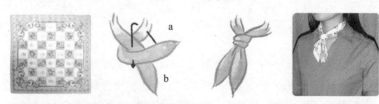

将方巾重复对折成领带形，将方巾绕在脖子上，较长的a端绕过b端穿过颈部内侧，再由结眼拉出，拉紧固定，调整尾端与结的位置

图2-18 竹叶结

▶ 2. 围巾、帽子、手套的选择和佩戴

（1）围巾一般在冬春季节使用的比较多。它的搭配要和衣服、季节协调，厚重的衣服可以搭配轻柔的围巾，但轻柔的衣服却绝不能搭配厚重的围巾。厚重围巾一般适合室外或部分公共场所穿着，到了房间里面就要及时摘掉。

（2）帽子可以起到御寒、遮阳的作用。一般来说，男士进入房间就应该摘掉帽子，挂在衣架上，也可以拿在手里。女士的限制少一些，在公共场所也可以不脱帽。无论男女，在正式的商务场合都必须脱帽。

（3）在西方的传统服饰中，手套曾经是必不可少的配饰。现在，手套除了御寒以外，作用就是为了保持手的清洁和防止太阳暴晒了。和别人握手，不管冬夏，都要摘掉手套。女士在握手时，有时不用脱手套，但摘掉手套显得更加礼貌。进入房间以后，一般要马上摘下手套，吃饭的时候，手套必须摘下。

▶ **3. 腰带的搭配**

腰带更重要的作用是装饰。男士的腰带一般比较简单，质地大多是皮革的，没有太多的装饰。穿西服时，都要扎腰带，而穿其他的服装（如运动装、休闲装）时可以不扎。夏季只穿衬衫并把衬衫扎到裤子里去的时候，也要系上腰带。

【相关案例】

不争气的皮带

某旅社老板想和澳大利亚某公司合作，以取得每年几百万元的利润。不幸的是，这位老板在和对方女老板见面、握手之际，皮带竟然断了，西裤滑了下来，尴尬之情难以言表。这一次当然什么事都没办成。当约定第二次见面时，他刚一欠身鞠躬，想对上次失礼的事表示歉意，皮带又断了！这一回，对方女老板认为这是恶意侮辱她。后面的结果可想而知。

（资料来源：刘辉.商务礼仪［M］.大连：大连理工大学出版社，2011.）

女士的腰带样式很丰富，质地有皮革的、编织物的及其他纺织品的，纯装饰性的作用更多，款式也多种多样。

无论男女，扎腰带一定要注意：出门前检查腰带扎得是否合适，腰带有没有"异常"，在公共场合或别人面前动腰带是不合适的；在进餐的时候，更不要当众松腰带，这样既不礼貌，也不雅观；如果必要，可以起身到洗手间去整理。

经常检查自己的腰带是否有损坏，以提早替换，避免发生意外。

【知识拓展】

女士使用腰带时要注意这样以下几个问题。

一是要和服装协调搭配，包括款式和颜色，比如穿西服套裙一般选择皮革或纺织的、花样较少的腰带，以便和服装的端庄风格搭配；暗色的服装不要配用浅色的腰带，除非出于修正形体的需要。

二是要和体型搭配，比如个子过于瘦高，可以用较显眼的腰带，形成横线，分割一下，增加横向宽度；如果上身长下身短，可以适当提高腰带到比较合适的上下身比例线上，形成较好的视觉效果；如果身体过于矮胖，就要避免使用大的、花样多的腰带扣（结），也不要用宽腰带。

三是要和场合协调。职业场合不要用装饰太多的腰带，而要显得干净利落；参加晚宴、舞会时，腰带可以花哨些。

▶ **4. 包的选用和搭配**

男士的包比较简单，一般都是公文包。公文包的面料应该是牛皮、羊皮制品，而且黑色、棕色最正统。从色彩搭配的角度来说，公文包的色彩和皮鞋的色彩一致，看上去就显得完美而和谐。除商标外，公文包在外表上不要带有任何图案、文字，包括真皮标志，否则是有失身份的。手提式的长方形公文包是最标准的。

一般女士会用不同的包来搭配衣服或心情。选择包时，首先是选择大而结实一点的包，上下班和工作时间用，必须实用，甚至可以放文件；其次是中等大小的；再次是一个小巧的手包，里面只放少量的化妆品、钥匙、钱等东西，可以在穿上晚礼服出席正式场合时用。选择时要考虑到颜色，要和平时穿着的大部分衣服的色彩相配。

【相关案例】

不合时宜的包

一位高级主管去参加一个商业酒会，她换上了一套准备好的西装套裙，然后携带日常上班用的绒布提包就去了饭店。到了酒会上她才发现，别的女士大都拎的是羊皮手提包或者是缎面小包，她的提包看上去与现场气氛不协调，令她感觉浑身都不自在。

（资料来源：曹艺．商务礼仪［M］．北京：清华大学出版社，2009.）

（三）首饰的佩戴礼仪

▶ 1. 首饰使用规则

首饰已经成为大多数人在社交场合经常使用的饰物，如果对首饰礼仪一无所知，难免会弄巧成拙。首饰的使用规则有以下几点。

（1）数量以少为佳。如有必要可以不用佩戴首饰，想同时佩戴多种首饰时，最好不要超过三种。如果没有特殊要求，一般可以是单一品种的戒指，或者是把戒指和项链、戒指和胸针、戒指和耳钉两两组合在一起使用，如果多种首饰同时佩戴，它们彼此之间不好协调，反而给人以烦琐、凌乱和俗气的感觉。

（2）同质同色。首饰颜色最好一致，质地最好相同。

（3）符合身份。佩戴首饰时，不仅要照顾个人爱好更应当适合自己的身份，要与性别年龄职业工作环境保持基本一致，而不要相差太多。

（4）扬长避短。选择首饰时应充分正视自身的体型特点，努力使首饰的佩戴为自己扬长避短。

（5）和季节相吻合。季节不同，佩戴的首饰也不同。金色、深色首饰适合寒冷的季节佩戴，银色、艳色首饰适合温暖的季节佩戴。

（6）和服饰协调。佩戴首饰是服装整体中的一个环节，要兼顾服装的质地、色彩和款式，并努力让它们在搭配风格上相互般配。

（7）遵守习俗。不同的地区，不同的民族，佩戴首饰的习惯做法也有所不同，要了解并且尊重。

▶ 2. 首饰的佩戴技巧

（1）戒指。戒指在首饰中是最受欢迎的。戒指戴在不同的手指上有不同的含义，一定要严格区分，避免失礼。戴在食指上，表示未婚或想结婚；戴在中指上，表示正在恋爱中；戴在无名指上，表示已订婚或已结婚；戴在小指上，表示独身；拇指一般不戴戒指。一只手不应佩戴两枚以上的戒指，戒指的粗细与手指的粗细成正比。

（2）耳环。耳环是女性十分钟爱的饰品之一。佩戴耳环需根据个人特点，选择合适的式样才能达到美的效果。一般应考虑人的脸型、发型、肤色、年龄等，如圆脸型的人，宜戴长而下垂的方形、三角形、水滴形耳环；方脸型的人宜戴有耳坠的耳环，以使脸型显得狭长些；长脸形的人最好戴紧贴耳朵的圆形耳环，以增加脸的宽度。在工作场合，不要一只耳朵戴多只耳环。

（3）手镯和手链。手镯和手链，一般只戴一种。手镯的佩戴应视手臂的形状而定。手臂较粗短的应选小细型的手镯；手臂细长的则可选宽粗型的款式，或多戴几只小细型手镯来加强效果。戴手镯和手链很有讲究，不能想怎么戴就怎么戴。戴在右手手腕上，一般表明佩戴者是自由而不受约束的；如果在左手手腕或左右两手手腕同时佩戴，表明佩戴者已结婚。公共社交场合，一般只戴一只手镯或手链，且不宜同时戴手表。

（4）项链。项链的品种繁多，形状和颜色多种多样。项链的佩戴应该注意与自己的服装、身材、肤色相适应，一般来说，项链的粗细应与脖子的粗细成正比。体形较胖、脖子较短的人适宜选佩较长的项链；身材苗条、脖子细长的人则最好选佩宽粗一些的短项链。身着柔软、飘逸的丝绸衣裙时，宜佩戴精致、细巧的项链；穿单色或素色服装时，宜佩戴色泽鲜明的项链。男士佩戴项链应贴身戴，在造型上要粗犷一些，不可太纤细。

（5）胸针。男士的胸针佩戴方式一贯是严格的，穿带领的衣服时胸针要佩戴在左侧；穿不带领的衣服，则佩戴在右侧；发型偏左时佩戴在右侧，反之则戴在左侧。而且，胸针的上下位置应该在第一粒纽扣及第二粒纽扣之间的平行位置上。女士佩戴胸针则较为自由，传统的佩戴方法是将胸针扣在外套的翻领上，但花卉胸针可以戴在任何地方，在外套的口袋甚至是牛仔裤的口袋上佩戴也会令人耳目一新。在穿正装时，可以选择大一些的胸针，材质也要好一些的，色彩要纯正。穿衬衫或薄羊毛衫时，可以佩戴款式新颖别致、小巧玲珑的胸针。

（6）手表。佩戴手表，通常意味着时间观念强，作风严谨。在正式社交场合手表往往被看作首饰，它也是一个人地位、身份、财富状况的体现。在正式场合，佩戴的手表在造型上要庄重、保守，避免怪异、新潮。在正式场合不适宜佩戴失效表、劣质表、怀表、卡通表、世界表等。

任务训练

▶ 1. 案例分析

有位女职员是财税专家，有很好的学历背景，常能提供很好的建议，在公司里的表现一直非常杰出。但当她到客户的公司提供服务时，对方主管却不太注重她的建议，她所能发挥才能的机会就减弱了。她一度非常苦恼，不知问题出在了哪里。

一位时装大师发现这位财税专家在着装方面存在明显不足：她 26 岁，身高 1 米 47，体重 43 公斤，看起来机敏可爱，像个 16 岁的小女孩，外表实在缺乏说服力。在着装方面，她爱穿牛仔裤、旅游鞋，束马尾辫，常背一个双肩书包，充满活力。

问题：（1）该女职员在为客户服务时为什么得不到对方主管的重视？

（2）试分析一下，该如何改变她的着装，才能使她更具有说服力。

▶ 2. 自己动手来试试之服饰篇

口号：穿出品位来，精心打扮自己的每一天！

要求：准备西装、套装、衬衫、领带、领带夹、皮鞋、方丝巾、长丝巾等，两人一组进行着装、领带及丝巾练习。

▶ 3. 礼仪情景剧场

小品：购物

人物：×××化妆品专柜销售小姐，着工作制服，配小方丝巾。

顾客甲：青年女性，浅妆，着套裙，配小提包。

道具：桌子两张、椅子一把、镜子一面、购物袋若干、大小化妆品空盒若干。

内容：×××专柜销售小姐站在桌子后，顾客甲站在舞台一侧。旁边摆着一张桌子和一把椅子，桌子上放一面镜子。

画外音：顾客甲是×××化妆品的老客户。今天是周日，她来此打算购买睫毛膏和眼影。她轻盈地走进商店，走向×××化妆品专柜。

销售小姐：(微笑地)欢迎光临本柜。您好！今天本柜参加周末大放送活动，凡消费满200元即送40元礼现金券。

顾客甲：好的，我先看看。(随后)小姐，请问最新款的幻彩眼影到了吗？

销售小姐：(微笑地，轻声地说)对不起，很抱歉！暂时还没有到货。不过，我看这款刚推出的单色眼影既清爽又大方，您皮肤白皙，这款很适合您，您可以试试。

顾客甲：我倒是觉得这款蓝色的不错，不知效果会怎么样？

销售小姐：小姐，要不您先来试一下，看看效果怎么样？请到这边来(手势)。

顾客甲：(镜子前照了照，眨了眨眼睛)确实不错，比我以前用的那几款更适合，用了以后好像换了一个人似的，就买这款了。

销售小姐：(专柜小姐给顾客甲开好了小票)(微笑地)您请那边付款(手势)。

顾客甲：好的。谢谢！

(顾客甲走下舞台，销售小姐利索、仔细地包装化妆品，并装入购物袋。片刻，顾客甲又走上舞台。)

销售小姐：(拿着已装好的蓝色眼影双手递给顾客甲，并微笑注视)欢迎下次光临，请慢走。

顾客甲：谢谢！

(销售小姐目送顾客甲。)

画外音：小品结束了，大家注意销售小姐及顾客甲仪容、服饰、举止(站与行)及表情(微笑与目光)是否得体，符合礼仪吗？请评析。

▶ 4. 进行商务人员仪容仪表检查

设计商务活动的场景，根据场景进行仪容修饰和服饰搭配。两人或小组之间进行自检或互检，并根据自检和互检情况写出整改意见书。

子 情 境 三　　仪态礼仪

学习目标

1. 了解仪态礼仪的礼仪要求，掌握其规范做法。

2. 能够在商务活动中按照仪态规范来严格要求自己的行为举止。

3. 掌握仪态礼仪在社会生活与工作中的运用及其作用。

4. 运用仪态礼仪技巧展现自己良好的教养和优雅的风度。

5. 运用仪态礼仪开展商务活动。

导入案例

抖腿的年轻人

曾经有一家中国企业和德国一家公司谈合作事宜，如果洽谈顺利，将会成功引进外资，进行新一轮的项目研究开发。在洽谈过程中，中方企业一名年轻的谈判人员一直不停地抖腿，还时不时拿笔在谈判桌上敲两下，德国公司工作人员看到此情景非常反感，便向中方人员暗示。哪知道中方负责人没有阻止该年轻工作人员的失礼行为，为其简单辩解后继续与德方谈判。就是看到了这一个小的细节，德国公司立刻宣布取消投资项目。

（资料来源：史锋．商务礼仪［M］．北京：高等教育出版社，2008．）

知识链接

仪态，又称体态，是指人在行为中的身体姿态和风度。姿态是身体所呈现的样子；风度是人在行为举止中流露出的气质和风格。行为举止包括站姿、坐姿、走姿、蹲姿、手势、表情以及身体展示的各种动作。商务人员注重仪态，展示其内在素质和气质的和谐，使仪态的魅力更持久。在商务活动中，仪态被视为第二语言。有研究表明，在人际沟通中，有65％的信息是通过仪态语言表达的。仪态礼仪要求美观大方、自然优雅。它不但透露出一个人良好的礼仪修养，而且是人的内在品质、知识修养的真实外露。

仪态美即姿势、动作的美，即行为举止的美。在商务场合，行为举止优雅，往往比语言更让人感到真实、生动，也更容易取得别人的信任。商务礼仪要求，人们在正式的商务交往中，要遵守举止有度的原则。其含义是要求人们的举止合乎约定俗成的行为规范，做到"坐有坐相，站有站相，该行则行，该止则止"，具体而言，是要求人的行为举止要文明、优雅、敬人。

一、站姿

站姿，指的是人在站立时所呈现出的具体姿态。一般认为，站姿是人的最基本的姿势，同时也是其他一切姿势的基础，通常它是一种静态姿势。在人际交往中，站姿是任何一个人的全部仪态的根本之点，如果站姿不够标准，一个人的其他姿势便谈不上优美。

（一）基本的站姿

站姿的基本要求是：头端、肩平、胸挺、腹收、身正、腿直、手垂。具体来讲，人们的站姿通常呈现为三个基本形态，即立正、稍息与跨立。由于性别方面的差异，男女的基本站姿又各有一些不尽相同的要求。对男士的基本要求是稳健，对女士的基本要求则是优美。

站姿是商务人员工作和生活中第一引人注视的姿势，是其他动态美的起点和基础，规范的站姿能衬托出美好的气质和风度。

正确的站姿，应该给人一种平、直、高的感觉，即人们常说的"站如松"。

站姿的基本要求是轻松、自然、优美。站姿的基本要领是上身挺直，双目平视；双唇微闭，面带微笑，下颌微收；挺胸收腹，腰直肩平；双臂自然下垂，手指自然弯曲；双腿直立，双膝靠紧。

▶ **1. 男士的站姿**

男士在站立时，一般应双脚平行，大致与肩同宽，要全身正直，双肩稍向后展，头部抬起，双臂自然下垂伸直，双手贴放于大腿两侧或叠于背后。如果站立时间过久，可以将左脚或右脚交替后撤一步，伸出的脚不可伸出太远，双脚不可叉开过大，变换不可过于频繁。膝部要注意伸直，从而体现男性刚健、潇洒、英武、强壮的风采，力求给人一种稳健的感觉。

▶ **2. 女士的站姿**

女性站立时，应当挺胸、收颌，目视前方，双手自然下垂，双腿基本并拢，不宜叉开。双手相握或叠放于腹前，着裙装时双脚宜成"丁"字步，从而表现出女性轻盈、妩媚、典雅、娴静的韵味，给人以一种优美的感觉。

(二)规范的站姿

▶ **1. 侧放式**

身体挺直，双耳平视，双膝并拢，脚跟靠紧，脚掌分开呈"V"字形，双手置于身体两侧、自然下垂，此为男女通用的站姿。

▶ **2. 手背式**

身体挺直，双目平视，两腿分开，两脚平行、两脚间距离比肩宽略窄，双手轻握置于身后，右手搭在左手上，贴在臀部，此为男性常用的站姿。

▶ **3. 前腹式**

一种是双膝并拢，脚跟靠紧，脚掌分开呈"V"字形；另一种是一脚在前，将脚跟置于另一脚内侧，两脚尖向外略展开，形成斜写的一个"丁"字，双手在腹前交叉，右手搭在左手上，贴在腹部。此为女性常用的站姿。如图 2-19 所示。

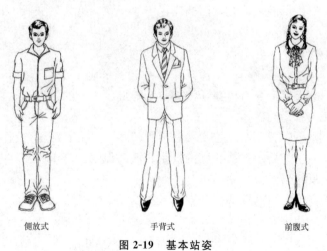

侧放式　　　　　　　手背式　　　　　　　前腹式

图 2-19　基本站姿

(三)站姿的禁忌

站立时应注意以下几点。

(1) 禁止双脚随意乱动。人在站立时，两脚应当老实规矩，不可肆意乱动。例如，不应用脚尖乱点乱划，双脚踢来踢去，脱下鞋子把脚"解放"出来，或是半脱不脱，脚后跟踩在鞋帮上，一半在鞋里一半在鞋外。

(2) 禁止双腿叉开过大。站立过久，可采用稍息的姿势，双腿可以适当叉开一些。但出于美观与文明方面的考虑，在他人面前双腿切勿叉开过大，女性尤其应当注意。

（3）禁止表现自由散漫。站得久了，若条件许可，应坐下休息。但不应在站立时随意扶、倚、靠、趴、踩、跨，显得无精打采，自由散漫。

商务人员在正式场合站立时不要歪脖、斜肩、弓背、挺腰和屈腿；不要将手插在裤袋里或交叉在胸前或者倚墙靠柜，更不要下意识地做些小动作；不要腿脚抖动，双脚叉开距离过大、歪脚站立等，如图 2-20 所示。

图 2-20　站姿的禁忌

二、坐姿

坐姿指人在就座以后身体所保持的一种姿势。标准的坐姿是将臀部置于椅子、凳子、沙发或其他物体之上，以支持自己身体重量，双脚则需放在地上。坐姿应当算是一种静态的姿势。坐姿不正确显得懒散无礼，而端庄优美的坐姿会给人以文雅、稳重、自然、大方的美感。

（一）正确的坐姿

正确的坐姿，一般要兼顾角度、深浅、舒展三个方面的问题。

从角度来看，落座后上身与大腿、大腿与小腿形成一定的角度，这两个角度均有大小之分，坐姿因此而大有不同。

从深浅来看，坐下时臀部与座位所接触面积的多少。坐有深坐、浅坐之别。

从舒展来看，入座前后手、腿、脚的舒张、活动程度。落座为舒展与否，往往与交往对象相关，可间接反应出双方关系。

坐姿的重点是指坐定后的姿势。坐姿的基本要点是轻入座、稳落座、慢离座。入座要轻而稳，一般是从左侧进左侧出。入座时，轻缓地走到座位前转身，右脚后退半步，从容地慢慢坐下。女士入座时，应用双手轻拢裙子，以显得端庄文雅。在正式场合或有地位较高的人在座时，不能坐满座位，一般只坐座位的 2/3。入座后，腰背挺直，双目平视，面带笑容，双唇微闭。女士双膝并拢，两脚平行，鞋尖方向一致；男士膝部可分开，距离以一拳左右为宜。女士可将一只手搭在另一只手上，轻放在腿上，男士可双手掌心向下，自然放在膝上或椅子上。

离座：起立时，右脚向后收半步，轻轻地起身，轻稳离座。

（二）就座的姿势

就座，即从走向座位直到坐下这一过程，它是坐姿的前奏，也是坐的重要组成部分。就座由一系列过程构成，而社交礼仪对其中的各个环节均有规范。

▶ 1. 注意顺序

如果与他人一起入座，则落座时一定要讲究先后顺序，礼让尊长。就座时合乎礼仪的顺序有两种：一是优先尊长，即请位尊者首先入座；二是同时就座，它适用于平辈与亲友同事之间。无论如何，抢先就座都是失礼的表现。

▶ 2. 讲究方位

不论是从正面、侧面还是背面走向座位，通常都讲究从左侧一方走向自己的座位，从左侧一方离开自己的座位，称为"左进左出"，这个原则在正式商务场合是一定要遵守的。

▶ 3. 落座无声

入座时，切勿争抢。在就座的整个过程中，不管是移动座位还是放下身体，都不应发出嘈杂的声音。不慌不忙、悄无声息，本身就体现着一种教养，调整坐姿同样也不宜出声。

▶ 4. 入座得法

就座时，应转身背对座位。如果距座位较远，可将右脚后移半步，待腿部接触座位边缘后，再轻轻坐下。着裙装的女士入座，通常应先用双手摆平裙摆，随后再坐下。

▶ 5. 离座谨慎

离座时不要突然跳起，惊吓他人，也不要弄出声响，或把身边东西弄到地上去。

(三)几种基本的坐姿

规范的坐姿主要有以下几种，如图 2-21 所示。

图 2-21 规范的坐姿

▶ 1. 标准式

两腿并拢，上身挺直坐正，小腿与地面垂直，双手自然放在双腿上。这是正式场合的基本坐姿。男士双腿可以稍微分开，但幅度小于肩宽。

▶ 2. 斜放式

双膝、双腿并拢，上身挺直，两脚同时向左或向右斜放，并且与地面形成 45°夹角，双手叠放于左腿或右腿上，身体呈"S"形。这种坐姿适合女士穿裙子坐在较低的沙发上采用。

▶ 3. 重叠式

一条腿的小腿垂直于地面，另一条腿叠放在它之上，小腿向里收，脚尖向下垂放；双腿亦可斜放左右一侧，与地面呈 45°夹角。这种坐姿女士穿短裙时慎用。

▶ 4. 前伸式

大腿并紧，向前伸出一条腿，并将另一条腿屈后，两脚脚掌着地，双脚前后保持在一条直线上，是适合女性的一种坐姿。

▶ 5. 坐姿的禁忌

就座以后，身体各部位所呈现的下述姿势，都是不符合礼仪要求的。

（1）头部：仰头靠在座位背上，或低头注视地面，左顾右盼，或闭目养神，或摇头晃脑。

（2）上身：上身前倾、后仰、歪向一侧，或是趴向前方、两侧。

（3）手部：双手端臂，双手抱于脑后，双手摸摸、碰碰、敲敲、打打，或将肘部支撑在桌上。

（4）腿部：双腿敞开过大，在尊长面前高跷二郎腿；或将一条腿交叉叠放于另一条腿上且两腿笔直伸开，反复抖动不止；骑在座位上，或把腿架在其他高处。

（5）脚部：将脚抬得过高，以脚尖指向他人，或使对方看到鞋底，跷到自己或他人的座位上，以脚踩踏其他物体，两脚脚跟着地，脚尖朝上，摇荡抖动不止。

三、走姿

走姿就是人行走的姿态、体态，它是站姿的延续动作。走姿是指人在行走的过程中所形成的姿势。与其他姿势所不同的是，它自始至终都处于动态之中，体现的是人类的动态之美和精神风貌。从总体上讲，走姿属于人的全身性的活动，但是其重点则在行进中的脚步之上。因此，走姿有时也叫作步态。

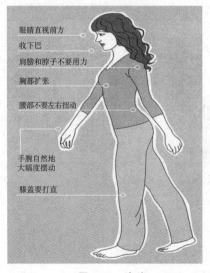

眼睛直视前方
收下巴
肩膀和脖子不要用力
胸部扩张
腰部不要左右扭动
手腕自然地大幅度摆动
膝盖要打直

图 2-22　走姿

对走姿的总体要求是：轻松、矫健、优美、匀速。虽不一定非要做到古人所要求的"行如风"，至少也要做到不慌不忙、稳重大方，如图 2-22 所示。

（一）基本的走姿

行走时，应以正确的立姿为基础，并且要全面、充分地兼顾以下六个方面。

▶ 1. 全身伸直，昂首挺胸

行走时，要面朝前方，双眼平视，头部端正，胸部挺起，背部、腰部、膝部要避免弯曲，使全身看上去形成一条直线。

▶ 2. 起步前倾，重心在前

起步行走时，身体应稍向前倾，身体的重心应落在反复交替移动的前面那只脚的脚掌之上，这样身体会随之向前移动。要注意的是，当前脚落地后脚离地时膝盖一定要伸直，踏下脚时再稍为松弛，并立刻使重心前移，这样走动时，步态美观。

▶ 3. 脚尖前伸，步幅适中

行进时，向前伸出的那只脚应保持脚尖向前，不要向内或向外，同时还应保持步幅大小适中。步幅是指行进中一步的长度，正常的步幅应为一脚之长，即行走时前脚脚跟与后脚脚尖两者相距为一脚长。

▶ 4. 直线前进，自始至终

行进时，双脚行进的轨迹大体上应当呈现一条直线。同时要克服身体在行进中左右摇摆，并使腰部至脚部始终都保持直线的状态进行移动。

▶ **5. 双肩平衡，两臂摆动**

行进时，双肩、双臂都不可过于僵硬呆板。双肩应当平稳，力戒摇晃；双臂则应自然，一前一后有节奏地摆动。摆动时，手腕要逆行配合，掌心要内向，手掌向下伸直，摆动的幅度以 30°左右为佳。不要双手横摆，不可同向摆动。

▶ **6. 全身协调，匀速前进**

行走时，大体上在某一阶段中速度要均匀，要有节奏感。另外，全身各个部分的举止要相互协调、配合，表现得轻松、自然。

(二)走姿的禁忌

商务礼仪规定，行走时下列举止均为失礼。

(1)方向不定：行走时方向不明确、忽左忽右、变化多端、好像胆战心惊、心神不定。

(2)瞻前顾后：行走时左顾右盼，尤其是反复回过头来注视身后，或身体乱晃不止。

(3)速度多变：行走时，切勿忽快忽慢，如果忽然加快奔跑，或忽然止步不前，会让人不可捉摸。

(4)声响过大：在行走时用力过猛，搞得声响大作，往往会因此妨碍或惊吓了其他人。

(5)"八"字步态：在行走时，不宜两脚尖向内构成内"八"字步，或两脚尖向外构成外"八"字步。

四、蹲姿

蹲姿是由站姿或走姿变化而来的相对处于静态的体态，是商务交往中用得不多，但却是最容易犯错误的姿态。如何蹲得优美、雅观，也是商务人员需要注意的。

蹲的姿势，简称为蹲姿。它是人在处于静态的立姿时的一种特殊情况，多用于拾捡物品、帮助别人或照顾自己。例如，在他人面前需要捡拾地上某物时，弯腰、俯首、撅臀，显然就不如采用蹲姿雅观，如图 2-23 所示。

图 2-23　蹲姿

（一）基本的蹲姿

基本的蹲姿有三种：一是单膝点地式，即下蹲后一腿弯曲，另一条腿跪着；二是双腿交叉式，即下蹲时双腿交叉在一起；三是双腿高低式，即下蹲后双腿一高一低，互为倚靠。

▶ 1. 单膝点地式

下蹲时，左脚在前，右脚在后；左脚完全着地，右脚脚掌着地，脚跟提起；右膝点于地面，形成左膝高、右膝着地的姿态；臀部向下，身体基本上用右脚支撑。女士下蹲时，要注意两腿要靠紧；男士下蹲时两腿间可保持适当距离。

▶ 2. 高低式蹲姿

下蹲时，左脚在前，右脚在后；左脚完全着地，小腿基本上垂直于地面；右脚脚掌着地，脚跟提起；右膝低于左膝，右膝内侧可靠于左小腿的内侧，形成左膝高、右膝低的姿态；臀部向下，身体基本上用右腿支撑。女士下蹲时，要注意两腿要靠紧；男士下蹲时两腿间可保持适当距离。

▶ 3. 交叉式蹲姿

下蹲时，右脚在前，左脚在后；右小腿垂直于地面，全脚着地；右腿在上，左腿在下，两者交叉重叠；左膝由后下方伸向右侧，左脚跟抬起，脚掌着地；两腿前后靠紧，合力支撑身体；上身略向前倾，臀部朝下。交叉式蹲姿通常适用于女性，尤其是穿裙装的女性，它的特点是造型优美、典雅。

【相关案例】

下面哪幅图中的女性姿势是正确的？（　　　）

A　　　　　　　　　　　　　　　B

（二）蹲姿的主要禁忌

在公共场所下蹲有三条禁忌：一忌面对他人，这样会使他人不便；二忌背对他人，这样做对别人不够尊重；三忌双腿平行叉开，这样好像在上洗手间，它不够文雅。

五、手势

手势，又叫手姿。由于手是人的身体上最灵活的一个部位，所以手势是肢体语言中最丰富、最有表现力的。手势，是指人的两只手臂所做的动作。其中，双手的动作是其核心所在。它既可以是静态的，也可以是动态的。手势是最有表现力的一种体态语言，俗话说，"心有所思，手有所指"，如果说眼睛是心灵的窗口，那么手就是心灵的触角，是人的第二双眼睛。在商务活动中，恰当地使用手势，有助于语言表达，会为交际形象增辉。

(一)手势的使用原则

▶ 1. 准确

手势语能反映出复杂的内心世界，人们常用手势来传递各种信息和感情，为避免手势的混乱和歧义，应尽量准确地使用手势，使对方能够明晰、准确、完整地理解自己的用意。

▶ 2. 规范

在一定的社会背景下，每一个手势，如鼓掌的手势、介绍的手势、邀请的手势等，都有其约定俗成的动作和规范要求，不能乱使用，以免产生误解。如鼓掌，右手掌心向下，有节奏地拍击掌心向上的左掌，反过来，则成为"鼓倒掌"。

▶ 3. 适度

与人交谈时，可根据谈话的内容配合一定的手势，这样有助于双方的沟通，但手势要简约明快，不可过于繁多，以免喧宾夺主。同时，手势应与口语、面部表情、情感等相协调，否则会给人一种装腔作势的感觉。

(二)基本的手势

▶ 1. 引领的手势

在各种交往场合都离不开引领动作，如请客人进门，客人坐下，为客人开门等，都需要运用手与臂的协调动作。同时，由于这是一种礼仪，还必须注入真实情感，调动全身活力，使心与形体形成高度统一，才能做出美感。引领动作主要有横摆式、曲臂式、斜下式。

▶ 2. 招呼他人

手放于体侧，手臂伸直在一条直线上，向前向上抬起，手掌向下，伸屈手指晃动手腕。这种手势在中国、欧洲大部分地区以及拉丁美洲的许多国家都比较适用，但在美国、日本等国却与此相反，他们用掌心向上，手指向内屈伸或晃动手腕招呼别人，而在中国、南斯拉夫、马来西亚等国家这种手势却是用来召唤动物的。

▶ 3. 挥手道别

身体要站直，不晃动，目视对方。手臂伸直呈一条直线，手由体侧向前向上抬至与肩同高或略高于肩，手臂不可弯曲，掌心朝向对方，指尖朝向上方，五指并拢，手腕晃动。

▶ 4. 指引方向

当有人询问去处时，要先行站直，不可尚未站稳或在行走中指引方向。手臂伸直在一条直线上，五指并拢，手掌翻转至掌心朝上，与肩平齐，直指准确方向。目光要随着手势走，指到哪里看到哪里，否则易使对方迷惑。指引方向后，手臂不可马上放下，要保持手势顺势送出几步，以体现对他人的关怀和尊敬。

▶ 5. 接递物品

双手递送、接触物品时，不方便双手时，也可用右手，但绝不可单用左手。双方距离比较远时，应起身站立主动走近对方递送或接取物品。递送时最好直接递至对方手中，并且要方便对方接取，递送有文字、图案、正反面的物品时，要正面向上且朝向对方；接取物品时，要缓且稳，不要急于抢夺。递送带尖、带刃或其他易于伤人的物品时，应使其尖端或刃朝向自己或朝向他处，切不可朝向对方。

▶ 6. 鼓掌

鼓掌，是用以表示欢迎、祝贺、支持的一种手姿，多用于会议、演出、比赛或迎候嘉宾。鼓掌时以右手掌心向下节奏地拍击掌心向上的左掌；不可左掌向上拍击右掌；不可右掌向左，左掌向右，两掌互相拍击。鼓掌时间要长短相宜，以 5～8 秒为宜，必要时应起身站立。但是不应以此表示反对、拒绝、讽刺、驱赶之意。

(三)常见的几种手势

▶ 1.“OK”手势

拇指、食指相接连成环状，余下三指自然伸直，掌心向外。这种手势，在美国表示同意、顺利、很好等；在法国表示零或毫无价值；在日本是钱的象征；在巴西则是下流、粗俗的意思。

▶ 2. 竖大拇指的手势

这个手势几乎是世界公认的表示“好”“高”“妙”“一切顺利”“非常出色”等类似的信息。但在美国和欧洲部分地区表示要搭车；在德国这种手势代表数字“1”；在日本表示数字“5”；在我国拇指向上表示赞同等，拇指向下则表示蔑视、不好等意。

▶ 3.“V”形手势

食指、中指分开斜向上伸出，其余三指相握，掌心向外，其语义主要表示“胜利”。若掌心向内，则成为一种骂人的手势。

▶ 4. 伸出食指手势

在我国和亚洲一些国家表示“一”“一个”“一次”等；在法国、缅甸等国家则表示“请求”“拜托”之意。在使用这种手势时，一定注意不要用手指指人，更不能在面对面时用手指指着对方的面部和鼻子，这是一种不礼貌的动作，容易激怒对方。

▶ 5. 捻指作响手势

用手的拇指和中指弹出声响，其语义或表示高兴，或表示赞同，或是无聊之举，有轻浮之感。在交往中应尽量少用或不用这一手势，因为其声响有时会令他人反感或觉得没有教养，尤其是不能对异性运用此手势，这是带有挑衅、轻浮之举。

▶ 6. 背手

背手是一种表示至高无上、自信或狂妄态度的肢体语言。将手背于身后、前胸突出，这是一种“胆量”的显示，还可起到一定的“镇定”作用。

(四)手势的主要禁忌

由于各国文化习俗的不同，手势的表意会有诸多差异，同一手势表达的含义可能会大相径庭。因此，在商务活动中，忌不懂风俗而乱用手势，以免产生不必要的误解。

▶ 1. 不敬的手势

掌心向下挥动手臂，勾动食指或除拇指外的其他四指招呼别人，或伸出手指指点，或手持物品指示方向等，这些都是失敬于人的手势。其中，指点他人，即伸出一只手臂，食指指向他人，其余四指握拢这一手势，有指斥、教训之意，尤为失礼。

▶ **2. 不雅的手势**

当众挠头皮、抓耳挠腮、掏耳朵、抠鼻子、剔牙、咬指甲、挖眼屎、搓泥垢、用手指在桌子上乱写乱画等手势，既不卫生，也不雅观，会给人留下粗鲁、缺乏教养的印象。

▶ **3. 过度的手势**

在商务活动中，手势不宜过多，幅度不宜过大，手舞足蹈、动作夸张，会引起别人的反感。

▶ **4. 不稳重的手势**

在大庭广众之下，双手乱动、乱摸、乱举，或是折衣角、抬胳膊等动作，既不礼貌，又欠稳重。

六、表情

表情是人的无声的语言。现代传播学认为，它属于人际交流之中的"非语言信息传播系统"，并且是其核心组成部分。因为相对于举止而言，表情更为直观，更为人们所易于觉察和理解。在人际交往中，表情反映着人们的思想、情感，以及心理活动与变化。传播学认为，在人们所接受的来自他人的信息之中，只有45％来自有声语言，而55％以上来自无声语言；而在后者之中，又有70％以上来自表情，由此可见表情在人际交往中的重要性。

法国生理学家科瑞尔说："脸反映出了人们的心理状态"，脸就像一台展示人的感情、欲望、希冀等一切内心活动的显示器。伟大的启蒙思想家狄德罗则指出："一个人……他心灵的每一个活动都表现在他的脸上，刻画得很清晰、很明显。"其实这些大师所谈论的，都表明表情的重要性。

人类是生物界的宠儿，人类的表情变化多端，不可胜数。罗曼·罗兰就曾感慨道："面部表情是多少世纪培养成功的语言，是比嘴里讲的要复杂千百倍的语言。"尽管面部表情复杂多样，却大都具有共性，它超越了地域文化的界限，成为一种人类的世界性"语言"，民族性、地域性差异较少。这与举止有着很大的不同，表情在世界上几乎可以通用，而举止则做不到这一点。表情礼仪主要探讨的是眼神、笑容、面容三个方面的问题，其总的要求是：要理解表情，要把握表情，要在社交场合努力使自己的表情热情、友好、轻松、自然。

(一)眼神

眼神是面部表情的第一因素。泰戈尔指出："一旦学会了眼睛的语言，表情的变化将是无穷无尽的。"

眼神的凝视区域通常分为公务凝视区域、社交凝视区域和亲密凝视区域。公务凝视区域是指在磋商、谈判等正式商务场合，眼睛应看着对方双眼和双眼与额头之间的区域。这样凝视显得严肃认真，公事公办，别人也会感到你有诚意。社交凝视区域指在茶话会、聚会等场合，眼睛应看着对方双眼到唇心这个三角区域。这样凝视会使对方感到礼貌、舒适。亲密凝视区域指在亲人、恋人和家庭成员之间，眼睛应注视对方双眼到胸部第二粒纽扣之间的区域。这样凝视表示亲近、友善。但对陌生人来说，这种凝视有些过分。

【相关案例】

紧张的小迪

小迪是一个比较内向的大学毕业生，成绩很好但不爱讲话，她梦想能就职于大型国有企业或外资企业，为此她非常努力。按照她目前的状态，找到一份非常满意的工作有一定的难度。她的父母离异，父亲因为受过刺激而患有精神障碍，她害怕自己也会被遗传。有一次在学院组织的演讲比赛中，小迪因为紧张念错了讲稿，等她镇定下来，看到台下一片寂静，后来的演讲在她不断地用余光扫描台下观众的反应中结束了。从那以后，她就开始用余光去观察别人是不是在注意自己，当余光与别人的眼光接触时，她却又出现心跳加速、浑身紧张、发抖、出汗、搓手等症状，大脑一片空白。为此她十分烦恼，不知所措，晚上也睡不着觉。就这样，小迪与梦想的工作一次又一次失之交臂。

（资料来源：刘辉．商务礼仪[M]．大连：大连理工大学出版社，2011．）

眼语一般包括时间、角度、部位、方式四个要素。

▶ 1. 时间

在人际交往中，尤其是与熟人相处中，注视对方时间的长短往往十分重要。在交谈中，听的一方通常应多注视说的一方。

若对对方表示友好，则注视对方的时间应占全部相处时间的1/3左右。若对对方表示关注，则注视对方的时间应占全部相处时间的2/3左右。若注视对方的时间不到全部相处时间的1/3，往往意味着对其瞧不起，或没有兴趣。若注视对方的时间超过了全部相处时间的2/3以上，往往意味着对对方怀有敌意。

▶ 2. 角度

在注视他人时，目光的角度，即其发出的方向，是事关与交往对象亲疏远近的一大问题。注视的常规角度有以下几种。

正视，一般适用于在普通场合与身份、地位平等之人进行交往，表示理性、平等、自信、坦率。仰视，即抬眼向上注视他人，表示尊重之意，适用于面对尊长之时。俯视，即眼睛向下注视他人，一般用于身居高处之时，表示对晚辈的宽容、怜爱，有时也可对他人表示轻慢、歧视。

▶ 3. 部位

在人际交往中，目光所及之处就是注视的部位。注视他人的部位不同，不仅说明自己的态度不同，也说明双方关系有所不同。在一般情况下，与他人相处时，不宜注视其头顶、大腿、脚部与手部。对异性而言，通常不应注视其肩部以下部位，尤其是不应注视其胸部、腿部。

▶ 4. 方式

注视他人，在社交场合可以有多种方式的选择，其中，最常见的有以下几种。

（1）直视。即直接地注视交往对象，表示认真、尊重，可用于各种情况。

（2）对视。表明自己大方、坦诚，或是关注对方。

（3）凝视。是直视的一种特殊情况，即全神贯注地进行注视，多用以表示专注、恭敬。

（4）盯视。即目不转睛、长时间地凝视某人的某一部位，这表示出神或挑衅，故不宜多用。

（5）虚视。它是相对于凝视而言的一种直视，其特点是目光不聚焦于某处，眼神不集中，多表示胆怯、疑虑、走神、疲乏，或是失意、无聊。

（6）扫视。即视线移来移去，注视时上下左右反复打量，表示好奇、吃惊，亦不可多用，对异性尤其应禁用。

（7）鄙视。即斜着眼睛注视，多表示怀疑、轻视，一般应忌用。尤其在初识之人交往时，应当忌用。

（8）环视。即有节奏地注视不同的人或事物，表示重视。适用于同时与多人打交道，表示自己"一视同仁"。

（二）笑容

笑容，即人们在笑的时候所呈现出的面部表情，它通常表现为脸上露出喜悦的表情，有时还会伴以口中所发出的欢喜的声音。真诚的笑容是人际交往的一种轻松剂和润滑剂，可以缩短彼此之间的心理距离，为深入地沟通与交往创造和谐、温馨的良好氛围。在正常情况下，商务人员应当笑得自然、真诚。

【相关案例】

希尔顿的微笑

在美国经济最萧条的1930年，全美80％的旅馆关门大吉，希尔顿的旅馆也一家接着一家的亏损不堪。但是，希尔顿并不灰心，他召集每一家旅馆员工并向他们特别交代和呼吁："希尔顿旅馆服务人员脸上的微笑永远是属于顾客的。"事实上，在那纷纷倒闭后只剩下的20％的旅馆中，只有希尔顿旅馆服务人员的微笑是最能令人心旷神怡的，也正是其微笑服务使得希尔顿的旅馆在大萧条时期过后便领先进入了新的繁荣期，跨入了经营的黄金时代。

（资料来源：史锋.商务礼仪[M].北京：高等教育出版社，2008.）

▶ 1. 笑的本质

笑的本质在于自信、热情和友好。在笑容之中，微笑最受欢迎。它最自然、最大方，并且最为真诚友善，为世界各民族所认同。在工作岗位上，微笑是礼貌待人的基本要求。在社会交际场合里，微笑可以使人自然放松、如沐春风。正因为如此，微笑被称为基本笑容或常规表情。具体而言，微笑至少在以下几个方面发挥作用：

（1）表现心境良好。只有心底平和、心情愉快、心理正常、善待人生、乐观面世的人，才会有真诚的微笑。

（2）表现真诚友善。以微笑示人，反映自己心地善良、坦坦荡荡、真心待人友善，而非虚情假意、敷衍了事。

（3）表示充满自信。只有不卑不亢、充满信心的人，才会在人际交往中为他人所真正接受。而面带微笑者，往往说明对个人能力和魅力确信无疑。

▶ 2. 笑的方法

不同的笑容来自不同的方法。笑的共性在于面露喜悦之色，表情轻松愉快。笑的个性则在于具体的眉部、唇部、牙部、声音彼此之间的配合。总之，笑的时候应注意三个方面：

（1）声情并茂。笑的时候应当做到表里如一，令笑容与自己的举止、谈吐相辅相成，锦上添花。切勿脸上挂笑，出言不逊，举止粗鲁；或是语言高雅，举止得体，却面无笑意。这两种情况都会使自己的态度受到怀疑。

（2）气质优雅。会笑的人，不仅要笑得适时、尽兴，而且更要讲究笑时要精神饱满，气质优雅。真正的笑，应当发自内心，自然地反映着人们的文化修养和精神追求。

（3）表现和谐。笑，从直观上看，实际上是人们的眼、鼻、口、齿以及面部肌肉和声音所进行的协调动作。因此在笑的时候，要使各个部位运动到位，不至于顾此失彼，笑得勉强、做作、失真。

▶ **3. 笑的禁忌**

在正式场合笑的时候，应力戒下述举止和表现。

（1）假笑。假笑，即笑得虚假，皮笑肉不笑。它有悖于笑的本质，是毫无价值可言的。

（2）冷笑。冷笑，是含有怒意、讽刺、不满、无可奈何、不屑、不以为然等意味的笑。这种笑，非常容易使人产生敌意。

（3）怪笑。怪笑，即笑得怪里怪气，令人心里发麻。它多含有恐吓、嘲讽之意，令人十分反感。

（4）媚笑。媚笑，即有意讨好别人的笑。它亦非发自内心，而是带有一定的功利性目的。

（5）窃笑。窃笑，即偷偷地笑。多表示扬扬自得、幸灾乐祸或看他人的笑话。

（6）狞笑。狞笑，即笑时面容凶恶。多表示愤怒、惊恐、吓唬他人，此种笑容，毫无美感可言。

【知识拓展】

在人际交往中，人的眉毛、嘴巴、下巴、鼻子、耳朵都可以独立地显示其表情。

1. 眉毛

以眉的形状的变化所显示的表情，一般叫作眉语。除配合眼神外，眉语往往可独自表意，常见的眉语有以下三种。

皱眉型：多表示困窘或不赞成、不愉快。

耸眉型：努力使眉峰高耸，多表示恐惧、惊讶或欣喜。

挑眉型：将单眉上挑，常用于表示询问。

2. 嘴巴

除显示笑容外，嘴巴也可用以表示心理状态，它主要以嘴唇的闭合、嘴角的动向来体现，常见的有以下几种方式。

张嘴：嘴巴大开，表示惊讶、恐惧。

咬嘴：咬紧嘴唇，表示自省或自嘲。

抿嘴：含嘴唇，表示努力或坚持。

噘嘴：噘起嘴巴，表示生气或不满。

撇嘴：嘴角一撇，表示鄙夷或轻视。

3. 下巴

常见的以下巴显示的表情有以下四种。

收起下巴：多表示稳忍。

缩紧下巴：多表示驯服。

突出下巴：多表示攻击。

下巴指人：多表示骄横。

4. 鼻子

以鼻子显示的表情常见的有以下四种。

缩鼻：多表示拒绝或厌弃。

皱鼻：多表示好奇或吃惊。

摸鼻：多表示亲切或重视。

抬鼻：多表示轻视或歧视。

5. 耳朵

与鼻子一样，耳朵不可能有较大的动作变化，常见的以耳朵显示的表情有以下三种。

侧耳：多表示关注。

捂耳：多表示拒绝。

摸耳：多表示亲密。

在上述各个局部环节中，眉毛的表现力最强，嘴巴次之，下巴又次之。鼻子与耳朵的表现力较弱。有些时候，它们多组合在一起显示特定的表情，常见的有以下几种。

(1) 表示兴奋：眼睁大，眉毛上扬，嘴角微微上翘。

(2) 表示快乐：眼睁大，嘴巴张开，眉毛常上扬。

(3) 表示兴趣：嘴角向上，眉毛上扬，眼睛轻轻一瞥。

(4) 表示爱慕：嘴角上扬，眉毛轻扬，瞳孔放大，注视对方时间较长。

(5) 表示观察：微笑，眉毛拉平，平视或视角向下。

(6) 表示发怒：嘴角向两侧拉平，眉毛倒竖，眼会大睁。

(7) 表示敌意：嘴角拉平或向下，皱眉皱鼻，稍稍一瞥。

(8) 表示严肃：嘴角抿紧或微微向下拉，眉毛拉平，注视额头。

(9) 表示安静：嘴角、眉毛、鼻子皆取平位，平视，此即所谓"喜怒不形于色"。

(10) 表示无所谓：微笑，平视，眉毛展平，整体面容平和。

总之，表情礼仪丰富多彩，不同的表情传达的含义也不尽相同，作为一名商务人士，应深刻理解不同表情的含义，用好表情礼仪，增强沟通效果。

任务训练

▶ **1. 案例分析**

一位美国的工程师被公司派到在德国收购的分公司，和一位德国工程师在一部机器上工作。当这位美国工程师提出建议改善新机器时，那位德国工程师表示同意并问美国工程师自己这样做是否正确，这位美国工程师用美国的"OK"手势给以回答。那位德国工程师放下工具就走开了，并拒绝和这位美国工程师进一步交流。后来这位美国工程师从他的一位主管那里了解到，这个手势对于德国人意味着蔑视、粗俗之意。

问题：(1) "OK"手势具有什么含义？

(2) 怎样避免案例中情况的发生？

▶ 2. 自己动手来试试之仪态篇

口号：行为举止是心灵的外衣。

要求：准备好各式椅子、凳子若干把，纸片若干和书若干，两人一组进行站、坐、走、蹲练习。

3
Chapter 3
学习情境三
商务社交礼仪

| 子 情 境 一 | 人际交往礼仪 |

学习目标

1. 能够得体地进行自我介绍、介绍他人、称呼对方。
2. 能够熟练地使用握手的标准姿势。
3. 能够得体地做客与待客。
4. 掌握社交时见面礼仪的相关要求与规范，塑造良好的职场交际形象。
5. 掌握社交时做客与待客的相关要求与规范。

导入案例

"小姐"还是"太太"

有一位先生为外国朋友订做生日蛋糕。他来到一家酒店的餐厅，对服务员小姐说："小姐，您好，我要为一位外国朋友订一份生日蛋糕，同时打一份贺卡，您看可以吗？"小姐接过订单一看，忙说："对不起，请问先生您的朋友是小姐还是太太？"这位先生也不清楚这位外国朋友结婚没有，从来没有打听过，他为难地抓了抓后脑勺想想，说："小姐？太太？一大把年级了，太太。"生日蛋糕做好后，服务员小姐按地址到酒店客房送生日蛋糕。敲门后，一女子开门，服务员有礼貌地说："请问，您是怀特太太吗？"女子愣了愣，不高兴地说："错了！"服务员小姐丈二和尚摸不着头脑，抬头看看门牌号，再回头打个电话问那位先生，没错，房间号码没错。再敲一遍，开门，"没错，怀特太太，这是您的蛋糕"。那女子大声说："告诉你错了，这里只有怀特小姐，没有怀特太太！"啪的一声，门被用力关上了。

知识链接

一、介绍

(一)介绍的基本礼仪规范

▶ 1. 姓名

在商场上，对于跟我们打交道的每个人，能设法记住他们的全名，将会取得事半功倍的效果。一时想不起某个人的姓名是常有的事，碰到这种情况，当场就向对方承认，同时也不妨自嘲一番："有时候我连我先生的名字都会忘记……"以化解尴尬的气氛。

▶ 2. 动作

介绍时要用手掌自然地指向被介绍者，千万不能用手指指着被介绍者，否则会让对方觉得不被尊重，甚至有受到侮辱的感觉。

▶ 3. 声音

当你介绍两人认识时，姓名对双方而言即代表了一切。因此，当介绍自己或他人给别人认识的时候，应该清楚响亮地将被介绍者的名字说出口。

▶ 4. 态度

为别人介绍时，不要故意抬高某一方。也许你内心是想让他在别人心中留下一个好印象，但事实上那样会让你在双方心中留下溜须拍马的印象，这可能会令双方都感到难堪。

▶ 5. 次序

在商务介绍中，介绍顺序秘诀是："客人优先知情权""尊者居后被介绍"。

商务场合，职位高者相对于低者为尊、长辈相对于晚辈为尊、客户相对于公司同事为尊、官方人士相对于非官方人士为尊、外籍同事相对于本国同事为尊；社交场合，女士相对于男士为尊。

▶ 6. 场合

如果是在集会上的介绍，由于来宾较多，主人只需介绍自己旁边的客人即可，别的客人可自动和邻座聊天，不必等主人来介绍。在家庭的宴会上，可以适当介绍后来的客人。

▶ 7. 绰号

朋友或同事之间平时难免叫叫绰号、开个善意的玩笑，但如果在正式场合为他们作介绍时，切忌不可将叫惯了的绰号脱口而出，这极可能引起对方的不快，毕竟绰号往往会降低一个人的身份，有损于他的社会形象。

(二)自我介绍

在人际交往中如能有效地利用自我介绍的机会，不仅可以扩大自己的交际范围，广交朋友，而且有助于自我展示、自我宣传，在交往中消除误会，减少麻烦。

▶ 1. 时机

在以下场合有必要进行适当的自我介绍，如应试求学时，在交往中与不相识者相处时，有不相识者表现出对自己感兴趣时，有不相识者要求自己作自我介绍时，有求于人而对方对自己不甚了解时，旅行途中与他人不期而遇并且有必要与之建立临时接触时，自我推荐、自我宣传时，欲结识某些人或某个人而又无人引见时。这些情况下，我们可向对方自报家门，将自己介绍给对方。应选择在适当的场合和时间进行自我介绍，对方有空闲，而且情绪较好，又有兴趣时，自我介绍会取得好的效果。

▶ 2. 态度

自我介绍时态度一定要自然、友善、亲切、随和，应镇定自信、落落大方、彬彬有礼。既不能唯唯诺诺，又不能虚张声势、轻浮夸张，另外还要表示出自己渴望认识对方的真诚情感。任何人都以被他人重视为荣，如果你态度热忱，对方也会热忱。

▶ 3. 时间

自我介绍时要注意把握时间，介绍语要言简意赅，介绍时间以半分钟左右为佳，不宜超过一分钟，而且越短越好。话说得多了，不仅显得啰唆，而且交往对象也未必记得住。为了节省时间，进行自我介绍时，还可利用名片、介绍信加以辅助。

▶ 4. 内容

自我介绍的内容包括以下几项基本要素：本人的姓名、供职的单位以及具体部门、担任的职务和所从事的具体工作。这些要素在自我介绍时，应一气连续报出，这样既有助于给人以完整的印象，又可以节省时间。

（1）应酬式，适用于某些公共场合和一般性的社交场合，只包括姓名一项即可，如："你好，我叫××。""你好，我是××。"

（2）公务式，适用于工作场合，包括本人姓名、供职单位及其部门、职务或从事的具体工作等，如："你好，我叫××，是××公司的人事经理。""我叫××，在××学校读书。"

（3）社交式，适用于社交活动中，希望与交往对象进一步交流与沟通。大体应包括介绍者的姓名、工作、籍贯、学历、兴趣及与交往对象的某些熟人的关系，如："你好，我叫××，在××工作。我是××的校友，都是××人。"

（4）礼仪式，适用于讲座、报告、演出、庆典、仪式等一些正规而隆重的场合。包括姓名、单位、职务等，同时还应加入一些适当的谦辞、敬辞，如："各位同学，大家好！我叫××，是××学校的教师。我代表学校全体老师欢迎大家来到我校就读，希望大家……"

（5）问答式，适用于应试、应聘和公务交往。问答式的自我介绍应该是有问必答，问什么就答什么。

二、称呼

称呼又叫称谓，是人际交往中所用的表示相互关系或身份、职业的名称。不论在什么场合，不论与什么人交往，要引起对方的注意，必须以某种称呼来呼唤对方。在社会交往中，交际双方见面时，如何称呼对方，直接关系到双方之间的亲疏、了解程度、尊重与否及个人修养等。一个得体的称呼，会为以后的交往打下良好的基础，否则，不正确或不合适的称呼，可能会令对方心里不悦，影响到彼此的关系乃至交际的成功。

在工作岗位上，人们所使用的称呼自有其特殊性。下述5种正规的称呼方式可以广泛采用。

▶ 1. 称呼姓名

一般的同事、同学关系，平辈的朋友、熟人，彼此之间可直接以姓名相称。长辈对晚辈也可以如此称呼，但晚辈对长辈却不可这样做。为了表示亲切，可以在被称呼者的姓氏前分别加上"老""大""小"字，而免称其名。

▶ 2. 称呼行政职务

在商务交往中，尤其是在对外界的交往中，此类称呼最为常用。具体做法上可以仅称呼职务，如"局长""经理""主任"等；可以在职务前加上姓氏，如"王总经理""李市长""张主任"等；还可以在职务之前加上姓名，这仅适用于极其正式的场合，如"×××主席""×××省长""×××书记"等。

▶ 3. 称呼技术职称

对于具有技术职称者，特别是具有高、中级技术职称者，在工作中可直称其技术职称，以示对其敬意，如"教授""研究员""工程师"等；可以在职称前加上姓氏，如"白教授""王研究员""张工程师"；有时可以简化，如将"刘工程师"简称为"刘工"，但使用简称应以不发生误会、歧义为限。

▶ 4. 称呼职业名称

一般来说，直接称呼被称呼者的职业名称往往都是可行的。例如，将教员称为"老师"，将教练员称为"教练"或"指导"；将专业辩护人员称为"律师"；将财务人员称为"会计"；将医师称为"大夫"或"医生"等。

▶ 5. 称呼通行尊称

通行尊称，也称为泛尊称，通常适用于各类被称呼者。例如，"同志""先生"等，都属于通行尊称。

【知识拓展】

礼 貌 用 语

礼貌用语简称礼貌语，是指约定俗成的表示谦虚、恭敬的专门用语。在交谈中多使用礼貌用语，是博得他人好感与体谅的最为简单易行的做法。

客人到来，要说"光临"。

起身作别，要说"告辞"。

中途先走，要说"失陪"。

请人勿送，要说"留步"。

请人批评，要说"指教"。

请人帮助，要说"劳驾"。

托人办事，要说"拜托"。

麻烦别人，要说"打扰"。

求人谅解，要说"包涵"。

三、握手

在社会交往中，经常需要握手。通过手与手的相握，可以让两个陌生人更亲近，原本不相识的人，会因握手而成为友好的伙伴。

握手看似简单，却有着复杂的礼仪规则，表达着丰富的交际信息。握手的力量、姿势与时间的长短，往往能够表达出对对方不同的礼遇与态度，显现出交往双方的个性。不同的握手方式，会给人留下不同的印象，通过握手，可以了解对方的个性，从而赢得交际的主动权。

【相关案例】

接待时的握手

在一次接待某省考察团到访的任务中，小李因与考察团团长熟识，因而作为主要迎宾人员陪同部门领导前往机场迎接贵宾。当考察团团长率领其他工作人员到达后，小李面带微笑热情地走向前，先于部门领导与团长握手致意，表示欢迎。此时小李旁边的领导已经面露不悦之色。

▶ 1. 握手的方式

(1) 握手的标准姿势。行至距握手对象的最佳距离为 1 米左右，不能过大也不能过小。双腿立正，上身略向前倾，伸出右手，四指并拢，拇指张开与对方相握，握手时用力适度，上下稍晃动三四次，随即松开手，恢复原状，特别提醒女士注意一定要晃动。

(2) 握手时的神态。精神要集中，双目注视对方，微笑致意不要看着第三者，更不能东张西望。

(3) 握手的时间。不能过短也不能过长，最佳时间为 3~5 秒钟，绝对不能长过 30 秒钟。

▶ 2. 握手的顺序

(1) 男女之间握手，应让女士先伸手，男方要等女方伸手后才能握手，如女方无握手之意，可用点头或鞠躬致意。女士优先，在这里体现的是让女士优先有选择权。

(2) 宾客之间，主客见面，主人先伸手，表示对客人的欢迎。主客分别时，客人先伸手，表示对主人的感谢和道别。

(3) 上下级之间握手，下级应该先等上级先伸手。

(4) 长辈与晚辈之间，应让长辈先伸手。

(5) 多人同时握手切勿交叉，要等别人握完后再伸手。

▶ 3. 握手时应注意的其他问题

(1) 向他人行握手礼时，只要有可能，都应起身站立，不能坐着和他人握手。

(2) 如果是与两三个男士见面，你不想与其中的一位握手，那么最好与其他几位都不握，在握手时不应显露自己的情绪，给他人不礼貌或轻视的感觉。

(3) 如果你的手容易出汗，应该在握手前悄悄把汗擦干，不过这一动作要做得隐蔽而优雅，以免引起人们的侧目。

(4) 不要在握手时戴着手套或戴着墨镜，另一只手也不能放在口袋里。只有女士在社交场合可以戴着薄纱手套与人握手。

(5) 握手时不宜发表长篇大论、点头哈腰、过分客套，这只会让对方不自在。

(6) 与基督教徒交往时，要避免交叉握手。这种握手形状类似十字架，在基督教信徒眼中，这个动作会被视为不吉利。

(7) 与阿拉伯人、印度人打交道时，切忌用左手与他人握手，因为他们认为左手是不洁的。

四、交换名片

名片是现代人的社交通行证和联谊卡，它是以一种自我"介绍信"的形式出现。

名片的作用有自我介绍、结交朋友、维持联系、业务介绍、通知变更、拜会他人、简短留言、用作礼单、用作短信等。

现代社会，人们越来越注重名片的使用。联系业务、结交朋友，互留名片似乎成为初次相识时不可缺少的程序。那么，小小卡片上印什么比较得体？面对社交大人物，该如何索要名片？交换名片时，又该注意些什么？使用名片时又有哪些禁忌呢？

▶ 1. 名片的设计

名片的设计可以体现出一个人的审美情趣、品位和个性，雅秀、俊逸、脱俗、活泼、平和、张扬等个性特征，都能通过方寸之间的字体、布局颜色、材料和内容等展现出来。名片不仅旨在向未来的客户介绍你本人和公司，还显示了职位及职称，更代表个人形象和公司形象。因此，一定要精心设计。

（1）名片印制中最关键的是印制质量。形状奇特的名片虽然能引人注目，但在很多钱包或名片夹里都装不下，因而不方便保存。制作名片所用纸张的质量一定要好，这样，从名片夹里取出时，不易被撕破。

最好选用纸张材料，而且是再生纸的比较好。没有必要使用一些昂贵的材料，如黄金、白金、白银、木材、真皮、塑料、光纤、电子等。

（2）我国名片的规格是5.5厘米×9厘米，还有两种常见规格：6厘米×10厘米（境外人士使用）和4.5厘米×8厘米（女士专用）。名片不宜制作过大，不宜有意搞折叠式。

（3）名片颜色也可各异，只要字迹清楚而且符合公司、个人形象及行业特征即可。色彩一般以浅淡为好，宜用单色，如白色、浅黄、浅蓝等。名片上最好避免出现与本人从事的职业无关的图案，不要印本人的照片。

（4）在国内使用的名片，宜用汉语简体字。在国内少数民族地区、外资企业以及境外使用的名片，可酌情使用少数民族文字或外文。宜采用清晰、标准、易识的印刷体。尽量不要采用行书、草书、篆书或花体字印刷名片，更不要亲自手写。

▶ 2. 名片的基本内容

一张形象、效果俱佳的名片应包括的内容有：公司标志、商标或公司的徽记；姓名、职务、公司名称；公司地址、电话号码、传真号码；若有必要，可印上其他办事处的地址；背面印上经营范围、项目等；家庭电话号码可有可无。双面名片对于经常出国做生意的人是很有帮助的，一面可以全用英文；另一面则使用所在国的文字。

【知识拓展】

公务式名片注意事项

（1）不准随便涂改。

（2）不准提供私宅电话。

（3）不准印两个以上的头衔。

（4）不同的交往对象给不同称谓的名片。

▶ 3. 名片的分类

（1）应酬式名片，又称本名式名片。适合在社交场合应付泛泛之交，拜会他人时说明身份，馈赠时替代礼单，以及用作便条或短信。

（2）社交式名片，特指主要适用于社交场合，用作自我介绍与保持联络之用的个人名片。

（3）公务式名片，指在政务、商务、学术、服务等正式的业务交往中所使用的个人名片，是目前最为常见的一种个人名片。

公务式名片包括三个方面的内容。

① 本人称呼：本人姓名、所任职务、学术头衔。

② 归属单位：企业标识、供职单位、所在部门。

③ 联络方式：单位地址、办公电话、邮政编码。

（4）单位式名片，多为公司企业所用，又称企业名片，主要用于单位对外宣传、推广活动。

▶ 4. 名片的交换

要使名片在人际交往中正常地发挥作用，还需要在交换名片时做得得法。遇到以下几种情况时需与对方交换名片：一是希望认识对方时；二是被介绍给对方时；三是对方提议交换名片时；四是对方向自己索要名片时；五是初次登门拜访对方时；六是通知对方自己的变更情况时或是打算获得对方的名片时。

（1）携带名片。商务人员参加正式的商务活动之前，都应随身携带自己的名片，以备商务交往之用。名片的携带应注意以下三点。

① 足量适用。基层公务员携带的名片一定要数量充足，确保够用。所带名片要分门别类，根据不同交往对象使用不同名片。

② 完好无损。名片要保持干净整洁，切不可出现折皱、破烂、肮脏、污损、涂改的情况。

③ 放置到位。名片应统一置于名片夹、公文包或上衣口袋之内，在办公室时还可放于名片夹或办公桌内，切不可随便放在钱包、裤袋之内。放置名片的位置要固定，以免需要名片时东找西寻，显得毫无准备。

（2）把握好出示名片的时机。

① 当你与某人第一次见面时，一般都要赠送一张名片，这是十分得体的礼仪。出示名片，表明你有与对方继续保持联络的意向。

② 刚到办公室的来客也会向接待者出示名片，以便被介绍或引荐给有关人员。等见到主人时，还应再递上一张名片。此时，商务名片实质上起到了社交名片的作用，既表明了你的身份和你的到来，还显示了你有进行业务往来的意向。

③ 展销会开始时，销售经理与客户之间互换名片是一种传统，表示非正式的业务往来已经开始。

④ 在宾客较多的场合，一开始就接受名片可帮助你及早了解来客的身份，比如会议上来了许多代表，而你对他们的姓名职务都不太清楚，那么在会议开始前就应向宾客索要名片。

⑤ 去拜访某人时，如果主人没有出示名片，客人可在道别前索要。如果主人的名片就放在桌上的名片盒中，应首先征求同意然后再取出一张。你可以递上两张名片，一张给主人，另一张给秘书。当然你也可以索要两张名片：一张存放在你自己的名片夹里；另一张可装订在客户卷宗里。

（3）递交名片。商务人员在递交名片时，要注意以下几点。

① 观察意愿。除非自己想主动与人结识，否则名片务必要在交往双方均有结识对方并建立联系的意愿的前提下发送。这种愿望往往会通过"幸会""认识你很高兴"等一类谦语以及表情、体姿等非语言符号体现出来。如果双方或一方并没有这种愿望，则无须发送名片，否则会有故意炫耀、强加于人之嫌。

② 把握时机。发送名片要掌握合适的时机，只有在确有必要时发送名片，才会令名片发挥功效。发送名片一般应选择初识之际或分别之时，不宜过早或过迟。不要在用餐、戏剧、跳舞之时发送名片，也不要在大庭广众之下向多位陌生人发送名片。

③ 讲究顺序。双方交换名片时，应当首先由位低者向位高者发送名片，再由后者回复前者。但在多人之间递交名片时，不宜以职务高低决定发送顺序，切勿跳跃式进行发送，甚至遗漏其中某些人。最佳方法是由近而远、按顺时针或逆时针方向依次发送。

④ 先打招呼。递上名片前，应当先向接受名片者打个招呼，令对方有所准备。既可先作一下自我介绍，也可以说声"对不起，请稍候""可否交换一下名片"之类的提示。

⑤ 表现谦恭。对于递交名片这一过程，应当表现得郑重其事。要起身站立，主动走向对方，面含微笑，上体前倾15度左右，以双手或右手持握名片，举至胸前，并将名片正面面对对方，同时说声"请多多指教"等礼节性用语。切勿以左手持握名片。递交名片的整个过程应当谦逊有礼，郑重大方。

（4）接受名片。接受他人名片时，应当做到以下几点。

① 态度谦和。基层工作人员接受他人名片时，不论有多忙，都要暂停手中一切事情，并起身站立相迎，面含微笑，双手接过名片。如果单手也要用右手，而不得使用左手。

② 认真阅读。接过名片后，先向对方致谢，然后至少要用一分钟时间将其从头至尾默读一遍，遇有显示对方荣誉的职务、头衔不妨轻读出声，以示尊重和敬佩。若对方名片上的内容有所不明，可当场请教对方。

③ 精心存放。接到他人名片后，切勿将其随意乱丢乱放、乱揉乱折，而应将其谨慎地置于名片夹、公文包、办公桌或上衣口袋之内，且应与本人名片区别放置。

④ 有来有往。接受了他人的名片后，一般应当即回给对方一张自己的名片。没有名片、名片用完了或者忘了带名片时，应向对方作出解释并致以歉意，切莫毫无反应。

▶ 5. 名片的索取

索要名片依照惯例，基层人员最好不要直接开口向他人索要名片。但若想主动结识对方或者有其他原因有必要索取对方名片时，可伺机采取下列办法。

（1）互换法，即以名片换名片。在主动递上自己的名片后，对方按常理会回给自己一张他的名片。如果担心对方不回送，可在递上名片时明言此意："能否有幸与您交换名片？"

（2）暗示法，即用含蓄谦恭的语言暗示对方。例如，向尊长索要名片时可说："以后如何向您请教"，向平辈或晚辈表达此意时可说："请问今后怎样与你联络"。面对他人的索取，商务人员不应直接拒绝，如确有必要这么做，则需注意分寸。最好向对方表示自己的名片刚用完，或说自己忘了带名片。但若自己手里正拿着名片或刚与他人交换过名片，显然不说为妙。

（3）激将法，比如："某某小姐，认识你非常高兴，不知道有无荣幸和你交换名片？"

婉拒他人索要名片时，可以使用善意的谎言，如"对不起，我忘了带名片了""抱歉，我的名片用完了"。

▶ 6. 名片的存放

在参加交际活动之前，要提前准备好名片，并进行必要的检查。随身携带的名片应把它们放在固定的位置，应放在西服左胸的内衣袋或名片夹里，以示尊重。

不要把名片放在裤袋、裙兜、提包、钱包里，那样既不正式，又显得杂乱无章。把名片放在一个质地好的名片盒是明智的。在自己的公文包以及办公桌抽屉里，也应经常备有名片，以便随时使用。在商务场合，应将名片准备好，不要在使用时再去胡乱翻找。参加商务活动后，应立即对所收到的名片加以整理收藏，以方便今后使用。不要将名片随意夹在书刊、材料中或压在玻璃板底下，或是扔在抽屉里面。保存名片的方法上大体有四种，它们还可以交叉使用，分别为按姓名的外文字母或汉语拼音字母顺序分类；按姓名的汉字笔画的多少分类；按专业或部门分类；按国别或地区分类。

▶ 7. 使用名片的禁忌

在收递名片时，以下情形务必要避免。

（1）没拿稳，掉在地上。

（2）已经掉在地上，还不小心踩到，来不及拾起就被风吹走了。

（3）把自己的名片和他人的名片或其他杂物混在一起。

（4）接过别人的名片随意放在桌上或其他地方，或随便地塞在口袋里或丢在包里，结果离去的时候忘记带走（如果被对方发现，他肯定会认为你不尊重他，也觉得你是个不值得尊重的人）。

（5）随意把名片转交他人。

（6）没仔细看就收起来，回去也不整理，事后根本就想不起来这个人。

（7）长时间累积名片，却不整理，徒占空间。

（8）在不该表明身份的时候发名片。

（9）只知道发名片却没有跟对方索要名片。

（10）在一个群体中，只发名片给少数人却间接冷落了某些人。

（11）不按辈分或伦理顺序发名片。

（12）拿名片的时候表现出不在乎的样子或有不尊重的言行。

（13）拿错名片给别人。

（14）当人家拿名片给你，你却回答说不用了，或其他任何拒绝方式。

（15）已经发过名片给对方，自己却忘记了；见面又再发一次名片给对方。

（16）用餐时出示名片，而不是等到用餐结束时。

【知识拓展】

名片的起源

名片的起源于交往，而且是文明时代的交往，因为名片离不开文字。原始社会没有名片，那时人烟稀少、环境险恶，人们生存艰难，交往很少；文字还没有正式形成，早期的结绳记事也只存在于同一部落内部，部落与其他部落没有往来。

到了奴隶社会，尽管出现了简单的文字，也没有出现名片。奴隶社会经济还不发达，绝大部分人都固守土地，奴隶没有受教育的权利。少量世袭奴隶主，形成小的统治群体，由于统治小圈子长期变化不大，再加上识字不太普遍，也没有形成名片的条件。

名片最早出现于封建社会。战国时代开始形成中央集权统治的国家，随着铁器等先进生产工具的使用，经济也得到发展，从而带动文化发展，以孔子为代表的儒家与其他流派形成百家争鸣的景象。各国都致力于扩大疆土，扶持并传播本国文化，战争中出现大量新兴贵族。特别是秦始皇统一中国，开始了伟大的改革，统一全国文字，分封了诸侯王。咸阳成了全国的中心，各路诸侯王每隔一定时间就要进京述职，诸侯王为了拉近与朝廷当权者的关系，经常地联络感情也在所难免，于是开始出现了名片。名片早期称"谒"，所谓"谒"就是拜访者把名字和其他介绍文字写在竹片或木片上（当时纸张还没发明），作为给被拜访者的见面介绍文书。

到了汉代，中央集权制国家进一步发展，随着汉初疆域扩大，"谒"的使用越来越普遍。进入东汉末期，"谒"被改称为"刺"，由于东汉蔡伦发明的纸张开始普遍采用，于是"刺"由竹木片改成了更便于携带的纸张。

唐宋时期，中国封建社会进入了全盛期，带动了社会经济与文化大发展。唐初科举制度开始实行，一些有才能的庶民也能靠自己努力进入统治阶级中去。为了与世袭贵族争夺权力，他们在官场上相互提携，拉帮结派的门阀也开始形成。每次科举考试后，新科及第考生都要四处拜访前科及第位高权重者，并拜为师，以便将来被提携。要拜访老师，必须先递"门状"，这时"刺"的名称也就被"门状"代替了。到了明代，统治者沿袭了唐宋的科举制度，并使之平民化，读书便成了一般人改善生活的唯一出路，识字的人随之大量增加。人们交往的机会增多了，学生见老师、小官见大官都要先递上介绍自己的"名帖"，即唐宋时的"门状"。"名帖"这时才与"名"字有了瓜葛，明代的"名帖"为长方形，一般长七寸、宽三寸，递帖人的名字要写满整个帖面。如递帖给长者或上司，"名帖"上所书名字要大，"名帖"上名字大表示谦恭，"名帖"上名字小会被视为狂傲。清朝才正式有"名片"称呼。清朝是中国封建社会的终结，由于西方的不断入侵，与外界交往增加了，和国外的通商也加快了名片的普及。清朝的名片，开始向小型化发展，特别是在官场，官小使用较大的名片以示谦恭，官大使用较小的名片以示地位。

五、做客与待客

（一）做客

到别人家里做客是非常正常的社交活动，通过这种形式可以联络感情。如果是你自己主动前往的，在去之前一定要和对方打好招呼，千万不要突然造访，以免让人措手不及。第一次到朋友家做客，最好不要空手登门，可以根据情况准备礼品，也可以送给女主人一束鲜花以示谢意。

▶ 1. 时间的选择

拜访应选择在比较恰当的时间。从季节上说，夏天因天气炎热，穿戴举止都不太方便，如果可能，应尽量避免在夏天安排太多的拜访活动。在具体的拜访时间选择上，最好是利用对方比较空闲的时间。到写字楼拜访，最好不要选择星期一，因为新的一周开始的时候往往也是大家最忙的时候。如果是到家中拜访，最好选择在节假日前夕。由于中国普遍有午休的习惯，因此拜访时间最好不安排在中午。另外，如果不是对方邀请你赴宴的话，选择拜访时间应尽量避开对方用餐的时间。

▶ 2. 预约

拜访之前可打电话或捎口信预约，并把访问的目的告诉对方。这样既可避免吃闭门羹，又可以让对方有所安排和思想准备，"不速之客"在绝大多数普通关系的社交场合都是不受欢迎的。预约的语言、口气不能是强求命令式的，应该是友好、请求、商量式的。

如果对方答复在你想要预约的时间内已另有安排，应主动表示歉意，然后再与对方商讨其他可能接待的时间。

如果对方并无其他安排，只是托辞拒绝，不应迁怒于对方，应当理解对方一定有什么难言之隐。如果因事情紧急或无法预约而做了"不速之客"，则应在相见时及时地道出事情的原委，表示自己的歉意，求得对方的谅解。

赴约千万不要迟到，最好是准时，或者是提前一点到达主人家门前，要先擦净鞋上泥土，按门铃切忌重手重脚或时间过长。另外，不要自己动手开门，多久都要等着主人来给你开门。

▶ 3. 给朋友带些礼物

做客带一些小礼物既能表达心意也能使主人心情愉悦，可是有的礼物能够送得恰到好处，而有的却适得其反。可以根据事由来准备礼物，如生日、结婚或结婚纪念、生子或满周岁、毕业等，选择的礼品一定要是恰如其分的，但要注意一般不要送太过贵重的礼物或是奢侈品，更不能拿出现金，这样会使主人怀疑你的动机。

▶ 4. 入座

主人端茶敬烟时要起身道谢、双手迎接，果皮、果核、食品包装袋都不要乱丢。当主人上茶水时，应欠身双手相接并致谢。如茶水太烫，应等其自然晾凉了再喝，必要时也可将杯盖揭开；放置杯盖时，盖口一定要朝上。切忌用嘴边吹边喝，喝茶时应慢慢品饮，不要一饮而尽，也不要啜出声响。

▶ 5. 打招呼

家中有长辈时一定要主动打招呼，不能对屋子里的其他人熟视无睹。主人家如果有孩子出来向你打招呼，此时你也要礼貌地向孩子问好。切忌认为对方是个孩子则不必多礼，那是对主人的不尊重。如果同时有别的客人在座的话，经主人介绍后可以打招呼互相认识，但不能太热情或代主人执行，甚至冷落了主人。在他们交谈的时候，尽量不要打断他们的话题，静静地坐在一边就可以了。做客时不要在别人家里乱串、乱翻东西。如果不是特殊情况，不要随便使用主人家的卫生间。

▶ 6. 抽烟

主人递烟时，如果你不会抽，要说"谢谢，我不会抽"。如果主人没有递烟，而自己又特别想抽时，尤其有女士在场更应征得主人同意，要问："对不起，我可以抽烟吗?"等待主人同意，你道完谢之后再抽。抽烟时，应将烟灰弹入烟灰缸内，如没有烟缸，应主动询问主人，千万不可将烟灰随处乱弹，烟头一定要掐灭后再放进烟灰缸里，不可让它在烟缸里自行熄灭。吸烟时不可四处走动。

▶ 7. 入席

在入席的时候，不要贸然入座，应按既定次序入座。先请年长者或其他亲友入席，自己入席时则应向主人表示礼让。在座位安排上应以主人意思为主，对上座适当地谦让即可，但不应过分地推来推去。

就餐时，不要自己一个劲地夹菜、埋头猛吃，而应对女主人筹备的宴席说些赞美的话，主人祝酒时要认真地听，作为客人，不要急着进食，应待主人招呼时再动筷夹菜。新上的热菜要放到长者面前。

▶ 8. 拜访时间

拜访的时间不宜过长，当宾主双方都已谈完该谈的事情、叙完该叙的情谊之后，就应及时起身告辞。

▶ 9. 告辞

作为客人，你在口头提出告别后即应起身辞别，不能几次三番说走，结果还坐着滔滔不绝。

（二）待客

俗话说："主雅客来勤。"宾主之间圆满完美的礼仪形式，可以使双方情谊进一步增强。待客包括迎接客人、招待客人和送别客人等一系列过程，同事或朋友难得来家里做一次客，作为主人，要把自己亲善大方的待客之道表现出来。

▶ 1. 接待准备

有客人来访，应该使家中的环境整洁、明亮、令人畅悦。如果家中四处凌乱，会给来访者一种不受重视、没有做好准备的感觉，同样也会给主人留下不良印象。进门处尽量不要摆太多的东西，要保持干净，清爽。给客人穿的拖鞋要事先排放整齐，不要等到客人来了现找。

更多地了解来客的姓名、身份、人数、爱好、饮食习惯等。

▶ 2. 迎客

任何客人来访时都应热情欢迎。主人要仪容整洁、自然大方。蓬头垢面，或穿着睡衣短裤迎客是不礼貌的。最好提前换好衣服、梳好头，如果非常重要的客人在约定时间到达，不宜在房中静候，应到门口迎接，最好夫妇一同前往，女主人在前。如果是长者、贵客来访，应让全家人都到门口微笑迎接。迎接客人时应说一些"欢迎""请进""路上辛苦啦"等欢迎语和问候语，使客人有种宾至如归的感觉。如果客人有随身携带的物品，应帮助其接下，放到适当的地方。

▶ 3. 收礼

如客人带有礼物，向主人馈赠时，应双手相接。无论你对该礼物是否喜欢，客人总是在礼物上花了一定心思的，而且有他的一片心意，因此一定要替客人着想，说一些"不好意思，让您破费了"，称赞客人的欣赏水平和审美能力，使客人感到高兴。

▶ 4. 交谈

待客时的交谈是社交中一件很愉快的事，因此选择好话题是很重要的，最好将谈话的主导权交给对方，交谈的内容也要轻松愉快。若无法陪客人交谈，切不可出现主人只管自己忙、把客人晾在一旁的情况。可安排身份相当者代陪或提供报纸杂志，打开电视供客人消遣。如果客人带了孩子，还可以准备一些娱乐用品，以免大人在交谈时，孩子显得很无聊。

▶ 5. 招待茶点

请客人吃水果前，应请客人先洗手，再将洗净消毒的水果和水果刀交给客人削皮。递烟时，应轻轻将盒盖打开，将烟盒的上部朝着客人，用手指轻轻弹出几支让客人自己取，或抖出一两支让客人自取，不要自己用手指取烟递给客人。上茶的时候，应在客人入座后再取出杯子，当着客人的面将杯盖揭开，杯中倒入适量开水，用开水消毒后将水倒掉，再放入适量茶叶，倒入约 1/3 杯开水，将杯子盖好。估计茶叶差不多已泡开的时候，再为客人续上开水，水不应倒得太满，一般为杯子的4/5左右即可。

▶ 6. 家宴

家庭请客有时会选择在酒店和餐厅举行，但也有很多时候是女主人亲自下厨，家人共同招待。

▶ 7. 送客

当客人散席或准备告辞时，主人应婉言相留。客人要告别，要帮他们收拾东西，以免忘了带走。

送客要送到门口，若是在大楼，则送到楼梯口或电梯口；如果客人乘轿车离去，则可送客人上车，目视客人离开，不可在客人离开主人视线之前关上大门，切忌跨在门槛上向客人告别，或客人前脚走你就"啪"地关门，这是很不礼貌也很突兀的举动。如果将客人送至门口，应在客人的身影完全消失后再返回。同时，送客返身进屋后，应将房门轻轻关上，不要使其发出大的声响。如果是送客至车站、码头，则最好是等车船开动并消失在视线以外后再返回。

六、人际关系

(一)人际关系的本质

良好人际关系的基础是自制与自知之明。有人说，爱人之前，必须先爱自己。了解自我才懂得分寸，也才能真正爱护自己。维系人与人之间的情谊，最要紧的不在于言语或行为，而在于本性。由此可见，修身是公众成功的基础。良好的互赖关系可以使人享有丰富的情感交流，不断跃进的成长机会。

▶ 1. 理解他人

理解他人是一切感情的基础。同一种行为，在一个人身上或许能增进感情，换作了另一个人，效果便可能完全相反。因此只有了解并真心接纳对方，才可以增进彼此的关系。比如，6岁的孩子在你正忙的时候，为一件小事来烦你，在你看来此事或许微不足道，在他小小的心灵中，却是天下第一要事。此时就要多考虑别人的需要并加以配合。

【相关案例】

合　　作

我有一个朋友是大学教授，有个十几岁的儿子，父子间的关系十分紧张。这个人生活的全部内容就是学术研究，他认为儿子整天动手不动脑，简直就是浪费时间。结果不难想象，儿子总是对他不理不睬。虽然他也努力想要做一些感情投资，但是总不得其法。儿子认为父亲只不过是换了一种方式来表达他对自己的否定、比较和判断。他们的情感账户好像被抽空了，关系越来越僵，这让做父亲的十分伤心。

有一天，我和他谈起了"如果你重视一个人，那么必须同样重视他所重视的事情"这个原则，他回家之后，带儿子在房子周围建了一个小型长城，这个工程投入巨大，父子同心协力，耗时一年半才完成。

这次合作之后，儿子也开始转变，越来越喜欢动脑了。而真正收获的还是父子关系的改善，它不再是酝酿苦水的酒坛，而是父子欢乐和力量的源泉。

黄金定律说：想要别人怎样待你，你就要怎样待人。

很多人都倾向于主观臆断他人的想法和需要，觉得在自己身上适用的感情投资，一定也适用于他人。一旦发现结果并不如自己所期望的那样，就会觉得自己一片好意成了空，变得心灰意冷起来。如果你希望别人了解你的实际需要，首先要了解他们每一个人的实际需要，然后据此给予帮助和支持。

▶ **2. 注意小节**

一些看似无关紧要的小节，如疏忽礼貌、不经意的失言，最会影响人际关系。在人际关系中，最重要的正是这些小的细节。

▶ **3. 诚实守信**

守信是一大笔储蓄，背信则是庞大支出，一次严重的失信使人信誉扫地，再难建立起良好的互信关系。

正直诚信能够产生信任，也是其他感情投资的基础。诚信，即诚实守信，既要有一说一，又要信守承诺、履行约定，而表现这种品格的最好方法就是避免背后攻击他人。如果能对不在场的人保持尊重，在场的人也会尊重你。当你维护不在场的人的时候，在场的人也会对你报以信任。

▶ **4. 勇于致歉**

"我错了""对不起，那不是我的本意""我害你在朋友面前下不来台，虽然是无心之举，但是实在不应该，我向你道歉"，勇于致歉的勇气并非人人具备，只有坚定自持、深具安全感的人才能够做到。缺乏自信的人唯恐道歉会显得软弱，让自己受伤害，使别人得寸进尺。要想使道歉成为感情投资，就必须诚心诚意，而且要让对方感受到这一点。这也是人际交往过程中非常重要的一点。

（二）商务交往中人际关系的技巧

▶ **1. 注意修饰外表**

几乎所有人都会凭第一印象来判断别人，所以要给别人很好的第一印象。不同的场合穿不同的服装，要随和，不要太过标新立异；要提升内心的涵养，内心的修养是慢慢地表露出来的，做到表里如一。

▶ **2. 学会适度饮酒**

酒可以拉近人与人的距离，学会适量的饮酒，对健康和人际关系有好处。过量的饮酒会伤身体，酒后没有很好的酒德，酒后失态，也会破坏人际关系。在饮酒上可以随和一点，不要太过排斥酒这个人与人之间交往的媒介。

▶ **3. 广交朋友**

在商务社交中不要自我设限，尽量扩大交友的范围。结交各行各业的朋友，不但可以扩大见闻、增长知识，而且能够随时请教。要结交知心朋友，并不是一厢情愿，必须由浅入深，逐步加深认识，增强信任。

▶ **4. 十分忍耐**

忍耐远比努力更重要，一个人如果没有耐心、不能忍耐，前面的几个技巧统统归零。脾气坏是致命伤，要记住一句话，心好是没有人知道的，脾气不好是所有人马上能感觉到的。

任务训练

▶ 1. 案例分析

记得几年前的一个傍晚,父亲同两个儿子一起外出看电影。电影看到一半,4 岁的儿子肖恩在座位上睡着了,6 岁的史蒂芬还醒着,史蒂芬和父亲两个人一起看完了那部电影。电影结束后,父亲抱起肖恩,走到车前,打开车门,把他放在后座上。那天晚上很冷,于是父亲脱下外套,轻轻地盖在他的身上。回到家,把肖恩送上床,父亲又照顾 6 岁的史蒂芬准备睡觉。他上床以后,父亲躺在他身边,父子俩聊着当晚的趣事。平常他总是兴高采烈地忙着发表意见,那天却异常安静,没什么反应。父亲很失望,也觉得有点不对劲。突然史蒂芬偏过头去,父亲翻身一看,才发现他眼中噙着泪水。父亲问:“怎么啦?孩子,有什么不对吗?”史蒂芬转过头来,有点不好意思地问:“爸爸,如果我也觉得冷,你会不会也脱下外套披在我身上?”那天晚上,父子俩一起做了那么多事情,可是在他看来,最重要的却是父亲不经意间对他弟弟流露出的父爱。

这件事对父亲来说是深刻的教训。人的内心是极其柔弱和敏感的,不分年龄和资历。哪怕是在最坚强和冷漠的外表下,也往往隐藏着一颗脆弱的心。

问题:案例中,父子之间的小事体现了哪些人际交往中应注意的问题?

▶ 2. 拓展训练

学生分组,训练如下问题:

(1)请你谈谈对方的优缺点。

(2)一切求合理可能吗?请问你的心态如何?

(3)如在商务合作中,设计一份需要签约的订单,请使用诚恳的态度来感动对方。

子 情 境 二 职场礼仪

学习目标

1. 学会如何在职场中成为一个交际明星。

2. 掌握在特定的办公场合的礼仪规范。

3. 了解在与领导、同事交往时应注意的礼仪要求。

4. 掌握办公室事务管理的礼仪要求。

5. 学会与上级的相处之道。

6. 学习办公室同事交往的技巧。

导入案例

秘书的工作

秘书王晶每天一上班和下班前都将自己的工作区域整理得干干净净、有条不紊，同时她也主动清洁整理自己常用的复印机、打印机、饮水机、档案柜、公用书架等。每当她看到复印纸抽拿零乱、公用字典扔在窗台、废纸桶满了没人倒，都会及时做些清洁整理工作，以维护办公环境的整洁。

秘书小张每天都认真清洁整理自己的办公桌，常用的笔、纸、回形针、订书器、文件夹以及专用电话等都摆放有序。下班前，她也将办公桌收拾得干净整齐，从不把文件等乱堆乱放在桌面上。但小张很少参与清理和维护公用区域，也常将公用资源如电话号码本、打孔机、档案夹等锁进自己的办公桌，常常使别人找不到，影响了工作。

秘书小李上班匆匆忙忙，接待室的窗台布满灰尘，办公桌上堆得满满当当，电脑键盘上污迹斑斑，上司要的文件总是东查西翻，每日常用的"访客接待本"也总是找不到。自己的办公桌都没有管理清楚，更无暇顾及他处。

通过上述案例，可以总结出明确了解自己的工作责任、积极主动地维护和整理公共区域的环境、养成安全办公的良好意识是每一位职场员工需要遵守的工作要求，也是建立规范职业形象的又一个细节上的要求。

知识链接

一、办公室事务管理的礼仪要求

【相关案例】

秘书小赵需要立即找到一份很重要的文件给老板，他记得昨天才看过这份文件，而且确信把它放在办公桌上了，但却始终没办法从杂乱的办公桌上找到它。花了很长时间后才发现，原来文件被他自己随手塞在一个角落里，而这个时候，老板已经等得不耐烦了。

（一）保持良好的办公环境

有关调查显示，在问及经理心目中理想的秘书或下属时，大多数经理级人员认为应该是可以"随时提供协助，有效率、准时完成工作"的人。那么，如果下属的办公桌总是凌乱不堪，经理们是不会满意的。

个人经常使用的办公用品和设备要摆放有序，方便操作。如果从事的是经常会有机密文件需要处理的职业，比如金融或者财务公司，有一些文件的数据有可能是商业机密，在办公室事务管理中，任何机密文件都需要使用特殊的文件夹，贴上警示标签（如使用红色等特殊色系或条形码），立即放到特定的文件柜中。

（二）经常清洁整理责任区

▶ 1. 自觉清洁整理由本人负责的办公区

（1）保持办公桌面清洁、整齐，不乱放零散的物品和无用的东西。

（2）清洁台面、地面、电脑、负责的设备、家具以及门窗墙壁等处。

（3）来访者用过的茶具应立即清洁干净，并重新摆放好。

（4）电话按键和听筒应经常清洁消毒。

（5）废纸桶要放在隐蔽处，每天下班前予以清理。

▶ 2. 自觉参与整理本人参与的公用区域

（1）本人使用复印机、打印机等设备后，如果发现复印纸抽拿零乱，废纸扔在地面等，都要注意参与整理并共同维护。

（2）本人参与使用的茶具，如有可能应参与清洁并放回原处，不可随意乱放或是损坏。

（3）本人参与本单位的接待区或会议室工作，有义务保持和维护清洁整齐的环境。

（三）办公室礼仪禁忌

▶ 1. 小动作

在办公室内的言谈举止是工作形象的一部分。在办公室里，一些员工喜欢拿着笔来回转动着玩，这看似不经意的动作，却很容易被老板认为是"无聊""幼稚"和"浪费工作时间"。有些人习惯咬手指头，这是孩子气的动作；有些人常把两手交叉抱于胸前，这是拒绝沟通的肢体语言；有些人喜欢抖动双腿，这都是不合商务礼仪的。

▶ 2. 涂脂抹粉

女士在办公室内工作时，习惯用手去涂口红或是扑粉，这些动作如果不避讳他人，在大庭广众下去做，就不雅观了。

▶ 3. 穿拖鞋进办公室

拖鞋的不雅早已约定俗成。所谓拖鞋，就是没有鞋后提跟，可以让脚放轻松，可以拖着走，可以随时脱掉的鞋。可想而知，在富丽堂皇的办公区，如果地面是光洁的大理石，女士皆光脚着拖鞋，踢踏之声不绝于耳，连成一片，确实是有伤大雅。

▶ 4. 迟到

上班不按时、迟到的习惯会使人显得缺乏敬业精神。即使上司对你的迟到行为没有多说什么，那也不表示他对此毫不在乎。

▶ 5. 闲聊

在办公室与同事进行适当的交流是可以的，但上班时间的闲聊必须有一定的分寸。如果花太多的时间与同事聊天，就会给人留下一种无所事事的印象，同时还会影响同事的工作效率。

（四）办公室其他常见礼仪

【相关案例】

绅士地推门

公司一个助理有一个特别明显的优点，就是非常绅士。每逢推门，他一定会很有礼貌地替后来者按着门，好让后来者可以接手。如果别人拿着东西，他更会按着门，一直等别人进入为止。有一次，他上班的时候像平常一样推门，刚巧遇见一队大学生来培训。他按住门，期望他们会一个个地跟着把门按住。可惜，他惨变门童，这队人大模大样地走过，竟然连"谢谢"都没说一声。可见，礼仪无处不在，仅仅是一个推门的动作就能折射出一个人的素养。现在，让我们从毕业后开始工作的第一天起便学会推门，好吗？

▶ 1. 开门

作为男士，在和女士同进一个关着门的房间时，应该走上前去把门拉开，然后让女士先进去，如果门是向里面开的，就应该先推门进去，然后扶住房门，让后面的女士进来。如果你在服务行业就职，当房内已经有客人时，不管是自己，还是其他客人进入房间，都应先敲门，稍等片刻或得到允许再开门进入。进入房间后，应说"打扰了"。为客人开门要用靠近门一侧的手，门打开 30 度以内，随后让路。客人进入后，不要立即为客人关门，让客人自行关门，或等待半分钟再关门。

▶ 2. 关门

在被容许进房间后，轻轻推门进去，并转身将门关上，而不要反手将门带上。进入房间要注意脚下，不要被地毯或其他东西绊倒。离开房间也要关门，关门时应该面向门里将门轻轻关上，切记不能背对着屋里的主人关门，这是很不礼貌的。

▶ 3. 不便之时

若手里拿着东西，可以先把东西放下再开门或关门，也可以请别人帮忙，但千万不要用脚或者膝盖来帮助。

▶ 4. 敲门

敲门的时候也要注意，用手指的中间关节轻敲三下。有门铃的话可轻按一下，如果没有反应则再重复一次。但不能长时间地按门铃，更不能用手掌拍门或用拳头捶门。

二、与上级相处的礼仪

【相关案例】

触詟说赵太后

赵太后刚刚当政时，秦国发兵进犯，形势危急。赵国向齐国求救，而齐国却要赵太后最疼爱的小儿子长安君做人质，才肯出兵。太后舍不得让长安君去，大臣们纷纷劝太后以国事为重，太后说："有复言令长安君为质者，老妇必唾其面！"君臣关系形成了僵局。

这时候，左师触詟求见，他避而不谈长安君之事，先从饮食起居等有关老年人健康的问题谈起，来缓解紧张气氛，即托太后关心一下他的小儿子舒棋，引起太后感情上的共鸣。太后不仅应允，而且破颜为笑，主动谈起了怜子问题，君臣关系变得和谐、融洽起来。

这时，触詟因势利导，指出君侯的子孙如果"位尊而无功，俸厚而无劳"是很危险的，太后如果真疼爱长安君，应该让他到齐国做人质，以解赵国之危，为国立功，只有这样，日后长安君才能在赵国自立。这番入情入理的劝导使太后幡然醒悟，终于同意长安君入齐为质。

(一)与上级的相处之道

▶ 1. 尊敬上级

无论是在工作场合还是其他场合，在口头上、行动上努力维护好领导的形象和声誉，服从领导的指令。在工作中听从领导的安排，不越权。

▶ 2. 讲究方式

在有领导参与的工作中，如开会或讨论问题时，不要喧宾夺主，夸夸其谈。

▶ 3. 注意小节

在上级办公室里未经允许，不可随意取动领导办公室里的物品，更不能翻阅领导的文件。

▶ 4. 迎送领导

领导来检查工作时，应起身迎、送。在正规场合遇见身份高的领导人，应有礼貌地点头致意或表示欢迎，不要主动上前握手问候。

▶ 5. 讲话艺术

如果你的意见与领导相左，而你确定自己是正确的，那么在人前，不要急于否定领导的想法，而应先肯定领导的大部分想法，事后再有理有据地阐述自己的见解。

▶ 6. 关心上级

在实际工作中有些下属不设身处地考虑上级在实际工作中遇到的情况，脱离现实对上级提出要求，如果达不到，则进行"发难"。上级也有上级的难处，作为下属应体谅上级的苦衷，不给上级增加无法解决的难题。

▶ 7. 努力工作

改掉偷懒的毛病。偶尔偷懒是人之常情，紧张的工作总要适度放松，但是偷懒上了瘾可就不是件好事了。努力工作是给予领导最好的尊重。

(二)向上级汇报工作时的礼仪

下级向上级汇报工作，务必按约定时间到达。过早到达，会让上级因准备不充分而显得难堪；姗姗来迟，则又会让上级等候过久。万一因故不能赴约，要尽可能及早告知上级，并以适当方式表示歉意。

▶ 1. 事前做好准备

向领导汇报工作可以分为临时请示汇报和预约请示汇报两种。无论哪一种汇报，都必须预先做好准备，临时请示汇报前要想好请示的要点和措辞。预约请示汇报前要拟好汇报提纲，选好典型事例。汇报前，应该注意自己的形象，做到大方得体。

▶ 2. 先敲门再进办公室

到领导的办公室去汇报工作，应该先轻轻地敲门，经允许后再进去，千万不能急急忙忙破门而入。即使办公室的门是敞开着的，也不要贸然闯入，而应以适当方式让领导知道有人来了。

▶ 3. 语言准确、精练

口头汇报的语言不像书面文章那样讲究，但也要做到准确、简练。如果有必要应该事前演练一下。口头汇报时应注意观察领导，如果领导对某一个问题有疑问，请着重解释一下，不能滔滔不绝，自说自话。

▶ 4. 尽量压缩汇报时间

领导听取汇报工作的时间是有限的，所以汇报的时间务必尽力压缩，最好限定在半小时内，若15分钟以内就更好。

【知识拓展】

如果你正为与领导相处的问题而烦恼，觉得对方总是批评你的工作，不管你如何努力，依然不断找你的麻烦，请不要生气，与"难缠"的领导相处要讲究一点技巧。先想想你的领导是否有以下表现：

- 喜欢把不快闷在心里，在你不提防的时候把它们一一提出来责备你。
- 对于同事之间的纠纷，他常常表现出漠不关心的态度。
- 习惯率性而为，没有理会到工作完成的先后次序。
- 无法接纳他人的意见，却要求你事事附和他的主张。
- 自以为是，目中无人。
- 习惯斤斤计较，很注意小节上的问题。

如果你的领导有上述表现，你与他相处的时候应注意：

- 不要总是发出怨言，也不要责怪任何人。
- 时常提醒自己，你要表现出一副希望与他积极解决问题的态度。
- 如果事关组织的重大决策性问题，你的建议与直属领导相左，那你不妨避开直属领导，与更高级别的领导沟通。
- 让领导明白一个事实，你是很认真地与他讨论问题，并希望找出解决问题的方法来。

（资料来源：周思敏．你的礼仪价值百万［M］．北京：中国纺织出版社，2009.）

三、与同事交往的礼仪

【相关案例】

办公室里的新鲜人

John 是刚刚走出校门的菜鸟，但 John 很幸运，一毕业就跻身这家国际知名的公司，这让 John 十分满意。虽然仅仅是个销售助理的工作，但他知道这个起点的含金量。在校园里，他是个积极、人缘极好的风头人物，这让他对未来充满信心，他相信自己主动出击就能成为优秀的员工。于是，在刚开始的几个星期里，John 早来晚走、拼命做事，并在会议上大胆地发表自己的观点。但事情并不像他期望的那样，他觉得公司里许多人并不是真正做事，他们踩着上下班的时间点出现或离开公司，并对他准备了很久的会议发言置之不理。最让他无法忍受的是：很长一段时间里，他成了办公室里人人可以支使的"影后"，每天的工作就是帮助所有人复印厚厚的资料！站在复印机前，呼吸着它排出的令人恶心的废气时，他不禁气馁：这么多年的学习与积累就是为了获得一份技术含量如此之低的工作？这背离了 John 对职业的幻想，让他不禁怀疑在这里能不能实现他的职业价值。

（资料来源：周思敏．你的礼仪价值百万［M］．北京：中国纺织出版社，2009.）

(一)做好办公室的新人

▶ 1. 小事做好是捷径

有些新人总是带着一种心高气傲的姿态进入公司，并且希望自己在很短的时间里担任重要的职务，事实上这是不切实际的。公司领导一般不会对新人委以重任，而总是让他们做一些比较琐碎的杂事、小事，让他们了解公司内部基层工作是如何运行的，这样才能更好地开展其他工作。其实新人不必为此烦恼，将每一件小事做好，是赢得领导和同事好感与信任的捷径。

▶ 2. 听从领导的安排

如果老板是一个非常反感加班的人，那么他觉得 8 小时足够工作了，除非突发事件，否则加班意味着你的工作效率低下。了解领导的工作习惯是怎样的，这对一个新人而言是非常重要的。

▶ 3. 不做职场的"八卦人"

新人最忌讳卷入是非圈，工作就说工作，做好自己的事情，别人的私生活与工作无关，不要捕风捉影。对待陌生的人、事三缄其口，至少也要远离流言蜚语，别让自己成了传闲话的主角。

▶ 4. 正确对待加班或是额外工作

假如公司经常加班，而加班又是义务的，试着调整一下心态，把这些加班或是额外的工作当成学习的机会，这样会更快地熟悉业务。如果是同事给你的额外工作，也有可能是寻求你的帮助，这是你跟同事接近和与同事们建立良好关系的机会。一个新人对工作环境渐渐熟悉了，对自己分内的工作有了头绪，同时跟同事之间也建立了良好的关系，"为人做嫁妆"的现象自然就会慢慢消失了。

（二）建立良好同事关系的礼仪

【相关案例】

Lily 的小礼物

Lily 有个不好的生活习惯就是爱吃零食，没想到这个习惯还获得了意想不到收获。在公司上班她总带一两盒小零食，放在公用的桌子上让大家吃。刚开始同事们都不大好意思拿来吃，Lily 便主动分给大家。一两次之后，大家习惯了快下班时一起吃 Lily 带来的零食，慢慢地同事们自己也主动带些吃的到公司。后来，Lily 发觉大家对自己熟悉了很多，起码知道了自己的名字，而且自己也认识了同事们，对工作也大有帮助。

▶ 1. 过分积极

工作积极值得鼓励，但有些时候也会激起"公愤"。譬如，看到同事聚在一块儿，非得凑过去生怕漏掉什么重要消息；明明没你的事却老想插手；喜欢发表长篇大论等。对分内的事积极绝对值得赞赏，但若过分积极，就可能招致人际关系恶化。

▶ 2. 与同事保持距离

可以有自己亲密的同事朋友，但与同事的关系最好不要过于亲密，因为天天工作都在一起，时间长了难免遇到利益之争和矛盾冲突，如果处理不好容易伤害双方的感情。亲密的同事朋友最好只限于下班时，在工作时对同事要一视同仁。一般来说，对待公司里的同事，不能一概以平起平坐的态度相待，而应表示出尊敬。

要做到表里如一，切忌趋炎附势，做人就要光明正大、诚实正派，人前人后不要有两张面孔。领导面前充分表现自己，办事积极主动；而在同事或下属面前，推三阻四、爱搭不理，这些都不利于建立良好的同事关系。

▶ 3. 借用私人物品的礼节

同事不在或未经允许的情况下，不要擅自动用别人的物品。如果必须动用，最好有第三者在场或留下便条致歉。向同事借任何东西都应尽快归还，东西要完好如初，并完整地摆放在原来的地方，不要忘了以口头或文字表达你的谢意。

▶ 4. 掌握交谈的分寸

谈话要自然有诚意，不要爱理不理的，也不要忸怩作态或哗众取宠。如果谈话中出现了矛盾、分歧，不是原则问题不必太较真，可以开个玩笑并转移话题，不要因为闲谈伤了同事间的和气。工作时应该保持高昂的情绪状态，即使遇到挫折、饱受委屈、得不到领导的信任，也不要牢骚满腹、怨气冲天。同事们在聊天时，不妨参与一下，切勿板起脸孔，不苟言笑。

▶ 5. 不打扰同事的工作

当同事在专心处理一项事务时，不要要求对方做工作以外的事情，更不能要求对方和你说话而打扰大家。

▶ 6. 不背后议论他人

在办公室内总有很多人喜欢传播他人的秘密与隐私，甚至说话添油加醋，严格说来，这种人毫无责任感可言。切忌私自拉帮结派，形成小圈子，这样容易引发圈外人的对立情绪。有些谣言可能是针对某人的人身攻击，因而在公司内绝不能谈论别人，尤其不可以在人背后乱造谣言，并且要避免做出轻视别人的举动。

▶ 7. 表达关心

同事结婚、生子、晋升都是令人高兴的事，应对他表达祝贺之意。同事住院、受伤、生病等，应对他表达真诚的安慰。同事有时心情沮丧，也应适度宽慰。

▶ 8. 不轻易借钱

同事之间最好不要提及金钱的问题。如果同事之间有金钱的往来，一定要谨慎处理，如果是你向别人借了钱，则千万不要忘记，要及时把钱还给对方。

▶ 9. 帮助新人

当你在公司有了一定的位置后，公司里可能会安排你带一些刚入职的新人。如果新人出了错，不要粗暴地训斥，应当耐心地教导他们，使他们更快地成长起来，这样会体现你作为一名前辈的宽容与涵养。

(三)处理与同事的摩擦

▶ 1. 当同事冷漠对你时

首先自我剖析一下，看看是不是自己哪里有不当之处，不要有任何臆测，可以用不经意的态度或是找个轻松的环境向他表示友好。

▶ 2. 当同事愤怒时

可以坚持自己的意见，但不要以愤怒回报。先等对方冷静下来，再讨论问题的症结。之后询问对方生气的原因，友好地解决问题。如果他后悔自己一时失态，你可表示自己已经不介意了。

▶ 3. 当同事不合作时

切勿一味地指责对方或表示不满，若是纯粹的不合作，最好找个时间大家好好谈谈，不要将此事告知更多的人或是领导。若对方确实是因工作繁忙无法配合，则可另安排时间或找他人帮忙。

四、与下属相处的礼仪

如果你是个经理，处理好和下级的关系是首要之事。

如果你即将填补的职位是个流动率很高的职位，也就是说，在你之前已经有好几个人在这个位置上干过，他们不是做不好工作，就是很快就被免职了。这使下属把所有任此职的人都看作是匆匆过客，这些下属职员实际上是拥有并控制了这个部门的"房主"，而你却成了"房客"。

公司聘用你担任某一职位，也许是因为你的经历适合它的要求。你很有可能是替换了一个资格老，但已赶不上时代变化的前任，而此人同他（她）的同事，即你现在的同事，早已建立了牢固的关系，这样，你就要面临一个棘手的人际关系问题。

你应该了解一下自己是在什么情况下被聘用的，只有当了解了有关自己被雇用的前因后果时，才能处理好因此而产生的人际关系问题。

任务训练

1. 场景设计：准备一些简单的办公设备及办公用品，按照办公室日常事务管理的工作内容来布置办公室。
2. 扮演一名领导去布置一项具体的工作，如宣传新产品。
3. 扮演一名下属去做一次工作汇报，如本季度的销售情况。
4. 分组讨论后，请学生演练如何处理同事间的摩擦。

子情境三 用餐礼仪

学习目标

1. 掌握宴请应酬的礼仪技巧。
2. 遵守西餐的礼仪规范。
3. 掌握中餐的礼仪规范。
4. 模拟一场宴会的组织，运用相关就餐的礼仪，注意相关的细节，展示良好的用餐礼仪。

导入案例

郁闷的韩风

经过两个多月的努力，韩风终于约到了余处长，请余处长在当地一家高级特色酒店里"小坐一会儿"。余处长是这次价值近三百万元的空调采购计划的关键人物。韩风事先打听到了余处长对饮食文化颇有研究，爱品葡萄酒，所以特意点了两瓶葡萄酒。韩风端起斟得快要溢出的酒杯"先干为敬"，在连续干了几杯葡萄酒后，余处长明显有点儿不痛快了。酒过三巡，菜过五味，韩风眉飞色舞地聊起了街头巷尾热议的名人绯闻，还抖出了不少"独家猛料"。在韩风营造的"热闹"氛围中，余处长的话反而越来越少，宴会还没有结束，就借故提前离开了。令韩风郁闷的是，事后他再也联系不上余处长，更不要说拿下这宗大单了。

（资料来源：未来之舟，销售礼仪[M].北京：中国经济出版社，2009.）

知 识 链 接

一、用餐的基本礼仪

(一)用餐前的基本礼仪

▶ 1. 预约

餐前预约，是让餐厅预留出座位，对用餐的客人来说，能让用餐进行得更加顺畅，达到社交的目的。越高档的餐厅越需要预约，预约的几大要素为就餐人数、时间、吸烟区或非吸烟区、有无特别意义(生日等)，有无特别禁忌(宗教、素食、过敏食物等)等。最好提前一周或三天预约，这样会让主人更加从容，之后别忘了在宴请前一天或半天再打电话确认。如果有事无法赴宴，打算取消预约的时候，请于获知无法赴约时马上以电话通知。

▶ 2. 抵达餐厅

到达餐厅后，不要自行往里走找位子，应到接待区告知你预约的名字，等待服务员带位。带位时应请年长者或宾客、女性先行起步前往座位。一般来说，应由年长者和宾客坐主位；若用性别来区分，则一般由女性坐主位。一般，背对墙壁，能够清楚地看到全店的座位或是能见度最佳的座位，或是较少人通过且较安静的座位等都是主位。

▶ 3. 赴宴时应注意仪表整洁

以参加正式餐宴来说，发型、化妆、服装、饰品的使用与搭配固然重要，但皮包、皮鞋、袜子、香水，乃至于手表和肢体语言，也是同样重要，否则就有"美中不足"之感。男士们也是一样，穿着得体了，如果指甲没修干净，或手表与戒指搭配不当，都是不合适的。

▶ 4. 抵达

抵达宴请地点，应先脱下大衣、帽子、手套，然后前往主人迎宾处。

▶ 5. 打招呼

打招呼就是向对方表示一些良好祝愿或欢迎的话，客人应该主动向主人问好。如是节庆活动，应表示祝贺。对熟人不问候，或者不回答别人对你的问候，都是很失礼的行为。打招呼最简单的话是"早上好""中午好""晚上好"或"您好"等。同时要注意在走入饭店、餐厅，与客人见面时，以及宴会结束、分别时，常常需要握手。

▶ 6. 餐厅里的介绍

在餐饮礼仪当中，介绍的礼仪是相当重要的一环。因为在任何餐厅用餐，都有可能接触到一些不熟悉的人。通过介绍，可以结识新朋友和新的合作伙伴，也可以为谋求新的职业打开门路。介绍时要把握分寸，不要过分地颂扬某一个人。

▶ 7. 餐厅里的就座

【相关案例】

喧宾夺"座"难免尴尬

一次，小西参加别人的70岁大寿的生日宴会，由于堵车迟到，小西到现场时参加宴会的人已经来得差不多了。小西想趁着没人注意，闪进场找个空位坐下来，可是目光所及之处都是人，根本不见有空位。突然，小西看到一个空座，他赶紧三步并作两步入座，并与同桌的客人打招呼，同桌的客人尽管都给予了回应，但表情都十分勉强。小西只当那不过是别人不认识自己的正常反应，也就不多想了，安下心来等待开席。过了一会儿，小西感觉众人都将目光转向他，心里正纳闷呢，这时，有一位先生指了指他身后，小西转过身一看，只见后方墙壁上竟挂着巨大的红色"寿"字，原来小西情急之下竟坐了寿星的位置，他顿时感到脸上火辣辣的，尴尬地站了起来，在好心人的指点下找了个角落的位置坐下。小西心想：唉！要是有个地洞，我一定钻进去。万众瞩目啊！脸丢大了！小西由于疏忽大意，一不小心，喧宾夺"座"，惹来众人"关注"的眼光，场面好不尴尬。尽管小西此举是无心之过，可在场的其他与宴者不会这么认为，他们只会觉得小西是个不懂座次之礼的人。何为座次之礼呢？在我们参加宴会时，除了要知道自己当天所扮演的角色外，还要了解男女主人的位置、男女主宾的位置，以及其他男女陪客的位置，然后再按照自己所扮演的角色入座，切不可像小西一样做出喧宾夺"座"的行为来。

（资料来源：姜得祺．中国饭局里的潜规则[J]．北京：中国画报出版社，2011.）

（1）桌次的排列。就座前，应首先辨别出主桌。通常两桌横排时，面对正门右边的桌子是主桌；当两桌竖排时，距离正门最远的那张桌子为主桌。如果桌子数量在三张以上时，国际惯例应遵循"以右为尊""以门定位""以远为上"的原则。

（2）座次安排。以主人的座位为中心。如有女主人参加时，则以主人和女主人为基准，以靠近者为尊座，依次排列。按西方习惯，女主人坐在男主人对面，男女依次相间而坐。女主人面向上菜的门。我国和其他一些国家则不受此限。

把主宾及其夫人安排在最尊贵显要的位置上。通常做法是以右为上，即主人的右手是第一尊位，其余主客人员，按礼宾次序就座。

主人方面的陪客应尽可能插在客人之间坐，以便同客人交谈，避免只和己方人员坐在一起。

在遵从礼宾次序的前提下，应尽可能使相邻就座者便于交谈。例如，在身份大体相同时，把职业、专业相同、相近或使用同一语种的人排在邻近。

（3）入座时应注意的其他问题有以下几点：

① 客人到达自己的位子时，不要一屁股坐下来，这是很不礼貌的行为。正确的入座方式为从左侧入座。

② 赴宴入座不可一见空位就自行坐下，高级饭店往往是由服务员带路入座，以免坐错席位。如是参加宴会，进入宴会厅之前，应先了解自己的桌次和座位，入座时注意桌上座位卡是否写着自己的名字，不要随意乱坐。

③ 应听从主人安排，按主方给定的座位就座。不要随心所欲地寻找熟人或与想要结识的人为邻，或过分客气，以至于拉拉扯扯。

④ 中式的宴会，多采用圆桌。但每桌照例有一个主人或招待者，在主人两旁的座位，一般是留给上宾或主客。如不是主人邀请，不宜选此座位。

⑤ 工作餐是一种非正式的商务宴请，对于座次的安排一般没有严格的要求，双方可自由入座。但出于礼貌，主人应等客人落座后再坐，且应把座向较好的位置让给客人。

⑥ 如果你是第一个走近桌子的人，那就顺势向里移，以方便其他人就座。在餐厅用

餐，当人多椅子不够用时不可乱拉旁桌的椅子，应请服务员协助搬取足量的椅子，或另找个宽敞的餐桌落座。

▶ 8. 私人物品的放置

手提包、手套、钥匙、打火机、香烟等私人的物品不要放在桌上，因为餐桌只是用餐的地方，放上私人东西，妨碍他人用餐，十分不礼貌。

(二)用餐中的基本礼仪

▶ 1. 吃到太烫的食物

假如你吃了一口很烫的食物，一定要迅速地喝一大口水。只有当身边没有凉饮料并且你的嘴要被烫伤时，才可以把它吐出来。但应该将其吐在你的餐巾上，并快速把它放在盘子边上。

▶ 2. 在餐桌上打哈欠

如果在大庭广众下控制不住打哈欠，一定要马上用手捂住嘴，接着说："对不起。"千万不可毫无顾忌，张口就来，那样容易让他人心生不快。

▶ 3. 在餐桌上咳嗽、擤鼻子

一般情况下应克制这样的行为，因为这样的动作实在是太失礼了。如果无法控制，要转身并用自己的手巾或手捂住嘴或鼻子。

▶ 4. 在餐桌上剔牙

如果牙缝里塞了东西让你感到不适，先喝口水漱口，如果用牙签剔牙，最好到洗手间去处理。如果确实需要当众剔牙，最好用一只手挡住嘴，千万不要咧着嘴冲着他人。

▶ 5. 异味或异物

异味入口时，不必勉强吃下去，最好的办法就是用餐巾把嘴捂住，快速地吐到餐巾上，然后尽快地召唤服务员来处理。如果食物中有异物，比如说石子，可以用筷子取出，放在盘子的一边。

如果桌椅上泼洒了一点酱汁，可用餐巾擦拭，并叫服务员来清理弄脏的地方。

二、中餐礼仪

【相关案例】

不愉快的约会

王小姐和张先生在一家餐厅就餐，张先生点了海鲜大餐，王小姐则点了烤羊排。主菜上桌，两人的话匣子也打开了，吃着海鲜，心情愉快极了。正在这时张先生发现有根鱼骨头塞在牙缝中，让他不舒服。他心想，用手去掏太不雅了，所以就用舌头舔，还发出"啧啧喳喳"的声音，好不容易将它吐出来，就随手放在餐巾上。之后，他在吃虾时又在餐巾上吐了几口虾壳。王小姐对这些不太计较，可这时张先生想打喷嚏，拉起餐巾遮嘴，用力打了一声喷嚏，餐巾上的鱼刺、虾壳顺势飞了出去，其中的一些正好飞落在王小姐的烤羊排上，这下王小姐有些不高兴了。接下来，王小姐话也少了许多，饭也没怎么吃。

(一)中餐餐具的使用

中餐进餐时，主要使用筷、匙、碗、盘等餐具。

（1）筷子的使用。

① 席间摆筷子的礼仪。筷子是成对出现的，同一餐桌上应使用等长、同色、同质的筷子，应将它们摆整齐，不要一根长一根短，应把筷子一双双理顺，大头冲桌外，小头冲桌里，不要一横一竖交叉摆放，筷子要摆放在碗的旁边，不能搁在碗上。

② 规范的执筷姿势。握筷子时，一般用右手握筷子，握筷子的位置要适中，不可握得过高或过低。正确的姿势是用大拇指、食指轻轻捏住筷子，中指稍稍托住上面一根筷子，无名指托住下面的一根筷子。

③ 用筷子夹菜的礼仪。吃饭时，须等坐正中间位置的人动第一筷后，众人才能跟着各动其筷。灵活、文明的用筷方式，应当是筷足接触食物一下到位，一次成功，不宜与盘中食物接触时间过长。不能用筷子将菜肴上下乱翻，或用筷子搅菜；不要用筷子穿刺菜肴，当餐叉使用。夹起菜时，不要让菜汤滴下来；遇到别人也来夹菜，要注意避让，谨防"筷子打架"。不要伸胳膊或是站起身去夹取对面较远的菜肴，这是失礼的表现。

在吃饭中途需暂时离开时，要将筷子轻轻搁放在桌子上的碟、碗边，不能放在碗上，也不要把筷子竖插放在食物的上面。因为在中国习俗中只在祭奠死者的时候才用这种插法。不小心将筷子掉在地下，应立即换一双或洗一洗，不能用手或抹布一擦就继续使用。这样既不卫生，也不雅观，会给人留下不讲卫生，修养差的印象。

【知识拓展】

使用筷子的禁忌：

① 忌敲筷。在等待就餐时，不能坐在餐桌边，一手拿一根筷子随意敲打，或用筷子敲打碗盏或茶杯。

② 忌叉筷。筷子不能一横一竖交叉摆放，不能一根是大头，一根是小头。筷子要摆放在碗的旁边，不能搁在碗上。

③ 忌插筷。在用餐中途因故需暂时离开时，要把筷子轻轻搁在桌子上或餐碟边，不能插在饭碗里。

④ 忌舞筷。在餐桌上谈话时要放下筷子，绝不可用筷子做手势，举筷在别人面前指来划去，使筷子在餐桌上乱舞，这是粗鲁和缺乏教养的表现。

⑤ 忌舔筷。不要"品尝"筷子，不论筷子上是否残留有食物，都不要去舔它。因为用舔过的筷子去夹菜，其他人会感到很不卫生。

⑥ 忌迷筷。不要在夹菜时，筷子持在空中，方向犹豫不定。

⑦ 忌粘筷。在就餐过程中，即使很喜欢某道菜，也不要似筷子粘住了菜盘，不停地夹取。

⑧ 忌剔筷。不要将筷子当牙签使用。

（2）匙的使用。在一般情况下，尽量不要单用匙去取菜。用匙取食物时，不宜过满，免得溢出来弄脏餐桌或自己的衣服。必要时，可在舀取食物后，在原处停留片刻，待汤汁不再滴后，再移向自己碗边。

【知识拓展】

使用匙时要注意下列四点：

① 使用汤勺时要用右手，右手执筷同时又执汤勺是最忌讳的。

② 用勺子取用食物后，应立即食用，不要把它再次倒回原处。

③ 若取用的食物过烫，不可用匙将其折来折去，也不要用嘴对它吹来吹去。

④ 食用匙里盛放的食物时，尽量不要把勺子塞入口中，或反复吮吸它。

（3）碗的使用。食用碗内盛放的食物时，应以筷、匙加以辅助，切勿用手取用食物，或用嘴靠近碗边吸食。不要端起碗来进食，尤其是不要双手端起碗来进食。

碗内若有食物剩余时，不可将其直接倒入口中，也不能用舌头伸进去乱舔。

暂且不用的碗内不宜乱扔东西，更不能将使用过的餐巾中放入碗内。不能把碗倒扣过来放在餐桌之上。

（4）盘的使用。盘在中餐中主要用以盛放食物，其使用方面的讲究与碗大致相同。盘子在餐桌上一般应保持原位，不被挪动，而且不宜多个叠放在一起。

盘中取放的菜肴不要过多，过多的话看起来既繁乱不堪，又让人感觉你是"大胃王"；将多种菜肴堆放在一起，它们会彼此串味，口感也不好。

不宜入口的残渣、骨、刺不要吐在地上、桌上，而应将其轻轻取放在食碟前端，必要时再由侍者取走、换新。

（二）点菜

【相关案例】

点　菜

丽丽过生日请两个好朋友吃饭。到了餐馆之后，丽丽让两个朋友点菜："别客气啊，随便点，今天我生日，图的就是高兴，想吃什么点什么。"两个朋友便开始点菜。其中一个好朋友很体谅丽丽的实际收入水平不高，又考虑到现在正是月末"粮紧"的时候，便随意点了两个一般价位的菜，但另一个好朋友听了丽丽的话后便毫无顾忌，专点自己喜欢吃的，有的菜价格很昂贵。丽丽看了菜价后，表面上不动声色，心里却想：以后请客吃饭再也不叫她了。

点菜是宴请活动最关键的一环。如果菜品安排太少，有怠慢客人之嫌；反之，安排得过多，又会造成浪费。如果所安排的菜品，色泽一致、口味一样、盛器相同，又会让人感到单调。点菜前应注意以下几点。

▶ 1. 明确宴请的目的

宴请的目的多种多样，有正规待客的、有好友相聚的、有联络感情的，总之，不同的目的决定了不同的菜品和菜质，所以点菜首先要明确宴请的目的。

▶ 2. 了解客人的口味

点菜要看人来点。掌握同席之人的口味，主人的口味是次要的，客人喜欢就好。

▶ 3. 注重特色

特色菜又叫招牌菜，一般是餐厅用来吸引客人的拿手菜，味道不错，价钱也不会太贵。

▶ 4. 巧妙搭配

点菜时要注意菜色搭配。以中国菜为例，并不要求每个菜都出色精彩，但讲究一桌菜的五味俱全，且要搭配合理、咸淡互补、鲜辣不克，让每种味、每道菜的特色都发挥到极致。

▶ 5. 尊重买单的人

如果是别人做东，要记得为对方留点余地，多为对方着想，不要点太贵的菜，不能因为是别人付钱，就尽情地点，这是很不礼貌的行为。

【知识拓展】

中国的八大菜系

人们常说的中国"八大菜系"，即鲁、川、粤、闽、苏、浙、湘、徽等菜系。有人把"八大菜系"用拟人化的手法描绘为：苏、浙菜好比清秀素丽的江南美女；鲁、徽菜犹如古拙朴实的北方健汉；粤、闽菜宛如风流典雅的公子；川、湘菜就像内涵丰富充实，才艺满身的名士。

（三）敬酒礼仪

敬酒也就是祝酒，是指在正式宴会上，由男主人向来宾提议，提出某个事由而饮酒。在饮酒时，通常要讲一些祝愿、祝福类的话甚至主人和主宾还要发表一篇专门的祝酒词。祝酒词内容越短越好。

宴会上，主人都有向客人敬酒的习惯，敬酒时，要上身挺直，双脚站稳，以双手举起酒杯，目视对方致意，面带微笑，目视自己的祝酒对象，嘴里同时说着祝福的话。敬酒也可以随时在饮酒的过程中进行。要是致正式祝酒词，就应在特定的时间进行，最好不要影响来宾的用餐。祝酒词适合在宾主入座后、用餐前开始。也可以在吃过主菜后、甜品上桌前进行。

碰杯时，杯沿比对方杯沿略低表示尊敬。敬酒的态度要稳重、热情、大方。敬酒时，一般情况下多次敬酒是很不尊重人的，但是重要的客人敬多了也是可以的，注意别人敬酒时一般不要乱掺和。如果是副手，在敬酒时要讲究技巧，在主人敬完酒后，可以自己敬酒，也可以委婉地代表在场或不在场的领导敬酒。宴会上互相敬，宾主都应量力而行、适可而止，切忌强行劝酒、逼酒，甚至酗酒。

有人提议干杯后，要手拿酒杯起身站立。即使是滴酒不沾，也要拿起杯子做做样子。将酒杯举到眼睛高度，说完"干杯"后，将酒一饮而尽或适量饮用。然后，还要手拿酒杯与提议者对视一下，这个过程就算结束。

在中餐里，干杯前，可以象征性地和对方碰一下酒杯；碰杯的时候，应该让自己的酒杯低于对方的酒杯，表示你对对方的尊敬。用酒杯杯底轻碰桌面，也可以表示和对方碰杯，当你离对方比较远时，可以用这种方式代替。如果主人亲自敬酒干杯后，要回敬主人。

在敬酒时，不要遗漏任何一位客人，尤其是在逐一敬酒时。

一般情况下，敬酒应以年龄大小、职位高低、宾主身份为先后顺序，一定要充分考虑好敬酒的顺序，分明主次。即使和不熟悉的人在一起喝酒，也要先打听一下身份或是留意别人对他的称呼，避免出现尴尬。如果在场有高身份或年长的人，要先给尊长者敬酒。

如果因为生活习惯或健康等原因不适合饮酒，也可以委托亲友、部下、晚辈代喝或者以饮料、茶水代替。作为敬酒人，应充分体谅对方，在对方请人代酒或用饮料代替时，不要强人所难，也不应该好奇地"打破砂锅问到底"。要知道，别人没主动说明原因就表示对方认为这是他的隐私。

酒作为一种交际媒介，迎宾送客，聚朋会友，彼此沟通，传递友情，发挥了独特的作用，掌握一些敬酒的技巧，有助于交际的成功。

▶ 1. 众欢同乐，切忌私语

大多数酒宴宾客都较多，所以应尽量多谈论一些大部分人能够参与的话题，得到多数人的认同。因为每个人的兴趣爱好、知识面不同，所以话题尽量不要太偏，避免出现跑题现象，而忽略了众人。

尽量不要与人贴耳小声私语，给别人一种神秘感，往往会产生被冷落的心理，影响喝酒的效果。

▶ 2. 瞄准宾主，把握大局

大多数酒宴都有一个主题，也就是喝酒的目的。赴宴时首先应环视一下各位的神态表情，分清主次，不要单纯地为了喝酒而喝酒，而失去交友的好机会，更不要让某些哗众取宠的酒徒搅乱气氛。

▶ 3. 语言得当，诙谐幽默

酒桌上可以显示出一个人的才华、学识、修养和交际风度，有时一句诙谐幽默的语言会给客人留下很深的印象，使人无形中对你产生好感。所以，知道什么时候该说什么话，语言得当，诙谐幽默很关键。

▶ 4. 劝酒适度，切莫强求

在酒桌上往往会遇到劝酒的现象，有的人总喜欢把酒场当战场，想方设法劝别人多喝几杯，认为不喝到量就是不实在。对酒量大的人还可以，酒量小的就犯难了，有时过分地劝酒，会将原有的朋友感情完全破坏。

▶ 5. 敬酒有序，主次分明

敬酒也是一门学问。一般情况下敬酒应以年龄大小、职位高低、宾主身份为序，敬酒前一定要充分考虑好敬酒的顺序，分明主次。

▶ 6. 察言观色，了解人心

要想在酒桌上得到大家的赞赏，就必须学会察言观色。因为与人交际，就要了解人心，才能达到宴请的效果。

▶ 7. 锋芒渐射，稳坐泰山

酒席宴上要看清场合，尽量保留一些酒力和说话的分寸，既不让别人小看自己又不要过分地表露自身。

如果在毫无准备的情况下，被推举出来提议祝酒可能是非常令人紧张的，最好的解决办法就是说出你的感受，也可以说一些简单的话摆脱困境，如"向出色的朋友和伟大的老板，×××致意"。

但是如果你想表现得更有风度、更有口才，可以增加一些回忆、赞美，以及相关的故事或笑话。然而，祝酒词应当与场合相吻合，婚礼上的祝酒词应该侧重于情感方面；向退休员工表达敬意的祝酒词则应当侧重于怀旧等。

在餐会上，通常由男主人或女主人致祝酒词。如果无人祝酒，客人则可以提议向主人祝酒。如果其中一位主人第一个祝酒，一位客人可以在第二个祝酒。

在仪式场合，通常会有一位酒司仪。在不太正式的场合，可以在葡萄酒和香槟上来之后，就提议祝酒。祝酒者并不必要把酒杯里的酒喝干，每次喝一小口足矣。

当敬酒人将酒传递过来时，你可以谢绝，也可以在祝酒时举起装着苏打水或其他饮料的酒杯。过去，除非是酒精饮料，否则不祝酒，但是今天各种饮料都可以用来祝酒。无论如何，有人敬酒时都应该站起来，加入到这项活动之中，至少不应该极端失礼地坐在座位上。

面对敬酒，被敬酒的人不用将酒喝光，可以只是站起来喝一些，并道"谢谢"，同时向对方敬酒。如果愿意，女性可以非常自由地敬酒，而回应敬酒只要笑一笑，或向祝酒者的方向点头示意就足够了。

【知识链接】

碰杯的由来

喝酒为什么要碰杯，有两种说法。一种说法是起源于古希腊。传说古希腊人注意到这样一个事实，在举杯饮酒之时，人的五官中鼻子能嗅到酒的香味，眼睛能看到酒的颜色，舌头能够辨别酒味，而只有耳朵被排除在这一享受之外，怎么办呢？希腊人想出一个办法，在喝酒之前，互相碰一下杯子，杯子发出的清脆的响声传到耳朵中。这样，耳朵就和其他器官一样，也能享受到喝酒的乐趣了。另一种说法是，喝酒碰杯起源于古罗马。古代的罗马崇尚武力，常常开展"角力"竞技。竞技前选手们习惯饮酒，以示相互勉励之意。由于酒是事先准备的，为了防止心术不正的人在给对方喝的酒中放毒药，人们想出一种防范的方法，即在"角力"前，双方各将自己的酒向对方的酒杯中倾注一些。以后，碰杯便逐渐发展成为一种礼仪。

(四)中餐餐桌上的其他礼仪

(1) 吸烟者应征求周围女士意见后方可吸烟，在禁烟餐厅不吸烟。不往地上和桌子底下扔东西。不慎摔碎餐具，应道歉并赔偿。

(2) 用餐前，如提供有湿方巾，则用来擦手，不可用以擦脸、擦嘴、擦汗。擦手之后，应放回盘中由侍者取回。正式宴会结束前，会再上一块湿方巾，则用来擦嘴。

(3) 将餐巾放在膝盖上，不可用餐巾擦脸，可用巾角轻轻沾嘴唇与嘴角。用餐完毕后，将餐巾叠好，不可揉成一团。

(4) 照顾他人时，要使用公共筷子和汤匙。

(5) 传染病毒携带者应自觉谢绝参与就餐。

(6) 嘴里有食物时，不张口与人交谈。嘴角和脸上不可留有食物残余。

(7) 就餐过程中，如上有洗手盅，可将两手手指轮流置于其中，轻拨水沾湿，然后将手放在餐桌下，用纸巾擦干。不可将两手完全置于洗手盅中搓洗、乱甩、乱抖。

(8) 当其他客人还没吃完时，不要独自先离席。在宴会餐桌上，进餐速度快慢不要依个人习惯，而应适应宴会的节奏，等大家都吃完，主人起身，主宾离席时再致谢退席。

(9) 用完餐离座时，将椅子往内紧靠桌边。

在餐桌上，尤其在宴请客人时，我们还应牢记一条原则"劝菜不夹菜，祝酒不灌酒"。中国人素来有好客的传统，在请客吃饭时，喜欢给别人夹菜，在客人的碗里堆成小山或让客人多喝酒，喝得越多就越体现情深意长，而这种方式又常常令客人尴尬。随着时代的发展，人们崇尚更文明健康的饮食方式。

三、西餐礼仪

【相关案例】

细微的用餐举止

陈先生是一位外贸公司的业务经理，有一次，陈先生因为工作上的需要，在国内设西餐招待一位来自英国的生意伙伴。有意思的是，那一顿饭吃下来，令对方最为欣赏的，并不是餐桌上所准备的丰盛菜肴，而是陈先生在用餐时的细小的举止表现。那位英国客人讲："陈先生，您在用餐时一点儿响声都没有，使我感到您的确具有良好的教养。"

（一）西餐餐具的使用礼仪

西餐餐具的正确使用是西餐礼仪的重要内容。

▶ **1. 刀叉**

使用刀叉时，刀右、叉左，刀口向内、叉齿向下，呈汉字的"人"字形状摆放在餐盘之上。

▶ **2. 汤匙**

汤匙的个头较大，通常它被摆放在用餐者右侧的最外端，与餐刀并列纵放。喝汤时，要用汤匙从里向外舀，汤盘里的汤快喝完时，可以用左手将汤盘的外侧稍稍翘起，用汤匙舀净就行了。吃完后，将汤匙留在汤盘里，匙把指向自己。

▶ **3. 餐巾**

西餐里所用的餐巾通常会被叠成一定的图案，放置于用餐者的垫盘中，或是直接被平放于用餐者左侧的桌面上。

不论是哪一种形状的餐巾都应被平铺于并拢的大腿上。使用正方形餐巾时，应将它折成等腰三角形，并将直角朝向膝盖方向。若使用长方形餐巾，则可将其对折，然后折口向外平铺。尤其要注意，在外用餐时，一定不要把餐巾掖于领口围在脖子上、塞进衣襟内，或是担心其掉落而将其系在裤腰上。

（二）西餐食物的食用

▶ **1. 面包**

不要用刀切面包，取面包应该用手去拿，然后放在旁边的小碟中或大盘的边沿上，不要用叉子去叉面包。

用来蘸面包吃的黄油、蘑菇酱等调味品应用专用的刀挖取后，抹在撕下的面包块上。不要把整片面包涂上黄油，而应该一次扯下一小块，吃一块涂一块。

▶ **2. 牛排**

点用牛排时，服务生会询问要的烧烤程度，可依自己的喜好选七八成熟或是五成熟的，牛排不要追求过分的鲜嫩，三成熟的牛排在食用时，会有"血淋淋"的场面，感觉不雅。

切牛排时，如果太用力，会因刀与盘子碰撞而发出很大的声音，而且身体向前倾的姿势很难把牛排切开。放松肩膀，用叉子把肉叉到底，刀紧贴着叉背切下去。注意，肉要从左边切起。用叉子叉起肉块，用刀扶好送入口中。送入口中后把刀子放下，刀刃朝向自己。拿着刀叉边吃边交谈是不符合礼仪的。

▶ **3. 沙拉**

吃沙拉时只能用叉子。大片叶子不易入口时，建议先用叉子压住蔬菜，用刀将叶子一层一层折成小块，如此一来，将会方便食用。大片叶子不经切碎，一并放入口中是不雅观的。如果刀子粘上了菜叶，可用叉子轻轻拨去，但不要发出声响。

▶ **4. 吃鱼**

吃鱼时可以用左手拿着叉子，右手拿着刀子，把刺拨开。已经入口的肉骨或鱼刺不要直接吐入盘中，而要用叉接住后轻轻放入盘中，或者尽可能不引人注意地用手取出，放在盘子的边沿上，不能扔在桌上或地下。

▶ 5. 喝水

喝水时应把口中的食物先咽下去。用玻璃杯喝水时，要注意先擦去嘴上的油渍，以免弄脏杯子。

▶ 6. 咖啡

刚刚煮好的咖啡太热，用嘴去吹凉咖啡是很不文雅的动作。可以用咖啡匙在杯中轻轻搅拌使之冷却，或者等其自然冷却后再饮用。

搅拌咖啡用左手捏住杯耳，以右手拿咖啡匙，不要伤到杯子内侧的装饰，轻轻地搅拌。

任务训练

▶ 1. 案例分析

周小姐有一次代表公司出席一家外国商社的周年庆典活动。正式的庆典活动结束后，这家外国商社为全体来宾安排了丰盛的自助餐。尽管在此之前周小姐并未用过正式的自助餐，但是她在用餐开始之后发现其他用餐者的表现非常随意，便也像别人一样放松自己。

令周小姐开心地是，她在餐台上排队取菜时，竟然见到自己平时最爱吃的北极甜虾，于是，她毫不客气地替自己盛了满满一大盘。当时她的想法是，这东西虽然好吃，可也不便再三地来取，否则旁人就会嘲笑自己没见过什么世面了。再说，它这么好吃，这会儿不多盛一些，保不准一会儿就没有了。

然而令周小姐脸红的是，她端着盛满了北极甜虾的盘子从餐台边上离去时，周围的人居然个个都用异样的眼神盯着她。有一位同伴还用鄙夷的语气小声说道："真给中国人丢脸呀！"事后一经打听，周小姐才知道，自己当时的行为是有违自助餐礼仪的。

问题：（1）请问周小姐在自助餐上的表现错在哪儿？

（2）收集资料了解一下自助餐有哪些礼仪规范。

▶ 2. 拓展训练

（1）掌握宴请时的位次排序，包括桌次排序和座次排序两个部分。

（2）制作一份当地特色的菜单，中餐点菜作为一项特色训练内容。

（3）训练西餐餐具的使用，并模拟食用面包、沙拉，饮用咖啡等。

子情境四 涉外活动礼仪

学习目标

1. 具备涉外的礼仪修养。
2. 掌握出国出差旅行礼仪。
3. 在涉外交往中能够很好地运用涉外礼仪。
4. 掌握涉外迎送、会见、参观游览及礼品馈送的礼仪。

【相关案例】

搁浅的合作

中国一家拥有职工约 6000 人的大型国有企业，想寻找一家资金雄厚的企业做合作伙伴。经过多方努力，这家企业终于找到了一家具有国际声望的日本大公司。经过双方长时间艰苦地谈判，终于可以草签合约了，全厂职工为之欢欣鼓舞。本以为大功告成的中方人员，没想到在第二天的签字仪式中，公司领导因故晚了 10 分钟。待他们走进签字大厅时，日方人员早已排成一行，正恭候他们的到来，中方领导请日方人员坐上签字台，日方的全体人员却整整齐齐、规规矩矩地向他们鞠了一个大躬，随后便集体退出了签字厅，中方领导感到莫名其妙，因为迟到 10 分钟对他们来讲实在不算什么。事后，日方递交中方一份正式的信函，其中写道："我们绝不会为自己寻找一个没有任何时间观念的生意伙伴。不遵守约定的人，永远都不值得信赖。"无疑，双方的合作搁浅了，中方为了自己迟到的 10 分钟付出了沉重的代价。

（资料来源：金正昆．涉外礼仪教程［M］．北京：中国人民大学出版社，1999．）

一、涉外见面礼仪

（一）外国友人打招呼

同外国人见面打招呼，尤其是同西方人打招呼，一定不要用中国人见面时常用的"你上哪儿去呀"或"你去哪儿啦"等问候语，这会被他们认为是想要探知别人隐私的失礼行为。也不要见面就问"你吃饭了吗"，这样问往往会被误解成你要请他们一起用餐。

与外国人见面打招呼，最简单、合适的问候语是"早上好""您好""中午好"或"晚上好"。同日本人打招呼，用得最普遍的语言是"拜托了""多关照""对不起""失陪了"等。同信奉伊斯兰教的国家居民打招呼，第一句话应说"愿真主保佑"，以示祝福。同缅甸、斯里兰卡及印度等信奉佛教的国家居民打招呼，应说"愿菩萨保佑"或结莲花手印以示互祝。

（1）在涉外交往中，一般对男子称某某先生，对已婚女子称夫人、女士，对未婚女子称小姐，对不了解其婚姻情况的女子也可称作小姐或女士。

（2）对于有学位、军衔、技术职称的人士，可以称呼其头衔。

（3）对于地位较高的官方人士（一般指政府部长以上的高级官员），按其国家情况可称"阁下"，如某某"总统阁下""主席阁下""部长阁下"等，但是美国、墨西哥、德国等国却没有称"阁下"的习惯，因此对这些国家的贵宾可称先生。

（二）常见的西式见面礼

▶ 1. 拥抱礼

在中国，人们对此不甚习惯，而在国际社会中，它却得到了广泛的运用。拥抱礼最常见的做法是：两人走近之后，自然站立。先各自抬起右臂，把右手搭在对方左肩之后，随后向右侧拥抱，最后再向对方的左侧拥抱。在庆典、仪式、迎送等较为隆重的场合，拥抱礼最为多见，在政务活动中尤为如此；在私人性质的社交、休闲场合，拥抱礼则可用可不用；在某些特殊的场合，诸如谈判、检阅、授勋等，人们大都不使用拥抱礼。

▶ 2. 贴面礼

简单来说，贴面礼是亲朋好友间见面或分手时，通常双方都会互相用脸颊碰一下，嘴里同时发出"啧啧"的声音，声音越大表示越热情。通常从左颊开始，左右各碰一下或者不一定真的碰上，只是在脸颊附近虚张声势一下，也要发出"啧啧"声。

▶ 3. 吻礼

根据双方关系的不同，长辈与晚辈亲吻时，长辈吻晚辈的额头，晚辈则吻长辈的下颌。平辈亲友、熟人之间行亲吻礼，只能相互轻吻一下或轻轻贴一下对方的面颊（亲脸）。

▶ 4. 吻手礼

吻手礼是流行于欧美上流社会异性之间的一种最高层次的见面礼。行吻手礼时，男士行至女士面前约 80 厘米处，首先立正欠身致敬，女士将右手轻轻向左前方抬起约 60 度，男士以右手或双手轻轻抬起女士的右手，同时俯身弯腰以自己微闭的嘴唇象征性地"吻"。行吻手礼仅限于室内，主要是男士向已婚女士表示的一种敬意。

二、出国出差旅行礼仪

(一)乘坐航班的礼仪

(1)乘坐国际航班，乘客应在飞机预定起飞时间前 2～3 个小时到达飞机场，因为在这段时间里，需要核查机票及订座，办理海关申报、行李托运等手续。

(2)办理海关申报及登机手续，主要是向海关申请办理有关物品的出关手续。

(3)上、下飞机时，旅客应向站在机舱门口迎送乘客的航空乘务员点头致意。不论是否对号入座，都不要抢占座位。

(4)乘机时的礼仪。国际航班上供应饮料、茶点、食品、早餐和正餐。不要随意将餐具收起来带走，不能带走供乘客阅读的报纸杂志；在飞机上不要大声喧哗，以免影响他人；要注意飞机上的坐卧姿势，既不要影响他人坐卧，也不要有失雅观。

(5)下机后的礼仪。旅客到达目的地后，办理完入境手续即可凭行李卡领取托运的行李，不要将自己的行李放在过道或路口影响他人行走。旅客可以用机场为乘客准备的手推车将行李推出机场。如请行李搬运员协助搬运行李，必须付小费。

(二)酒店礼仪

出国出差或是旅行时，要入乡随俗，入住饭店要遵循国外的基本酒店礼仪。

▶ 1. 接送

一些旅馆有小汽车或机场巴士在酒店和机场、主要商圈及观光景点间来回接送客人，一般情况下是免费的，即使要收费的话也比出租车便宜。

入住四星级以上的酒店则有服务人员引导客人到住宿的房间，他们会介绍酒店设施，然后带着客人进入房间。

大部分酒店都会提供电子闹钟，供客人自己设定起床的时间。

▶ 2. 请勿打扰

为了让客人安静休息而不受干扰，酒店会有"DND"(请勿打扰)的挂牌或按钮。

▶ 3. 饮水

国外酒店一般都不供应开水，往往会提供一瓶免费的矿泉水。有的房间设有自动出售各种饮料或小食品的装置，只要按动开关，食品、饮料便自动出来，同时自动记账，结算时统一付款。

▶ 4. 使用设备

房间里的某些设备，如自己不会使用，应先请教他人，特别是外国酒店房间内的电气设备和洗澡用的开关，形式多种多样，应注意其不同的使用方法。

▶ 5. 保持环境整洁干净

大家选择酒店会选整洁安全的，自己住的时候也要保持整洁。这不只是对工作人员的尊重，也是个人素质的体现。

▶ 6. 维护安静的环境

在公共场所要保持安静，以免干扰别人，在休息或者与客人相会时，一定要注意降低说话的音量，走路要轻。

三、涉外礼品赠送的礼仪

▶ 1. 礼品的选择

在国际交往中，人们经常通过赠送礼品来表达谢意和祝贺，以增进友谊。给外国友人馈赠礼品要尽可能考虑受礼人的喜好，因为每个人都有自己的兴趣、爱好，每个民族、每个国家也都有各自的风俗习惯，"投其所好"是赠送礼品最基本的原则。如不了解对方喜好，稳妥的办法是选择具有民族特色的工艺品。中国的刺绣、丝绸、书画、茶叶、风筝、二胡、笛子、剪纸、筷子、图章、脸谱等有特色的手工艺品备受外国友人青睐。礼不在贵重而在于合适，有时送太贵重的礼品反而会使受礼者不安。

▶ 2. 注重包装

礼品选择好以后，要注意礼品的包装。包装材料的质地、花纹、颜色以及文字都要与礼品风格和国家风俗相符合。例如，阿拉伯人不喜欢红色，喜欢绿色；日本人喜欢有蝴蝶结装饰的包装。

▶ 3. 赠送的礼仪

向外国友人赠送礼品时，既要说明其寓意、特点与用途，又要说明它是为对方精心选择的。不要说"小意思，实在拿不出手"或是"薄礼一份，不成敬意"等，西方人不理解中国人这种过谦的说法，反而会大大减低礼品的分量。

▶ 4. 受礼的礼仪

收到礼品后，中国人不习惯当面打开包装。与中国人的习俗不同，在西方国家接受礼物后应即刻表示感谢，并当面拆看，不论其价值大小，都应对礼物表示赞赏，有时外国人收礼后还要写信道谢。

【知识拓展】

不同地区、国家送礼习俗

1. 亚洲人的送礼习俗

（1）形式重于内容。向亚洲国家人士馈赠礼品时，名牌商品或具有民族特色的手工艺品是上等的礼品选择。至于礼品的实用性，则居于知识性和艺术性之后，尤其是日本人和阿拉伯人，非常重视礼品的牌子和外在形式。对日本人而言，越是形式美观而又无实际用途的礼品越受欢迎。

（2）崇尚礼尚往来。亚洲人注重礼尚往来，而且更愿意以自己的慷慨大方表示对他人的恭敬。在亚洲，无论何地，人们都认为来而不往是有失尊严的，这涉及自身形象。因此，一般人都倾向于先把礼品赠予他人。而且，收到礼品后，在回礼时则常在礼品的内在价值、外在包装上更下功夫，以呈现自己的慷慨和对他人的恭敬。

（3）忌讳颇多。不同国家对礼品数字、颜色、图案等有诸多忌讳，如日本、朝鲜对数字4视为预示厄运的数字。而对3、5、7、9等奇数和108等数颇为青睐，对9及9的倍数尤其偏爱(但日本人不喜欢9)。阿拉伯人忌讳动物图案，日本人忌讳狐狸和獾等图案。

（4）讲究馈赠对象的具体指向性。选择和馈赠礼品时十分注意对象的具体指向性，这是亚洲人的特点。一般来说，送给老人和孩子礼品常常是令人高兴的，无论送什么，人们都乐于接受。但若是送他人妻子礼品，则需考虑交往双方的关系及对方的忌讳，如阿拉伯人最忌讳对其妻子赠送礼品，这被认为是对其隐私的侵犯和对其人格的侮辱。

2. 送礼在阿拉伯

阿拉伯人对送礼有独特的见解。在初次见面时送礼可能会被视为行贿，要送在办公室里可以用得上的东西。切勿把用旧的物品赠送他人，不能把酒作为礼品。盯住阿拉伯人的某些物品看个不停是很失礼的举动，因为这位阿拉伯人一定会认为你喜欢它，并一定会要你收下这件东西。送礼品给阿拉伯人的妻子被认为是对其隐私的侵犯，然而送给孩子则总是受欢迎的。

阿拉伯人认为不让他们表示自己的慷慨大方是不恭的，这会危害到双方的关系。送给他人的礼品一般都是贵重礼品，同时也希望收到同样贵重的回礼，因为阿拉伯人认为来而不往是有失尊严的问题。他们喜欢丰富多彩的礼品，喜欢"名牌"货，而不喜欢不起眼的古董；喜欢知识性和艺术性的礼品，不喜欢纯实用性的东西。忌讳带有狗、猪等动物图案的礼品，因为有些动物他们认为是不洁净、不吉祥的。

3. 欧美人的送礼习俗

欧美人对礼品更倾向于实用，一束鲜花、一瓶好酒、一盒巧克力、一块手表，甚至一同游览、参观等，都是上佳的礼品。当然，如果再讲究礼品的牌子和包装，就更好了。

欧美人馈赠时，受赠人常常当着送礼人的面打开包装并表示赞美，邀送礼人一同享受或欣赏礼品，共享礼品带来的欢快。

一般情况下，欧美人赠礼常在社交活动行将结束时，即在社交已有成果时方才赠礼，以避免有行贿受贿之嫌。

除忌讳"13"和"星期五"这些灾难之数，以及一些特殊的场合(如葬礼)，礼品的种类、颜色等有一定讲究外，大多数西方国家在礼品上的忌讳是较少的。

4. 送礼在英国

英国是一个讲究绅士风度的国度。在英国，受礼和送礼的双方都应尽量避免感情的外露。一般送价钱不贵但有纪念意义的礼品，由于该礼品花费不多就不会被误认为是一种贿赂。合宜的送礼时机应定在晚上，请人在酒店用完晚餐或剧院看完演出之后。

英国人也像其他大多数欧洲人一样喜欢高级巧克力、名酒和鲜花，收到礼品的人要当众打开以欣赏礼品。对带有客人所属公司标志的礼品他们大多数并不欣赏，除非主人对这种礼品事前有周密的考虑。但切记不要送百合花，因为英国人认为百合花意味着死亡。

5. 送礼在法国

法国人认为，礼貌是至关重要的，故赠送礼品适当与否要特别注意，包装更要尽善尽美。初次结识一个法国人时就送礼是很不恰当的，应该等到下次相见时。

法国人很浪漫，喜欢知识性、艺术性的礼品，如画片、艺术相册或小工艺品等。礼品留言应表达出对他的赞美，但不要显得过于亲密。应邀到法国人家里用餐时，应带上几支不加捆扎的鲜花。送花不要送菊花、杜鹃花以及黄色的花，尤其菊花更是不能随便赠送的，在法国只在葬礼上才用菊花。不要送带有仙鹤图案的礼品，不要送核桃，因为他们认为仙鹤是愚蠢的标志，而核桃是不吉利的。玫瑰是为情人准备的，绝不能送给主人的妻子。

6. 送礼在美国

美国人很讲究实用，故一瓶上好的葡萄酒或烈性酒、一件高雅的名牌衣物都是合适的。但要注意的是，送礼品要送单数，且讲究包装。美国人不在初次结识时送礼。

任务训练

1. 见面礼仪，2～4 人为一组练习自我介绍、介绍他人、握手及交换名片，要求符合礼仪规范。

2. 谈一谈宴请过程中的注意事项，如餐具的使用、点菜、进餐、敬酒等。

4 学习情境四
Chapter 4
商务沟通

子情境一 沟通

学习目标

1. 了解沟通的原理和技巧。
2. 理解职场就像是社会大舞台，工作单位是大家庭，领导是家长、同事是兄弟姐妹、下属是子女晚辈。
3. 掌握一般的人际沟通方法和讲话艺术。
4. 完成一次劝说别人的行动。
5. 通告或传递某些信息给他人。
6. 说服别人相信你的某个论点。

导入案例

印第安人的权杖

W公司的小会议室一场中层干部会议正在进行，会议的主题是讨论最近采购部采购不及时的问题。最近一段时间，营销部签了很多订单，但是生产部迟迟制造不出来，原因是所需原材料迟迟到不了。于是总经理召集大家开会，商讨一下应对策略。

采购部胡经理首先发言："大家都知道，原材料断货已经很长一段时间了，这段时间，我们部门都忙坏了，所有的人除了留在家里打电话的，全部都跑出去和供应商沟通，但是，情况实在不容乐观。"

"什么不容乐观？我看你们是找借口，明明是工作没有做到位，还说什么积极行动，你们是跑出去了，谁知道你们跑出去干吗去了，效果呢？我们要的是效果！"生产部马经理没等胡经理说完，自己先跳了起来。

"马经理，听我说完好不好？我们怎么干工作不要你插手吧？我们是为你服务的没错，但是我们有我们的工作方式，不能总是任由你来摆布我们。"胡经理不甘示弱。

"谁摆布你们了，谁摆布你们了？明摆的事，是你们工作不力导致了现在生产原料严重欠缺，生产工人都快待不住了，没有活干，赚不到钱，他们都想走了，再这样下去，恐怕员工都要走光喽！"

"哎，你们的人走光了，关我们什么事，你自己没有管好，还赖别人，有意思吗？"

刚开场，两个人就你来我往地吵了起来，似乎谁都有理，似乎错误都在别人身上。

这时候，一旁的总经理刘总说话了："老胡、老马你们都别吵了，大家坐在一起讨论问题，目的是解决问题，而不是分清责任，如果论责任，我看我们讨论两天都讨论不完，每个人都有责任，每个人又都没有责任，你说怎么界定？能搞得清楚吗？

"我有一个建议，我们首先明确一下我们今天开会的目的，首先对我们的目标达成统一，然后再来一步一步分析，最后找出答案，这是第一个建议。第二个建议是大家讨论问题的方式，以前我们很多会议为什么没有结果，为什么耗费了大量时间却没有结论，说实在的，会议从早晨8点开到晚上8点，我们就一直从早晨8点吵到晚上8点，有意思吗？"

"为了这个问题，我也苦恼了很长一段时间，最近也在学习如何才能更有效地沟通，我最近是没少看书，也没少思考，有一本书讲的一个方法使我很受启发。这个方法叫'印第安人的权杖'，具体的内容是告诉我们如何才能更有效地沟通。这篇文章认为，沟通出了问题，不是别的原因，不是技巧的问题，也不是能力的问题，而是理解的问题。没有理解或者理解不够是导致很多沟通没有达成的根本原因，我十分认同这个观点。因此，我仔细阅读了这篇文章，它教会了我一个方法，也正好可以用在会议上，我想今天就用一下。

"具体的方法是这样的，大家看我手里有一把扇子，这个扇子就相当于印第安人的权杖，印第安人在讨论问题的时候，先后次序是有明确的规定的。首先拿到这个权杖的人可以说话，但只要他没有示意自己的话说完了，别人就不允许说话。大家想想，我们能不能做到？肯定做不到，对不对，刚才老马的表现大家也看到了，还没等老胡说几句呢，就抢话了。这种现象在印第安人的会议上是不允许的。那么，如果你真的十分想发言怎么办呢？抢话显然是不行的了。如果你对上个人的发言有新的想法，或者有不同意见，那么你要举手示意，这时候，手持权杖的人可以暂停说话，你可以发言，但是发言是有规定的，就是你必须首先复述刚才那个手持权杖的人的话，然后问对方，你的理解是否对，如果对，那么你可以发言，如果不对，那么对不起，继续听别人讲。然后再次重复对方的话，直到对方点头表示，说你说对了，他就是那个意思，这时候你才可以发言。但是，经常会出现一个神奇的情况，原本那个十分激动、着急抢话筒的人，当他复述完对方的话，并征得对方认可之后，他却无言了。为什么？因为他发现，他已经理解了对方的意思，已经无须辩驳了。"

总经理娓娓道来跟大家分享了他的感悟，然后说："怎么样，我们调整一下思路，今天就在这个场合实践一下这个理解，看看我们之间到底存在多大分歧，好不好？"

于是，会议进入了"印第安人的权杖"时间。"来，权杖给你，胡经理，你接着说。"

"好的，感谢王总的权杖，呵呵，我现在是有权力的人，你们谁都不许和我抢话啊，否则，我有权否定你们，哈哈。"胡经理感觉很新鲜。

"接着刚才的话题讲，前一段时间，我们部门的确非常头疼几种主要原材料的供应问题，我们也做了一个分析，主要是世界上其他国家这种原材料的价格飞涨，造成了我国原材料价格上涨，一吨的价格翻了一倍，上涨的主要原因还是生产能力不足，现在几个大厂只能满足50％的产能。"

"我们不管产能多少，我们只关心我们自己的产能，我们现在都快停产了。"

老马又一次没有忍住，再一次跳出来插话。

"老马，看清楚哦，我手里拿的可是权杖哦，不是一把普通的扇子，你想说话，可以啊，请先重复我说过的话，我认可你说的你才可以说。"胡经理说。

"哦，对啊，行，我重复你刚才说过的话，你是不是说，原材料价格涨了，公司没有这么多预算，你买不来原材料，是这个意思吧？"老马带着期许的眼光问胡经理。

"不对，马经理，你没有理解我的意思，所以，你现在不必着急发言，继续听我讲吧。我刚才讲到国家产能不足，各大厂家又都在等着要货，所以根本见不上对方的领导，我们和他们关系按说不错，但是这个时候，不是关系可以解决问题的，他们需要改变以前的供货方式，以前都是先发货再收钱，现在要求我们先压一笔钱，5000万，然后再给货，具体供货时间还不确定。在这一点上我们始终在犹豫，到底要不要这么做。如果这么做，我们的资金压力很大，不这么做，我们就要面临断货的问题。"

"好的，胡经理，我重复一下你的话，你是说我们需要提前压一大笔钱，而具体的供货时间还无法确定，还需要继续做工作和等待是吗？"

"是的，你说对了，马经理。按照规则，现在权杖可以交给你了，你来发言吧。"胡经理把扇子交给了马经理。

马经理拿着扇子，犹豫了几秒钟，说了一句话："我，我没有问题了，其他人发言吧。"

看到这个局面，刘总长出了一口气。实际上，这次会议最终形成什么决议已经不是最重要的了，而是大家理解了这种沟通，并在实践中加以运用，来提高工作效率，这对大家在职业化道路上的成长是很有帮助的。

知识链接

一、交谈

交谈即两个或两个以上的人以谈话交换想法或意见。它是人们彼此之间传递讯息、增进情感、进行交际、建立工作、建立友谊、促进了解的最为重要的一种形式。如果没有交谈，那么人与人之间要进行真正的沟通几乎是不可能的。交谈同样也是人的知识、阅历、才智、教养和应变能力的综合体现。

(一)交谈的特征

▶1. 真实自然

交谈应表达流畅，感情自然流露。

▶2. 相互了解

交谈是一种双向或多向的活动，它要求谈话各方积极配合，最终形成共识，达到互动，产生共鸣，而不能只是一方的"一言堂"。

▶ 3. 相互包容

在交谈中，每个人都要有容人的雅量，不仅要自己说话，而且也要允许对方说话，要彼此适应、求同存异、大家平等。不打断、不轻易补充、不随意更正。

▶ 4. 内容多样

进行交谈时，可以有一个主题思想，也可以"头脑风暴"，自由漫谈、集思广益，但应该有的放矢，使人有所获益。

▶ 5. 信息传递

交谈在实际操作中往往能得到真实的信息，这是任何媒介也做不到的。

(二)交谈应注意的细节

▶ 1. 交谈的表情与目光

（1）在说话时不可面无表情或是过度兴奋，可以报以微笑，表现出诚意、专注，这是对他人的尊重。

（2）在说话时，说话人眼睛应该看着对方。要用自己的目光帮助表情达意，也可以通过他人的眼神了解其情绪和感觉。但需要注意目光注视的范围有亲密注视、公务注视、社交注视，所以因场合的不同，目光应该有所变化。

▶ 2. 交谈的声音

说话的声音要适度，不干扰与你谈话无关的人，也就是能让参与谈话人听清楚即可。如果在办公室里还有与谈话无关的其他人的时候，谈话参与者一定要尽量压低自己的声音；如果在楼道中、电梯里与人聊天、打招呼，要降低音量，避免影响他人；在公务场合和公共场合，提高嗓门的大喊大叫是有失礼仪和影响个人形象的；当你对某人的做法实在不满意甚至感到气愤时，要先控制自己的情绪，不要高声大叫，以低沉的嗓音说出的话往往比大声叫喊更具震撼力。

▶ 3. 交谈的举止

在公务场合、社交场合，坐姿要端正。谈话时可以适当地使用手势加强语气，帮助表达，但要注意不要指手画脚，适度即可；头懒散地靠在沙发背上、将双腿搭成一字型，大腹便便地半坐半躺型，类似姿态都是不合适的；注意控制手的小动作，在谈话中这些多余的动作都会影响到听者的注意力；不要用笔敲击桌子、笔记本，或转笔、玩弄钥匙串、掏耳朵、剪指甲等。

▶ 4. 交谈的内容

交谈由谈话者、听话者、主题三个要素组成。在交谈中，每个人都会有一种自我表现的欲望，希望较早地把自己的想法或者自己了解的事实告诉对方，交谈中应注意选择可以谈论的内容和忌谈的内容。

可以选择的内容有：

（1）目的性内容，即交谈双方业已约定，或者其中某一方先期准备好的内容。求人帮助、征求意见、传递信息、讨论问题、研究工作一类的交谈，往往都属于内容既定的交谈，适用于正式交谈。

（2）内涵性内容，即内容文明、优雅，格调高尚、脱俗的话题，如文学、艺术、哲学、历史、地理、建筑等。适用于各类交谈，但要求面对知音，忌讳不懂装懂，或班门弄斧。

（3）时尚性内容：即谈论起来令人轻松愉快、身心放松、饶有情趣、不觉劳累厌烦的话题，如文艺演出、流行时装、美容美发、体育比赛、电影电视、休闲娱乐、旅游观光、名胜古迹、风土人情、名人轶事、烹饪小吃、天气状况等。适用于非正式交谈，允许各抒己见，任意发挥。

（4）对象性内容：指的交谈双方，尤其是交谈对象有研究、有兴趣、有可谈之处的话题。与学者交谈，宜谈治学之道；与作家交谈，宜谈文学创作；与医生交谈，宜谈健身祛病。与音乐家交谈，宜谈乐曲乐器等。适用于各种交谈，但忌讳以己之长对人之短。

忌选择的内容有：

（1）不非议国家、政党。因为每个人的政治观点可能不一样，谈论此类话题容易引发矛盾。

（2）不涉及行业和国家机密。这关系到职业道德和遵守法律法规。

（3）不非议谈话对象的内部事务。比如，在对方男/女朋友在场时，最好不提及他的异性朋友。说者无意，听者有心。

（4）不背后说领导、同事、同行。非议旁人，传播闲言碎语，制造是非，无中生有，造谣生事，非议其他不在场的人士，这些都是有失礼仪的。

（5）不涉及格调不高的话题。尤其注意不要谈论令人反感的主题，如凶杀、惨案、灾祸、疾病、死亡、挫折等。

（6）不议论个人隐私。

▶ 5. 交谈的时间

任何交谈都应适可而止。普通场合的小规模交谈，以半小时以内结束为宜，最长不要超过1个小时。在交谈中，一个人的发言每次最好不要长于3分钟，最多不要长于5分钟。交谈适可而止，可以为大家节省时间，省得耽误正事；使每名参加者都有机会发言，以示平等；使大家的发言提炼精华，少讲废话；使大家对交谈意犹未尽，保持美好的印象。

【知识拓展】

哪些属于个人隐私

1. 年龄

不论是男性还是女性，都不要问年龄。年轻人怕说"嘴上无毛，办事不牢"；人到中年时面临事业是否有成的压力，不愿意与别人比来比去。

2. 婚姻状况

过去在社交活动当中，人们彼此问及婚姻状况是常有的事，表明对他人的关心和关系的拉近。现在大家都知道这是个人隐私，是不可随意打听的，这表明了社会的进步。

3. 收入支出

我国曾经有很长时期大家的工资水平都相差不多，收入的来源也很单一，所以大家都不忌讳谈论工资、奖金等问题。

现在人们的收入来源五花八门，水平也相差很多，即使是同一个单位的员工，工资奖金也未必相同，而且有些单位规定员工之间不允许互相打听工资、奖金。所以问收入就成了忌讳。

买房用了多少钱，旅游花了多少钱，这件衣服多少钱，这些都属于不该问的问题。

有不少人不忌讳谈论这样的问题，不等别人问，自己就主动说了，但是这并不表明其他人也愿意谈论这些问题。

4. 身体状况

在谈话开始阶段人们有时会以"最近身体怎么样"开头，这并不表明他真的关心你的身体状况，只不过是一种寒暄罢了，所以不必认真地谈及自己的病痛。外国人不喜欢谈论这个问题，因为在竞争激烈的环境里，身体健康与否是一个敏感的问题。总和别人谈论自己的疾病，也有失个人尊严。当有人邀请你参加某个活动而你不想去的时候，"身体不舒服"就是一个合适的借口，按礼仪的规矩，是不能详细询问的。

5. 家庭住址、私人电话

在公务名片上不印家庭住址和私人电话，也不要轻易告诉别人，这是为了保证自己的个人空间和时间不被打扰，保证安全。同理，新交往的朋友，尤其是外国朋友，他没有主动告诉你家庭住址和电话，就不该向他讨要。

6. 政治和宗教信仰

政治和宗教信仰是非常敏感的话题，应尽可能避开。尤其在公务交往和涉外交往中不要谈论。如果有人涉及这些，应该用别的话题引开。在涉外活动中，这不仅是礼仪问题，更是政治问题，必须慎重对待。

7. 个人经历

与人交往的时候，人们都有一种心理，如果知道对方以前的一些经历，会心里踏实一点。在公务活动中，人们也会尽量收集合作对象或谈判对手的背景资料。

但是如果你不是人力资源部的人，不是在招聘员工，最好不要当面打听对方的经历。如果他是一位成功人士，那么"英雄不问出处"。如果他是一位普通人士，过去的经历也属于个人私事，更不必问。

二、沟通

(一)沟通的概念与内涵

沟通是在社会生活中人与人交流的方式。沟通模式包括输出者、接收者、信息、渠道四个主要因素。

沟通的内涵有以下几个方面。

(1)"沟"者渠也，"通"者连也，沟通本身的意思是借助某种渠道使双方能够通连。

(2)沟通是人与人之间能量的交流与分享。

(3)有效的双向沟通是指有效地表达自己的信息，而对方的回应是自己所希望的。

(4)沟通的品质决定了生活的品质。

(5)沟通的意义取决于对方的回应。

(6)沟通之前要先明白自己想要达成的效果是什么。

沟通包括语言沟通和非语言沟通。语言沟通包括口头和书面语言沟通，口头沟通包括面对面沟通和电话沟通；书面沟通包括目前使用较为广泛的"网络沟通"，如即时通信的沟通、论坛里的沟通主要是一种书面沟通，书面沟通还包括传统的"纸上沟通"。非语言沟通包括声音语气(如音乐)、肢体动作(如手势、舞蹈、武术、体育运动等)。最有效的沟通是语言沟通和非语言沟通的结合。沟通的要素包括沟通的内容、沟通的方法、沟通的动作，就其影响力来说，沟通的内容占7%，影响最小；沟通的动作占55%，影响最大；沟通的方法占38%，居于两者之间。本情境的重点是学习语言沟通。

(二)沟通中的黄金法则

(1) 有效沟通的第一条重要法则：客观中立。

(2) 有效沟通的前提是和谐气氛。

(3) 友善待人，尊重对方。

(4) 苏格拉底让人说"是"的秘密。

(5) 人的行为并非等同他个人的本质。

(6) 尽量多的给对方说话的机会。

(三)沟通的模式

▶ 1. 沟通的分类

按功能分为工具式沟通与感情式沟通。

按方法分为口头沟通、书面沟通、非语言沟通、电子媒介沟通。

按组织系统分为正式沟通、非正式沟通。

按方向分为下行沟通、上行沟通、平行沟通。

按是否反馈分为单向沟通、双向沟通。

还可以分为人际沟通、团队沟通。

▶ 2. 沟通的过程

沟通的过程如图 4-1 所示。

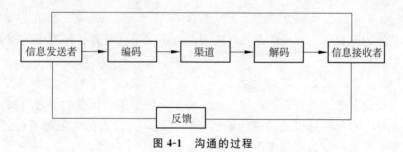

图 4-1　沟通的过程

信息发送者是信息的来源。首先信息发送者要收集相关的信息，充分掌握信息，随后了解信息接收者的特点和需求情况，最后想要有利于接收者的理解必须选择合适的沟通渠道。要完成整个的沟通过程，顺利地完成信息的输出，必须对编码和解码两个概念有一个基本的了解。编码是指将想法、认识及感觉转化成信息的过程。解码是指信息的接受者将信息转换为自己的想法或感觉。

在从事编码的过程中，注意以下几个方面有利于提高编码的正确性。

(1) 相关性。信息必须与接收者所知道的范围相关联，如此才可能使信息为接收者所了解。所有信息必须以一种对接收者有意义或有价值的方式传送出去。

(2) 简明性。尽量将信息转变为最简明的形式，因为越是简明的方式，越可能为接收者所了解。

（3）组织性。将信息组织成有条理的若干重点，可以方便接收者了解及避免接收者承担过多的负担。

（4）重复性。主要是在口语的沟通中，重复强调重点，有利于接收者的了解和记忆。

（5）集中性。将焦点集中在信息的几个重要层次上，以避免接收者迷失在一堆杂乱无章的信息之中。在口语沟通中，可凭借特别的语调、举止、手势或面部表情来表达这些重点。若以文字沟通方式，则可采用加下划线等方式强调语气，突出内容的重要性。

▶ **3. 沟通的功能**

（1）传递、接收信息。

（2）抒发、感受情感。

（3）影响、引导行为。

（4）控制、平衡能量。

（四）沟通可能遇到的障碍

▶ **1. 团队内部出现危机征兆**

组织内部存在使人情绪恶劣的氛围，士气低下；同事间相互提防或是不愿意交谈；总有人发表低级、恶劣的言论；这些情况的出现是无法开展良好有效的沟通的。

▶ **2. 沟通之前没有先创造和谐的气氛**

优秀的组织是离不开良好的工作氛围的，同样，在沟通之前创造和谐的气氛也是开展沟通的必要条件。

▶ **3. 信息传达不够完整和精确**

为了避免对"事实"产生误解，在传达信息时，先想想这样一个问题：是不是所有相关人得到的信息完全相同呢？

▶ **4. 目标不一致，难以合作**

自以为是的沟通观念、责怪别人没有沟通能力造成了在双方目标不一致时，总是想改变别人，引起冗长的争论。

▶ **5. 责任不明，缺乏沟通的方法**

没有学会换位思考，把别人等同于自己。每个人做事都有自己的一套方法，而做事方法和程序的差异，很可能是引发冲突的原因。比方说，每个人的权限是否已经明确划分，是否每个人都有足够的资源完成工作。

（五）解决沟通障碍的方法

人际沟通效果的提高有赖于影响人际沟通的障碍的消除。为此，信息发送者和信息接收者都要努力提高自己的沟通水平。

▶ **1. 信息发送者要注意的问题**

（1）要有勇气开口。作为信息发送者，首先是要有勇气开口。只有当你把心里想的表达出来时，才有可能与他人沟通。人与人之间存在很多矛盾的一个主要原因，就是当事人都只在自己心里想，没有勇气把自己的想法说出来，从而导致了很多误解。

（2）态度要诚恳。人是有感情的，在沟通中，当事者相互之间所采取的态度对于沟通的效果有很大的影响。只有当双方坦诚相待的时候，才能消除彼此间的隔阂，从而求得对方的合作。

（3）提高自己的表达能力。对于信息发送者来说，无论是口头交谈还是采用书面交流形式，都要力求准确地表达自己的意思。为此，要了解信息接收者的文化水平、经验和接受能力，根据对方的具体情况来确定自己表达的方式和用词等；选择准确的词汇、语气、标点符号；注意逻辑性和条理性，对重要的地方要加上强调性的说明，借助于手势、动作、表情等来帮助思想和感情上的沟通，以加深对方的理解。

（4）注意选择合适的时机。由于所处的环境、气氛会影响沟通的效果，所以信息交流要选择合适的时机。对于重要的信息，在办公室等正规的地方进行交谈有助于双方集中注意力，从而提高沟通效果。而对于思想上或感情方面的沟通，则适宜于比较随便、独处的场合下进行，这样便于双方消除隔阂。要选择双方情绪都比较冷静时进行沟通，当大家都理解，但感情上不愿意接受时，信息发送者身体力行可能是最好的沟通方式。

（5）注重双向沟通。由于信息接收者是从自己的角度来理解信息可能导致误解，因此信息发送者要注重反馈，提倡双向沟通，请信息接收者重述所获得的信息或表达他们对信息的理解，从而检查信息传递的准确程度和偏差所在。此外，信息发送者要善于体察别人，鼓励信息接收者不清楚就问，注意倾听反馈意见。

（6）积极地进行劝说。由于每一个人都有自己的情感，为了使对方接受信息，并按发送者的意图行动，信息发送者常有必要进行积极地劝说，从对方的立场上加以开导，有时还需要通过反复的交谈来协商，甚至采取一些必要的让步或迂回。为此，交谈时间应尽可能地充分，以免过于匆忙而无法完整地表达意思；要控制自己的情绪，不要采取高压的办法，避免导致对方的对抗；尽可能开诚布公地进行交谈，耐心地说明事实和背景，以求得对方的理解；耐心地聆听对方的诉说，不拒绝对方有意义的建议、意见和提问。

▶ **2. 注意聆听**

作为信息接收者，要注意仔细地聆听。关键的沟通技巧是积极聆听。以前人们常常只注重说写能力的培养，而对于倾听的能力则不那么重视。事实上，倾听的能力对于进行有效的沟通来说同样是非常重要的。有效的倾听能增加信息交流双方的信任感，这是克服沟通障碍的重要条件。要提高倾听的技巧，可以从以下方面去努力：使用目光接触；展现赞许性的点头和恰当的面部表情；避免分心的举动或手势；要提出意见，以显示自己不仅在充分聆听，而且在思考；复述，用自己的话重述对方所说的内容；要有耐性，不要随意插话；不要妄加批评和争论；使听者与说者的角色顺利转换。

▶ **3. 缩短信息传递链**

拓宽沟通渠道，保障信息的双向沟通。信息传递链过长，会减慢流通速度并造成信息失真。因此，要减少组织机构重叠，拓宽信息渠道。另外，管理者应激发团队成员自下而上地沟通。在利用正式沟通渠道的同时，可以开辟非正式的沟通渠道，在人际沟通过程中，双方之间的距离有一定的含义。一般来说，关系越密切，距离越近。人类学家 E. 霍尔把人际距离分为亲密的、个人的、社会的和公众的四种。他认为，父母与子女之间、爱人之间、夫妻之间的距离是亲密距离，可以感觉到对方体温、气味、呼吸；个人距离指朋友之间的距离；社会距离是认识的人之间的距离，多数交往发生在这个距离内；公众距离指陌生人之间、上下级之间的距离。坦诚、开放、面对面的沟通会使员工觉得领导者理解自己的需要和关注，可以取得事半功倍的效果。

▶ **4. 对事不对人**

要想做到这一点，只有通过良好的沟通。

（1）培养信任感，多了解和理解你的沟通对象。因为良好的沟通是建立在沟通双方相互信任、了解和理解的基础之上的。从排除沟通障碍、改善人际关系的角度来看，培养信任感是非常重要的手段。

（2）要用"双赢"的沟通方式去求同存异，达到良好的沟通目的。提倡"高驱力，高同感"。"高驱力"指的是能积极地向别人推销自己的主张，意味着在谈判中不轻易地屈从和迁就；"高同感"意味着能认真地倾听别人所提出的与自己不同的意见和主张。既有"高驱力"又有"高同感"，这意味着既能维护自己的尊严和利益，又不忽视对方的利益和尊严，而这正是取得"双赢"的保证。美国心理学家托马斯·A.哈里斯指出，人们在交往中会表现出四种人生态度，这四种态度是："我不行，你行""我不行，你也不行""我行，你不行""我行，你也行"。"相互作用分析"心理学认为，对于一个成年人来说，只有"我行，你也行"的人生态度，才是健康的人生态度。在组织内部应该提倡这种健康的人生态度。

（3）每人都应抱有一颗"宽宏大量的心"，善于理解和原谅别人。实际上，只要拥有共同的理想、共同的组织目标，以及那些等着去完成的伟大事业，再想想那短暂的生命，就无暇为小事而争执和烦恼。

（4）学会从多个角度考虑问题，树立"否定之否定"的唯物辩证法思想，营造和维护良好的合作环境。我们应该培养换位思考的理念，也应尝试从多个角度去思考问题，这样才能辩证地理解他人的行为和思维。因为许多精彩的创意就是在碰撞中产生的，而且，只有经过碰撞的思想才更加经得起推敲。

沟通是一门科学，也是一门艺术。沟通有它的思想性、目的性且注重结果、质量和效率，沟通透视着人性的关怀和理解。在日常工作和生活中，好好把握沟通的实质，摆正沟通的心态，掌握沟通的方法，不仅有助于事业的成功，同时也是自我超越的过程。

三、聆听

（一）聆听的重要性

（1）尊重对方，给对方信心，得到心理满足。

（2）对方陈述越多，可引发共鸣的机会增多，透露的资料就越齐全。

（3）得到的信息越多，越容易对症下药，找到与自己相关利益一致的意见。

（4）对方可以感觉到被理解的愉悦，从而拉近了双方心理的距离，产生信任。

（5）可以有更多的思考时间，以便综合分析，从容应对。

（二）聆听的好处

（1）聆听会让对方产生被重视的感觉。

（2）通过聆听能够发现对方的问题和需求。

（3）聆听能够让对方更愿意接受我们，从而能够更有效地沟通。

（三）聆听的方式

聆听是根据对方陈述的内容、语气以及环境变化，相应的运用态度、动作及简练语言等，使对方受到某种启发而愿意继续陈述的一种沟通方式，主要有以下三种方法：

（1）鼓励法：让对方感觉你很有兴趣听，促使对方继续说出更多有用的信息。

（2）共鸣法：让对方感觉到你理解他，能体会、关心他的感受，从而增强信任感，愿意说出一些更重要的信息。

（3）目标法：插入引子，技巧地引导对方重点说出你所需要的信息。

（四）聆听的技巧

▶ 1. 距离要拉近

空间距离的接近会使交谈更友好，更具建设性，更能增进彼此的感情。保持合适的距离，身体微微前倾，面对客户，手自然交叉于膝上或轻放在椅子的扶手上。

▶ 2. 目光要接触对方

这样既能集中自己的注意力，又能联络感情，同时还表明了你的诚意、直率和胸怀坦荡。微笑注视对方，如果是同性则注视其两眼及眉眼之间，是异性则注视其鼻尖，每过一段时间，眼光略微离开一下，保持眼神互动。

▶ 3. 表情要丰富

机警而兴趣盎然的表情能激发说话者坦诚地表达思想，相反，如果你只是装出感兴趣的样子，或者心不在焉，说话者很可能会感觉到你缺乏热情，不愿与你开诚布公。用易懂的身体语言或简短言语表达等方式，让对方感觉到你认同或理解他的观点。用足够的耐心保持你聆听的兴趣，不可让对方感觉到你勉强在听讲。

▶ 4. 要听懂弦外之音

不仅要听他说了些什么，还要看是怎么说的，这样才可以获得更多的信息。注意对方每个字、句的用法及语气，领悟真正含义。

▶ 5. 留心观察其身体语言透露的玄机

眯着眼：不同意、厌恶、发怒或不欣赏。

走动：发脾气或受挫。

抬头挺胸：自信、果断。

向前倾：注意或感兴趣。

扭绞双手：紧张、不安或害怕。

懒散地坐在椅中：无聊或轻松一下。

坐在椅子边上：不安、厌烦，或提高警觉。

坐不安稳：不安、厌烦、紧张或者是提高警觉。

正视对方：友善、诚恳、外向、有安全感、自信、笃定等。

避免目光接触：冷漠、逃避、不关心、没有安全感、消极、恐惧。

点头：听懂了、同意或者表示明白了。

摇头：不同意、震惊或不相信。

晃动拳头：愤怒或富有攻击性。

鼓掌：赞成或高兴。

打呵欠：厌烦或困倦。

手指交叉：好运。

轻拍肩背：鼓励、恭喜或安慰。

搔头：迷惑或不相信。

笑：赞成或满意。

咬嘴唇：紧张、害怕或焦虑。

抖脚：紧张。

双手放在背后：愤怒、不同意、不欣赏、防御或攻击。

环抱双臂：愤怒、不欣赏、不同意、防御或攻击。

眉毛上扬：不相信或惊讶。

▶ 6. 不打断对方的讲话，对异议不急于解释

用探索性和建设性的方式去搞清或收集有关话题的信息，善于提问，不要质问。不时对对方所说的话做出一定的反应，以表明你在仔细倾听。

▶ 7. 认真记录、做好总结

按照你的理解把对方说的话复述一遍，确保你能听懂他人的意思。最好有做笔记的习惯，做好记录。充分理解客户陈述的内容，归纳总结，再适时回答。

(五)有效倾听的准则

▶ 1. 不要打断对方的话

打断对方的讲话是交谈中的一个普遍存在的问题。如果这么做，一定要注意对方的反应，通常这都是很不对的做法。打断对方的讲话意味着你对人家观点的轻视，或者表明你没有耐心听人家讲话。只有当需要对方就某一点进行澄清时，你才可以打断对方。例如，当听到对方进行自我介绍时，如果对方的名字听起来很拗口，这时你可以询问具体是哪个字，为了减少打断别人讲话可能造成的负面影响，最好用"请原谅"来开始。

▶ 2. 不要让自己的思绪偏离

影响有效倾听的另一个普遍性问题是思绪发生偏离。因为大多数人听话的接收速度通常是讲话速度的四倍，经常是一个人一句话还未说完，但听者已经明白他讲话的内容是什么。所以，这样就容易导致听者在对方讲话时思绪产生偏离。相反，应该利用这些剩余的能力去组织你获取的信息，并力求正确地理解对方讲话的主旨。

在这方面，可以做以下两件事：

(1)专注于对方的非言语表达行为，以求增强对其所讲内容的了解，力求领会对方的所有预想传达的信息。

(2)克制自己，避免精神涣散。比如，待在一间很热或很冷的房间里，或坐在一把令人感觉不舒服的椅子上，这些因素都不应成为使你分散倾听的注意力的原因。即使对方讲话的腔调、举止的癖性和习惯有可能转移你的注意力，你也应该努力抵制这些因素的干扰，集中听讲，尽力不去关注他是用什么腔调讲的，或是举止上有何癖好，而应专注其中的内容，做到这一点甚至比使分散的思绪重新集中起来更困难。从这个意义上讲，听人讲话是一项不简单的工作，它需要很强的自我约束能力。

如果过于情绪化也会导致思绪涣散。例如，在对方表达疑问或成交受挫的时候，尽管在这种情况下停止听讲是正常的做法，但是最好更认真地听下去，因为也许会有转机出现。

▶ 3. 不要假装注意

常常有这种情况，当你并未真正注意听时，为迎合对方你假装附和，口头上讲一些表

示积极应和的话，比如"我明白""真有趣""是的，是的"。这些回答如果是真正发自内心的，它们可以表明你的确是在认真地听对方讲话，不过如果你拿它们作为演戏的道具，那么等于告诉对方你没注意听他们的讲话。

▶ 4. 听话要听音

你的注意力应集中在对方的各种语气、语调表现和话语中的内涵上，而不应集中在孤立的语句上。

▶ 5. 要表现出感兴趣

当你认识到对方讲话的重要性时，你应表现得比对自己的讲话更为想要认真听的兴趣来。

▶ 6. 要表明你在认真地听

向对方表明你在认真地听他讲话，你希望他就有关问题进一步澄清，或是希望得到更多的有关信息，可以不时地用"嗯、哦"来表明你的共识，这些做法虽然简单，但可以表明你对对方的讲话是感兴趣的，从而能鼓舞对方继续讲下去。相反，如果你一边听一边手脚不闲、打哈欠，或用不适宜的声音附和，肯定会使对方感到你对他的讲话不感兴趣，导致谈话的中断，从而影响你们之间的交流和沟通。

▶ 7. 了解回应反馈

为了理解对方的讲话，应该将这些讲话做出概括总结，这是回应反馈的一个重要方面。它不仅表明你的确在认真地听对方说话，也为对方提供了一个帮助你澄清可能的误解的机会。对于一些不能肯定的地方，你也可以通过直接提问的方式，得到对方的解释。此外，直接提问还有获取信息和引导谈话进入你感兴趣的领域的作用。

▶ 8. 努力理解讲话的真正内涵

很多情况下，我们并不能真正理解对方讲话的含义，这时可在以下几个方面进行弥补。

（1）用自己的话重新表述一下你理解的含义，让对方检查正误。

（2）当不同意对方的观点但又必须接受其决定时，你需要格外认真地听他讲话。经常这样做才会知道自己应该在何时表示质疑为宜。

（3）如果发现被告知的某些事情会令你感到兴奋不已，这时，你要提醒自己是否由于自己在理解上出现问题而导致误解，而事实却并非如此。

（4）如果对对方的某些讲话内容感到厌烦，这时你要尤其注意。一些很重要的事实可能会被错过，也许你只得到部分信息，因此，你可能并不完全懂得对方究竟讲了什么。

（5）即使是你以前已听过的信息，仍然要继续认真地听下去。

（6）只要保持沉默就能学会很多事。

四、提问

提问是一种说话艺术。在与人沟通时，尤其你面对的是陌生人时，个人形象显然是十分重要的，但是语言上的良好印象同样很重要。在沟通时适时、适度的提问会让你们的谈话变得既精彩又有深度。

在商务场合提问同样要讲究方法和方式，这样才能提高提问水平。话题的选择是一个关键的问题，应该挑对方擅长的来说，才能使对方乐于答话，这样他才会对你的提问感兴趣。

常用的提问方式如下。

▶ 1. 封闭式提问

封闭式提问是指提出答案有唯一性、范围较小、有限制的问题，对回答的内容有一定限制，提问时，给对方一个框架，让对方在可选的几个答案中进行选择。这样的提问能够让回答者按照指定的思路去回答问题，而不至于跑题。封闭式提问是可以用"有"或者"没有"、"是"或者"不是"、"对"或者"不对"等简单词语来作答的提问。如"你现在身体好吗""你感到高兴，是吗"这些问题通常用"会不会""行不行""对不对""要不要"等形式提出，目的在于在缩小讨论范围、获得特定信息、澄清事实，或使会谈集中于某个特定问题。其特点是来访者可能的回答都包括在问题之中，易于回答，节省时间，但难以得到问句以外更多的信息材料，且具有较强的暗示性，不利于真实情况的获得。

在会谈中，封闭式提问是必要的，但不宜多用。因为它限制了来访者进行内心探索，限制了自由表达，使会谈趋于非个人化。而且，一连串的封闭式提问会使来访者变得被动、疑惑、沉默。

▶ 2. 选择性提问

选择性提问的问题往往是具有不同难度的问题，因此，要根据问题的难易程度和具体实际情况，有针对性地提出问题。一般来讲，问题大致有这样几类："是什么"的问题，"为什么"的问题，"怎么办"的问题。

▶ 3. 开放式提问

开放式提问是指提出的问题对方不能使用简单的"是"或"不是"来回答，而必须另加解释才能回答圆满。面试的提问一般都应该用开放式的提问，以便引出应试者的思路，考查其真实水平。

【相关案例】

换 个 说 法

一商人经营小食，生意很好。他把东西包好后总是问顾客："您是自己带回去，还是给您送回去？"顾客多选择后者，这样送货的成本造成了经营成本的提高。后来商人改变了提问的方式，改说："是给您送回去，还是您自己带回去？"结果，顾客竟也多选择后者。由此可见，选择性提问的技巧：人们通常对最后一句话印象较深。

五、说服

说服是改变对方原有的意见、见解、思想及态度的一种语言技巧。方法有：先肯定，后否定；以数据说话，以理服人；通过第三方，说服对方。

说服别人的技巧如下。

▶ 1. 把别人想指责的话都说出来

说服别人最基本的要点之一，就是巧妙地诱导对方的心理或感情，以便他人就范。如果说服的一方特别强调自己的优点，企图使自己占上风，对方反而会加强防范心。所以，应该注意先点破自己的缺点或错误，暂时使对方产生优越感，而且注意不要以一本正经的态度表达，才不会让对方乘虚而入。

▶ 2. 以自责的话启发对方将心比心

通过责备自己，启发对方进行自我批评，从而认识和改正错误，就是一种间接批评的方法。说服人、教育人时，首先必须奠定感情基础，感情融洽了好比敞开的大门，正确的思想就易于被对方接受。

▶ 3. 让对方无法说"不"

和别人交谈时，别从一开始就讨论彼此意见相左的事，先说一些彼此基本上谈得来的事。从对方的观点去看待问题，想方设法让对方给你肯定的答复。

▶ 4. 将自己放在下风处

对于疑心重的对方，应该先传达一点自己的弱点让对方倾听，可以增加后面情感的可信度。

▶ 5. 触发对方的恻隐心

对于不表示关心的地方，往往是对方的虚弱处，应该主动去拜访他几次，造成对方不能拒绝的心理。说服的第一步工作，就是设法使不肯表示关心的对方，将其同情心转向我方。也即抓住毫无关系者的同情心的方法，在某种意义上，让对方感到"我若不关心的话，他未免太可怜了"的心理负担存在，也就是说制造一种"无法轻易拒绝的心理"。

▶ 6. 以第三方来影响对方

对犹豫不决到底要不要买毛皮大衣的家庭主妇，最好用"为了先生"的理由劝服她，这种以第三方来影响对方的方法往往是最有效的。

▶ 7. 诱导对方的频频赞同

以无关紧要的问题使对方答"是"，可以打消他的"不"的心理念头。一般女性无法抵抗这种说服术，所以想说服不易打开心胸的女性或态度不开朗的女性，用这种方法可以收到相当的效果。在频频答"是"的情况下，对方"不"的心理自然会向"是"的方向倾倒，而产生"是"的态度。这时候导入正题，对方一般会很乐意地答出"是"的答案来。

【相关案例】

苏格拉底问答法

一个业务员在进入真正的推销话题前，总会随便说几句话，如"您好啊！今天的天气真的非常好"或"好漂亮的院子，一定是您整理的吧"，以这种方式询问对方，对方往往回答"是"。

在趁着对方连续说"是"的时候，业务员可以进入主题说："我是某某产品的业务员，我担任这个地区的推销工作，这里有一些产品的目录，请随便看看。"对方或许不经意地回答："哦！是吗？"业务员在此时又会说："对于这一点我可以稍加说明，我是否可以给您解释一下？"在这种情况下，对方一般会回答："好的。"以上就是一个有经验的业务员采取的推销步骤。

"苏格拉底式问答法"能帮助我们很好地抓住人心，我们在运用这种方法诱使对方说"是"时，一定要注意在谈话的开头不要涉及有争议的观点，而应顺应对方的思路，强调彼此有共同语言的话题，从对方的角度提出问题，诱使对方承认你的立场，让对方连连说"是"。

▶ **9. 欲速则不达**

对于初次见面或忙碌的人，千万不要试图一次就说服他，应该利用多次的见面机会来说服他。对初次见面或忙碌的人时，往往会认为这次的见面是最后一次机会，因而热心地想在这次就说服成功，结果反而欲速则不达。所以我们应该为下次见面的机会下功夫，很快地结束话题告辞，让对方感到不厌烦，往往能获得下次见面的成功。

六、赞美

赞美是发自内心深处的对别人的欣赏，然后回馈给对方的过程。赞美是对别人关爱的表示，是人际关系中一种良好的互动过程。同样，在商务工作中赞美是效果最好、成本最低的一种激励方式。

在日常工作和生活中不是使用赞美越多效果就越好，有的时候甚至适得其反。究其原因，我们会发现我们用来赞美的词汇是相当的空洞、没有针对性，比如我们现在常听到的两个词"美女""帅哥"，按理说这是形容别人的、赞美性的词汇，但现在几乎没人听到了会有愉快的感觉。如何让自己的赞美更得法、更得体、更能打动人、更能达到赞美的效果呢，个人认为主要有以下技巧。

▶ **1. 真诚**

这种情感体验包括对对方的情感感知和自己的真实情感体验，不要把赞美当成廉价的搭售商品，要有发自内心的真情实感，这样的赞美才不会给人虚假和牵强的感觉，对方也能够感受到你对他真诚的关怀。

"三明治技术""胡萝卜加大棒政策"是赞美加批评的策略，但是这些策略不宜经常使用，用多了会让人觉得赞美就是为了后面的批评。赞美就是为了赞美，基于业绩、态度、成果等表现，值得赞美的时候，就应该要给予赞美。

▶ **2. 区分不同对象**

要根据对象的不同，用对方喜欢的方式来赞美。

▶ **3. 言之有物**

在夸奖一个人的时候，不要言辞空乏，经常用到的是"你好棒""真漂亮"之类的词语可以使用在幼儿身上，对于成年人这些词汇会显得苍白无力。尽量具体详细一点，比如"你的发言稿写得真不错""你今天这衣服和头发搭配得真好，很时尚"，听者才会感觉到你说的是真的。

▶ **4. 寻找最好的赞美对象**

如果你表扬一位教师，通过夸奖他的学生的学识、做人优秀之类的，远比直接表扬教师更有效。对方特别引以为豪和得意的事物，在赞美他时将会是最好的对象，比如晚会时。

▶ **5. 丰富自己的词汇，让你的赞美出彩**

对方是女性时，如果漂亮就说可爱，不漂亮就说有气质，瘦就说身材好，胖就说性感，高是亭亭玉立，矮是娇小可人，实在找不到明确的赞美之处了，可以说很有特点。对方是男性时，如果帅就说玉树临风，不帅就说有男人味，瘦就说有气质，胖就说有安全感，等等。

▶ 6. 不能确定对方的喜好时，可以用一些中性的词

比如某人第一次见面，装扮很个性，不能确定他是喜欢套装还是便装时，不妨先说"您这身打扮真有特色"。

▶ 7. 看场合

有些商务场合不能太随意，而休闲场合不必太拘谨，要符合当时的场景。在公开场合赞美他人的时候要注意不要借此来贬低其他人，这是很不礼貌的。

▶ 8. 通过第三方传递

当面赞美，可信度相对不高，有点敷衍。如果能从第三方听到对自己的赞美时，人们会觉得特别的真诚可信。所以要善于通过第三方将我们的意见传达出去时，效果将会放大好多倍。

七、拒绝

拒绝，就是不答应，明确地表示不愿意做或不愿意。

拒绝的语言技巧如下。

▶ 1. 幽默轻松，委婉含蓄

如果某人向你提出要求，是不符合原则的，不答应给办，这就叫坚持原则。不能为保持一团和气而丧失立场，不论什么样的关系，该拒绝的一定要拒绝。但同时要讲究说话方式的灵活性，根据人际关系的类型和特点，根据语言交往的内容、场合和时间等的不同，来采取灵活的策略，这就叫办事儿要有灵活性，做到原则性和灵活性的统一。讲究灵活性，很重要的一点是委婉含蓄。

▶ 2. 献可替否，转移重心

献可替否是一个成语，意思是建议可行的而替代不该做的。当对别人所托之事自己不能帮忙时，应在讲明道理之后，帮助想一些别的办法作为替补。因为一般的人都有一种补偿心理，如果你想的办法不很理想，但你已经尽力了，对方的情感便得到了满足，这在一定程度上减少了失望感；如果你的办法帮助别人圆满解决了问题，别人也很满意。

▶ 3. 敷衍式的拒绝，含糊回避

敷衍式的拒绝是最常见、最常用的一种拒绝方法，敷衍是在不便明言回绝的情况下，含糊回避请托人。敷衍是一种艺术，运用好了会取得良好的效果。

敷衍式的拒绝具体可分为以下几种。

（1）推托。在不便明言相拒的时候，推托是一种比较有策略的办法。人处在一个大的社会背景中，互相制约的因素很多，比如，有人托你办事儿，假如你是领导成员之一，你可以说，我们单位是集体领导，像你的事儿，需要大家讨论，才能决定。不过，这件事恐怕很难通过，最好还是别抱什么希望，如果你实在要坚持的话，待大家讨论后再说，我个人说了不算数。——这就是推托，把矛盾引向了另外的地方，意思是我不是不给你办，而是我办不了。听者听到这样的话，一般都会打退堂鼓，会说："那好吧，既然是这样，我也不难为您了，以后再说吧！"

（2）答非所问。答非所问是装糊涂，给请托者以暗示。如："此事您能不能帮忙?"回答说："我明天必须去参加会议。"答非所问，婉拒了对方，对方会从你的话语中感受到，他的请托得不到你的帮助，只好采取别的办法。

（3）含糊拒绝法。如："今天恐怕不行，下次一定来。"下次是什么时候，并没有说定，实际上给对方的是一个含糊不定的概念。对方若是聪明人，一定会听出其中的意思，而不会强人所难了。

【相关案例】

庄子借贷

有一次庄子向监河侯借贷，监河侯敷衍他，说道："好！再过一段时间，等我去收租，收齐了，就借你 300 两金子。"监河侯的敷衍很有水平，不说不借，也不说马上借，而是说过一段时间收租后再借。这话有几层意思：一是我目前没有，现在不能借给你；二是我也不是富人；三是过一段时间不是确指，到时借不借再说。庄子听后已经很明白了，但他不会怨恨什么，因为监河侯并没有说不借给，只是过一段时间再说而已，还是有希望的。

任务训练

▶ 1. 案例分析

第二次世界大战期间，一些美国科学家试图说服罗斯福总统重视原子弹的研制，以最有效地打击德国法西斯，尽快结束战争，减少无谓的人员伤亡。他们委托总统的私人顾问——经济学家萨克斯出面说服总统。但不论是科学家爱因斯坦的长信，还是萨克斯的陈述，总统一概不感兴趣，为了表示歉意，总统邀请萨克斯次日共进早餐。

第二天早上一见面，罗斯福就以攻为守地说："今天不许再谈爱因斯坦的信，一句也不谈，明白吗？"萨克斯说："英法战争期间，在欧洲大陆上不可一世的拿破仑，在海上屡战屡败。这时，一位年轻的美国发明家富尔顿来到了这位法国皇帝面前，建议把法国战船的桅杆砍掉，撤去风帆，装上蒸汽机，把木板换成钢板。可是拿破仑却想，船没有帆就不能行走，木板换成钢板就会沉没，于是他二话没说就把富尔顿轰了出去。历史学家们在评论这段历史时认为，如果拿破仑采纳了富尔顿的建议，19 世纪的欧洲史就得重写。"

萨克斯说完，目光深沉地望着总统。罗斯福总统默默沉思了几分钟，然后取出一瓶拿破仑时代的法国白兰地，斟满了酒递给萨克斯，轻缓地说："你胜利了。"萨克斯顿时热泪盈眶，他终于成功地说服了总统做出美国历史上最重要的决策。

问题：萨克斯的说服技巧高明之处在哪里？

▶ 2. 拓展训练

分组演练如下问题。

（1）你在选择专业时主要考虑哪些因素？

（2）你在大学期间，从事过哪些社会工作？

（3）你认为通过校外实习或是参加社会实践建立的社会网络关系对你找工作的帮助怎样？

（4）你的专业课开了多少门？你认为这些课对今后的工作有什么帮助吗？

（5）你最想去什么样的单位工作？

（6）你最想去什么样的地区工作？

（7）你认为哪些因素会影响就业？

（8）你在与人交往的过程中一般是怎样的状况？

（9）建立良好的人际关系对你有哪些帮助？

（10）你认为很多毕业生选择去一线城市和南方沿海城市发展的原因是什么？

子 情 境 二　商务谈判

学习目标

1. 了解商务谈判的基本礼仪。
2. 掌握礼仪在商务谈判过程中的重要性。
3. 学会运用商务谈判的礼仪技巧。
4. 了解不同国家的礼仪习俗。
5. 能够塑造商务谈判礼仪中的个人形象。
6. 掌握商务谈判礼仪中的语言技巧。
7. 学生分组，举办一次模拟商务谈判会议，注意应用谈判礼仪及技巧。

导入案例

一场没有硝烟的交战

日商举办的农业加工机械展销会上，展出的正是国内几家工厂急需的关键性设备。于是，某公司代表与日方代表开始谈判。

按惯例，卖方首先报价：2000万日元，我方马上判断出其价格的"水分"，并且对这类产品的性能、成本及在国际市场上销售行情进行对比后，暗示生产厂家并非你独此一家。最终中方主动提出休会，给对方一个台阶。当双方重又坐在谈判桌旁时，日方主动削价10%，我方据该产品近期在其他国家行情，认为1500万日元较合适，日商不同意，最后我方根据掌握的信息及准备的一些资料，让对方清楚，除他外还有其他一些合作伙伴，在我方坦诚、有理有据的说服下，双方最终握手成交。

知识链接

一、商务谈判概述

美国学者尼尔伦伯格认为，谈判是人们为了改变相互关系而交换意见，为了取得一致而相互磋商的一种行为，是一种能深刻影响各种人际关系和对参与各方产生持久利益的过程。

美国知名谈判咨询顾问 C. 威恩·巴罗和格莱恩·P. 艾森认为：谈判是一种双方都致力于说服对方接受其要求时所运用的一种交换意见的技能。

中国学者田志华认为：谈判是谈判双方观点互换、情感互动、利益互惠的人际交往活动。

本书在众多的定义中选择了这样一种：商务谈判是一种经济谈判，它既有一般谈判的特征，也有自身的特殊性。它是不同的经济活动实体，为了协调彼此之间的经济关系，满足各自的经济需求和利益，通过协商、沟通、妥协获得一致的意见，将可能的商业机会确定下来的行为和过程。一般包括工程承包、货物买卖、技术（专利）转让、融资谈判等涉及组织或个人利益的经济事务。

商务谈判虽然不比政治与军事谈判，但是谈判的本质就是一种博弈、一种对抗。每一次谈判，大到耗资数亿美元搅动行业格局的企业并购，小到订购一种纽扣的几毫厘的差价，对谈判双方都是一种挑战，是进攻与防守的过程，是铸矛与固盾的艺术。

（一）商务谈判的基本理论

▶ 1. 博弈论与商务谈判

博弈论是研究各方策略相互影响的条件下，理性决策人的决策行为理论。商务谈判具有一般博弈论运用领域的共同特征：有参与者、有可供选择的策略集合，在一定规则下参与各方的较量和结果。我们可以采用博弈的方法，将复杂的、不确定的谈判通过简洁明了的博弈分析，使研究进一步科学化、规范化、系统化，寻找某些规律性的东西，建立某种分析模式，从而构建谈判理论分析的基础框架。

▶ 2. 需求层次理论与商务谈判

马斯洛的需求层次理论的主要内容有：人的行为来自于一定的需要，而需要又具有层次性；人的需要是不断发展的；人在不同的时间里，会产生不同的思想和行为。

谈判者需要的构成：生理需求、安全和寻求保障的需求；爱与归属的需求；获得尊重的需求、获得认识和理解的需要；美的需要；以及自我实现的需求。

尼尔伦伯格的需要理论：谈判者顺从对方的需要、谈判者使对方服从其自身的需要、谈判者同时服从对方和自己的需要、谈判者违背自己的需要、谈判者损害对方的需要，以及谈判者同时损害对方和自己的需要。

▶ 3. 公平理论与商务谈判

公平理论最初是由美国心理学家亚当斯提出来的。它是研究人的动机和知觉关系的一种激励理论。公平理论认为，人能否受到激励，不但受到他们得到了什么影响，还要受到他们所得与别人所得是否公平影响。这种理论的心理学依据，就是人的知觉对于人的动机的影响关系很大，一个人不仅关心自己所得所失，还关心与别人所得所失的关系。他们是通过相对付出和相对报酬来全面衡量自己的得失。

（二）谈判的礼仪特点

商务谈判礼仪是商务谈判人员之间进行商务交往时所应该遵守的礼仪规范，具有以下特点。

▶ 1. 规范性

商务谈判礼仪对任何一个从事谈判工作的谈判者来说，都具有规定性，规范性，都必须自觉遵守。

▶ 2. 信用性

谈判者在谈判时，不仅代表着谈判的团体，更代表着组织的形象、信誉。因此从商务谈判的内涵看，商务谈判礼仪具有信用性。从事商务活动，就要做到诚实守信。所谓诚实，即诚心诚意参加商务活动，力求达成协议，而不是夸夸其谈、不着边际、毫无诚意。所谓守信，就是言必信，行必果。签约之后一定履行，如果实在出了意外，而不能如期履约，那么应给对方一个满意的结果来弥补，而不应该言而不信，决而不行。

▶ 3. 时机性

谈判者之间的交往中，时机不同，谈判者的策略不一样，在商务谈判礼仪的应用上也有所差别。如在与客户初次见面时应该客套话多一些，给对方良好印象；而在谈判中就不应太客套，应该注重效率，着重在利益谈判策略方面下功夫，达到企业和客户的双赢。

▶ 4. 文化性

在各国商务谈判中，特别是大宗买卖的谈判，商务谈判礼仪对谈判的顺利开展显得越发重要。中国有五千年的悠久历史和灿烂文化，促成了中国历来有儒商的传统，商务活动虽然是一种经济交换活动，但是商务谈判中伴随着文化思想、理念的交流，商务业人员要体现文明礼貌、谈吐优雅、举止大方的风貌。这就要求谈判者不断提高自身文化素质，树立文明的企业形象，在商务活动中表现得文明典雅、有礼有节。从商务谈判礼仪的根源分析，商务谈判礼仪具有深厚的文化性。

(三)商务谈判礼仪的作用

商务谈判礼仪的发展促进了商务活动的蓬勃发展，对商务活动起着巨大的推进作用。

▶ 1. 沟通作用

谈判者与客户打交道的过程是不断沟通的过程，商务谈判活动是双向交往活动，交往成功与否，首先要看是否达到有效的沟通，或者说是否取得对方的理解，而有效沟通的前提，就是双方都对对方有良好的印象和感觉。商务谈判礼仪就像球场上的比赛规则一样，只有遵循同样的规则，比赛才有意义，也才能顺利进行下去。

▶ 2. 形象作用

谈判者讲究商务谈判礼仪的基本目的就是树立和塑造企业及个人良好的形象。任何一次谈判活动，首先映入客户眼帘的是谈判者的个人形象，所谓个人形象就是个人在公众观念中的总体反映和评价。好的个人形象能给客户留下良好的第一印象，也充分体现着企业的形象。所以作为从事商务谈判活动的人员，应该从我做起，每一件小事上都注重礼仪修养，做到"内慧外秀"，才能树立起良好的个人形象。从事商务谈判活动的人员必须文明经商，树立良好的企业形象，礼尚往来，赢得客户的信任，促进信用的提高。因此，商务谈判礼仪是谈判者文明谈判的必然要求。

▶ 3. 协调作用

谈判者在商贸活动和商务谈判中，难免要碰到谈判不畅的事情，有时客户还可能不高兴。有些谈判者在生意顺利时还能礼貌待客，但一旦生意没有做成就给客户脸色，这不仅没有达成此次的交易，就连今后的交易也怕是没机会了。面对客户的异议和抱怨，如果处理不当，不仅客户对商务从业人员的印象不佳，而且还会影响企业的形象。商务谈判礼仪能化解矛盾、消除分歧、相互理解、达成谅解、调和人际关系。

(四)谈判的礼仪原则

▶ **1. 合作原则**

合作原则是指参与谈判的各方都是合作者，而非竞争者，更不是敌对者。坚持相互合作的原则，主要应从以下几方面着手。

(1)着眼于满足双方的实际利益，建立和改善双方的合作关系。

(2)坚持诚挚与坦率的态度。坚持合作的原则，不排斥谈判策略与技巧的运用，合作是解决问题的态度，而策略和技巧则是解决问题的方法和手段，二者是不矛盾的。

▶ **2. 互惠互利原则**

互惠互利就是协调双方的利益，提出互利性的选择。坚持互惠互利原则应注意以下两点。

(1)提出新的选择。要进行创造性的思维活动，打破传统的思维方式。

(2)寻找共同利益。应认识到双方的利益中潜在的共同利益，谈判者应去挖掘、发现，最好能用明确的语言和文字表达出来，以便谈判双方了解和掌握。

知 识 链 接

如 何 能 赢

一是做大蛋糕，在现有利益的基础上同心协力地做大利益。

二是以对方利益为出发点设计总体方案，设身处地地为对方着想，达到自己的目的。

三是求同存异。利益的需要是多层次的，以大家共同的利益为出发点，去争取更大部分的利益。这样双赢的局面就容易实现。

(3)协调分歧利益。观念上的分歧构成了交易的基础，利益上、观念上、时间上的分歧都可以成为协调分歧的基础。协调利益的一种最有效的方法是指出自己能接受的几种方案，问对方更喜欢哪一种。

协调分歧就是：寻求对己方代价低、对对方好处多的方案，而且当你们寻求的方案不被对方接受时，要努力使对方意识到，所确定的方案是双方参与的结果，包含着双方的利益的努力。

▶ **3. 立场服从利益原则**

以利益服从立场为原则进行商务谈判，其后果往往是消极的：在立场上的讨价还价，违背了谈判的基本原则；立场上的讨价还价会破坏谈判的和谐气氛，使谈判成为一场意志的较量，严重阻碍谈判协议的达成；立场上的讨价还价会导致不明智的协议。成功的谈判者不但要强硬，更要灵活。

【相关案例】

不欢而散的谈判

欧洲 A 公司代理商 B 公司到中国与中国 C 公司谈判出口工程设备的交易。中方根据其报价提出了批评，建议对方考虑中国市场的竞争性和该公司第一次进入市场，认真考虑改善价格。该代理商做了一番解释后仍不降价并分析其委托人的价格是如何合理。中方对其条件又做了分析，代理人又做解释，一上午下来，毫无结果。中方认为其过于傲慢固执，代理人认为中方毫无购买诚意且没有理解力，双方相互埋怨之后，谈判不欢而散。

▶ **4. 对事不对人的原则**

对事不对人的原则是指在谈判中要区分人与事的问题，把对谈判对手的态度和讨论问题的态度区分开来，就事论事，不要因人误事。

▶ **5. 坚持使用客观标准原则**

没有分歧就没有谈判，谈判的任务就是消除或调和彼此的分歧，达成协议。实现的方法有很多种，一般是通过双方的让步或妥协来完成的，坚持客观标准能够克服主观让步可能产生的弊病，有利于谈判者达成一个明智而公正的协议。

客观标准是指独立于各方面意志之外的、合乎情理和切实可用的标准，它既可能是一些惯例通则，也可能是职业标准、道德标准、科学标准等。

在谈判中坚持使用客观标准有助于双方和睦相处，冷静而又客观地分析问题，有助于双方达成一个明智而又公平的协议。

▶ **6. 遵守法律原则**

在谈判及合同签订过程中，要遵守国家的法律、法规和政策。与法律、政策有冲突的商务谈判，即使出于谈判双方自愿并且协议一致，也是无效的，是不允许的。

我国的对外贸易谈判，还应遵守国际法并尊重对方国家的有关法规、贸易惯例等。

对外谈判最终签署的各种文书具有法律效力，受法律保护，因此，谈判者的发言，特别是书面文字，一定要法律化，一切语言、文字应具有双方一致承认的明确的合法内涵。必要时应对重要措辞的法定含义做出具体明确的解释并写入协议文书，以免因解释条款的分歧，导致签约后执行过程中产生争议。

▶ **7. 信息的原则**

在一个信息社会，谈判的力量很多情况下表现为信息掌握的深度和广度。把握信息的正确性，看到了，听到了，跟看清楚了、听清楚了和看明白了、听明白了不同。因此，一定要注意看到、听到，看清楚、听清楚，看明白、听明白，这是三个层次。把握住对方的信息，隐藏好自己的信息。

▶ **8. 考虑心理活动因素的原则**

商务谈判不仅仅是斗智斗勇的过程，在很大程度上是心理素质决定了谈判的成败，作为一个谈判人员有良好和稳定的心理素质，将对谈判起到至关重要的作用。谈判过程中，人的心理活动是非常丰富的，而这种心理活动实际上很大程度左右着你的方向，左右着你的节奏，也左右着你掌控全局的能力。所以心理活动因素就是让你考虑对方的心理活动，因势利导，促成交易的过程。人有欲望才有动力，中国有句话叫"无欲无求"，一切都是从欲望开始的，需求意味着不满足感。你觉得不满足，你才会产生需求，而需求又是动机本身的一个基础，这就是人们为什么要研究心理活动。从这个角度切入，看看在谈判中对手行为的基础是什么。

【相关案例】

一只船在海上航行，上面都是商人，突然这只船要沉了，船长跟大副讲：赶紧让他们跳海逃生啊，结果大副回来说他们一个也不跳，船长问：都是哪儿的？大副说有：英国的、法国的、美国的、意大利的、苏联的。船长说：你在这儿看着这船，我去劝劝。船长走了一圈，结果大家都跳下去了。大副特佩服，说你采用什么办法让大家都跳了海？船长说，你要看人下菜碟：看到法国人告诉他跳海是最浪漫的活动；见到意大利人说规矩是不准跳海，意大利人从来都是挑战规矩的；告诉美国人说已经给你买了几百万的保险，如果你跳海死了你家人将得到这笔保险金；见到英国人说这年头跳海是项最绅士的运动；见到苏联人说，现在军部最高领导人命令你必须跳海。结果都跳了。

谈判原则是从谈判性质中引发出来的，也是对谈判经验的总结。现代谈判尽管把重点放在技巧方面，但也力求从中抽出某些带有普遍性的原则，而把个人技巧看作是对这些原则的具体灵活运用。

▶ 9. 谈判地位原则

人的地位有高有低，在谈判中的地位是指你在对手心目中的分量。谈判顺利不顺利在很大程度上就看你在对方心目中的势力和分量，你分量越重，谈判越容易。

提高谈判地位常用的策略有以下几种。

（1）人为地制造竞争。

（2）显露自己的专业身份。

（3）人为地提高坚持到底的韧性。

（4）显示一种放松的心态。如果你很放松，对方认为你胸有成竹，自然而然地赋予你更多的权利，另外越放松人的潜力就越容易发挥出来，所有的谈判技巧就更能运用自如。

▶ 10. 补充原则

（1）言而有信原则。

（2）留有余地原则。

（3）少说多听原则。

（五）谈判的类别

谈判的类型、特点、适用范围和参与人员见表 4-1。

表 4-1　谈判的类型、特点、适用范围和参与人员

类型	特点	适用范围	参与人员
日常/管理类谈判	一般涉及单位内部问题和员工之间的工作关系	（1）商定薪水、合同条款和工作条件 （2）界定工作角色和职责范围 （3）要求加班增加产出	管理人员、下属、同事、工会和法律顾问
商业谈判	公司之间谈判的动机通常是为了赢利	（1）为满足客户需求而赢得一份合同 （2）安排交货与服务时间 （3）就产品质量和价格达成一致意见	管理人员、厂商、客户、政府、工会和法律顾问
法律谈判	通常是正式的并具有法律约束力	（1）遵守国家与地方的法律法规 （2）与主管部门沟通（如反托拉斯机构）	地方政府、国家政府、主管部门、管理人员

商务谈判又分为以下类别。

▶ 1. 双边谈判与多边谈判

双边谈判是指两个利益主体参加的谈判。多边谈判是指两个以上利益主体参加的谈判。

▶ 2. 一对一谈判与小组谈判

一对一谈判(个体谈判)指谈判双方由一位代表出面进行谈判的方式,是最简单也最困难的谈判。小组谈判指每一方都是由两个以上的人员参加协商的谈判形式,适用于大多数正式谈判。

▶ 3. 主场谈判、客场谈判和中立地谈判

主场谈判指在自己一方所在地、由自己一方做主人所进行的谈判。客场谈判指在谈判对手所在地进行的谈判。中立地谈判指在谈判双方以外的地点进行谈判。

▶ 4. 纵向谈判与横向谈判

纵向谈判是指在确定谈判的主要问题之后,逐个讨论每一问题和条款,讨论一个问题,解决一个问题,一直到谈判结束,适用于规模小、业务简单,双方已有合作的谈判。横向谈判是指在确定谈判所涉及的主要问题后,开始逐个讨论预先确定的问题,在某一个问题出现矛盾或分歧时,把这一个问题放在后面,先讨论其他问题,适用于大型谈判。

▶ 5. 软式谈判、硬式谈判和原则式谈判

软式谈判,即温和式谈判。是指一方主体有求于另一方,希望避免冲突、顺利达成协议而采用的谈判方式。硬式谈判也叫立场式谈判。是指一方主体自认为实力强大并企图压倒对方,而采用的以强欺弱的谈判方式。原则式谈判,在双方利益难以调和的情况下,要想说服对方必须使用某些客观、公平的标准,使对方接受这个条件不会感到吃亏或屈尊,从而协商得到公平的解决方案。

▶ 6. 口头谈判和书面谈判

口头谈判是指谈判人员直接用口头语言交流信息和协商条件,或者在异地通过电话进行商谈。书面谈判是指谈判人员利用文字或图表等书面语言进行交流和协调,书面谈判一般通过信函、电子邮件和电传等具体方式。

二、谈判前的准备

俗话说"知己知彼,百战不殆",谈判前的准备工作对于谈判的成功与否有着至关重要的作用,准备得越充分,谈判成功的可能性就越大。有准备的一方可以抢占先机,在谈判的基本框架上先发制人,占有谈判的主动权。

(一)谈判人员的组成

▶ 1. 谈判人员的配备

(1)谈判人员应具备的素质:坚强的政治思想素质、健全的心理素质、合理的学识结构、谈判的能力素养和健康的身体素质。

(2)具备什么条件的人可以入选:谈判者必须忠诚可靠,并能赢得客户对他的信任。具有独立工作能力而又具有合作精神的人;具有相当智力与谈话水平的人;愿去各地出差的人。

(3)什么样的人不宜选用:遇事相要挟的人、缺乏集体精神和易于变节的人、强烈希望被人喜欢且好表现的人、好战且喜欢争论的人。

▶ 2. 谈判人员的构成

谈判人员构成的原则有：

规模要适当、知识要互补、性格要协调。

谈判人员由以下几方面的人员组成：主谈判人员、专业人员（分商务方面与技术方面、法律方面、金融方面）、法律人员、财务人员、翻译人员，以及其他人员。

国内外谈判专家普遍认为，一个谈判小组的理想规模以 4 人左右为宜，主要原因为：谈判小组的工作效率高；具有最佳的管理幅度；满足谈判所需的知识范围；便于谈判小组成员的调换。职责分工见表 4-2。

表 4-2　谈判人员的职责分工

人才类别	专业人员构成	职责分工
商务	经贸公司代表或企业经贸工作人员	负责谈判商务条件：价格、支付、交货、保险、保证、保密、税务及履行程序等；负责对外联络
金融	银行代表及企业财务人员	负责金融附件谈判；担保或信贷协议谈判；协助谈判支付条件
仓储运输	货运公司代表和企业专职储运人员	负责交付货物的方式及条件的谈判
法律	挂牌律师或企业法务人员	负责合同的谈判与撰写，审核技术文件的文字及法律方面的问题
语言	谈判人员或经认证的翻译	负责沟通谈判双方的意愿，并协助主谈人做适当的策略配合

谈判人员要确定不同情况下的主谈人与辅谈人，明确两者之间的配合，明确洽谈具体条款的分工与合作。

谈判人员的角色、分工及作用见表 4-3。

表 4-3　谈判人员的角色、分工及作用

角色	分工	作用
首席代表	由最具专业水平的人担当，不一定是小组中职位最高的人	(1) 指挥谈判，需要时召集他人 (2) 裁决与专业知识有关的事，例如，决定是否有足够的财力来支持公司并购的投标 (3) 安排小组中的其他人的工作
白脸	由被对方大多数人认同的人担当，对方非常希望仅与白脸打交道	(1) 对对方的观点表示同情和理解 (2) 看起来要做出让步 (3) 给对方安全的假象，使他们放松警惕
红脸	白脸的反面就是红脸，这个角色就是使对手感到如果没有他或她，会比较容易达成一致	(1) 需要时中止谈判 (2) 削弱对方提出的任何观点和论据 (3) 胁迫对方并尽力暴露对方的弱点
强硬派	在每件事上都采取强硬立场，使问题复杂化，并要其他组员服从	(1) 用延时战术来阻挠谈判进程 (2) 允许他人撤回已提出的未确定的报价 (3) 观察并记录谈判的进程 (4) 使谈判小组的讨论集中在谈判目标上

续表

角色	分工	作用
清道夫	将所有的观点集中，作为一个整体提出来	(1) 设法使谈判走出僵局 (2) 防止讨论偏离主题太远 (3) 指出对方论据中自相矛盾的地方

【相关案例】

案例一：买卖双方就交货问题进行谈判。卖方的主谈人说："两个月内交货很困难，因为两个月内的订单都满了。"这时，他的一个辅谈人员接话说："别说两个月，三个月都难以保证，我手上还有一沓订单呢！"这话无疑强化和支持了本方主谈人讲话的力量。

解析：辅谈在口头上附和"正确""没错""正是这样"等，有时在姿态上也可以做出赞同的姿势，如眼睛看着本方主谈人、不住地点头等。

案例二：买卖双方就买卖机床的价格问题进行谈判。买方的主谈人说："好吧，如果你们实在要坚持这个价格，我们只好不买了。"而这时他的一个辅谈人立即以提醒的口吻说道："这不行啊，厂里正等着用呢！"显然，这样的做法大大削弱了主谈人的讲话力量。

解析：如果己方主谈人在讲话时，其他成员东张西望、心不在焉，或者坐立不安、交头接耳，就会削弱己方主谈人在对方心目中的分量。

(二)谈判人员的礼仪准备

在准备过程中，谈判的目标、策略固然重要，但礼仪方面的准备也不可忽视。举行正式谈判时，谈判者尤其是主谈者的临场表现，往往直接影响到谈判的现场气氛。一般认为，谈判者的临场表现中，最为关键的是重视仪容、保持风度、尊重对手、遵守时间四个问题。

▶ **1. 重视仪容**

参加谈判时，商务人员一定要讲究自己的穿着打扮，重视仪容。此举并非是为了招摇过市，而是为了表示自己对谈判的高度重视，同时也反映出谈判人员的管理、控制和时间支配能力等。要想获得理想的谈判结果，必须重视谈判细节。

(1) 修饰仪表。参加谈判前，应认真修饰个人仪表，尤其是要选择端庄、雅致的发型。一般不宜染彩色发。男士通常还应当剃须。

(2) 精心化妆。出席正式谈判时，女士通常应当认真化妆。谈判时的妆容应当淡雅清新、自然大方，不可以浓妆艳抹。

(3) 规范着装。商务人员在参加正式谈判时的着装，一定要简约、庄重，不可标新立异。一般而言，选择深色套装、套裙，白色衬衫，并配以黑色皮鞋，才是最正规的。

(4) 保持良好的精神面貌。商务人员应以良好的精神面貌出席谈判，切不可精神萎靡不振，谈判前要注意充分休息。

▶ **2. 保持谈判的风度**

在整个谈判进行期间，每一位谈判者都应当自觉地保持风度。谈判者的风度体现在其言谈举止和在谈判桌上的素质表现。

谈判者的谈吐是影响谈判的一个重要因素。总的来说，交谈时表情要自然、表达要具体，要求如下：发言之后，应留出一定的时间供对方发表意见，切忌喋喋不休，以自我为中心。对方发言时，应认真听取，不要表现出心不在焉的样子。要善于聆听对方谈话，不要轻易打断别人的发言，即使有不同的观点和看法，也应等对方讲完后再表达。打断别人的谈话是不礼貌的行为。交谈时应使用礼貌用语，如"你好""谢谢"等。交谈中不能出现伤害对方的言辞，以免激怒对方。谈判者的举止是指谈判者在谈判过程中坐、站、行所持的姿态。

在谈判桌上保持风度，具体来说，应当主要兼顾以下两个方面。

（1）心平气和。在谈判桌上，每一位成功的谈判者均应做到心平气和、处变不惊、不急不躁、冷静处事。

（2）争取双赢。谈判往往是一种利益之争，因此谈判各方无不希望在谈判中最大限度地维护或者争取自身的利益。然而从本质上来讲，真正成功的谈判，应当使有关各方互利互惠、互有所得、实现双赢。在谈判中，只注意争利而不懂得适当地让利于人，只顾己方目标的实现，而希望对方一无所得，这不仅没有风度，也不会真正赢得谈判。

▶ 3. 尊重对手

尊重对手是在商务谈判的整个过程中，要对对手真诚、礼貌、尊重。在谈判过程中，不管发生什么事情，都始终坚持尊重对手，无疑能给对方留下良好的印象，而且在今后的进一步商务交往中，还能发挥潜移默化的功效，换得对方与我方的真诚合作。在谈判过程中，谈判者不论身处顺境还是逆境，都不可意气用事、举止粗鲁、表情冷漠、语言放肆、不尊重谈判对手。在任何情况下，谈判者都应该待人谦和，彬彬有礼，对谈判对手友善相待。即使与对方存在严重的利益之争，也切莫对对方进行人身攻击、恶语相加、讽刺挖苦，不尊重对方的人格。

▶ 4. 遵守时间

商务谈判人员要遵守谈判时间，既不要提前很长时间等候，这样容易给自己造成心理压力；也不要迟到，给人以时间观念差的印象。应适当提前 5～10 分钟到达谈判地点，以尽快适应环境为宜。

(三)谈判地点的选择

在正式谈判中，具体谈判地点的确定很有讲究。它不仅直接关系到谈判的最终结果，而且还直接涉及礼仪的应用问题。选择地点时，要考虑许多因素，包括便利程度、中立性、会议设施等。

具体而言，地点的选择还与谈判的分类、操作的细则两个问题有关。按照谈判地点的不同来进行划分，谈判可分为以下四类。

▶ 1. 主座谈判

主座谈判是指在东道主单位所在地所举行的谈判，通常认为此种谈判往往使东道主一方拥有较大的主动性，如比较容易运用策略性的暂停；避免计划外的暂停；易于向自己的专家讨教意见。

▶ 2. 客座谈判

客座谈判是指在谈判对象单位所在地所举行的谈判。一般来说，这种谈判会使谈判对象占尽地主之利。如对环境缺乏熟悉可能引起不安，不能控制谈判中的细节部署等。

▶ **3. 主客座谈判**

主客座谈判是指在谈判双方单位所在地所轮流举行的谈判。这种谈判，对谈判双方都比较公正。

▶ **4. 第三地谈判**

第三地谈判是指谈判在不属于谈判双方单位所在地之外的第三地点进行。这种谈判比主客座谈判更为公平，更少干扰。显而易见，这类谈判中双方的利与弊往往不尽相同，因此各方均会主动争取有利于己方的选择。鉴于对环境的熟悉程度，双方都不能占上风。双方都必须随身携带所需的资料，并有专家陪同。

对参加谈判的每一方来说，确定谈判的具体地点事关重大。从礼仪上来讲，具体确定谈判时，有两个方面的问题必须为有关各方所重视：一是商定谈判地点。在谈论、选择谈判地点时，既不应该对对手听之任之，也不应当固执己见。正确的做法是，应由各方各抒己见，最后再由大家协商确定。二是做好现场布置。在谈判之中，担任东道主的一方出面安排谈判，一定要在各方面注意做好礼仪工作。在谈判会的台前幕后，恰如其分地运用礼仪迎送、款待、照顾对手，可以赢得信赖、获得理解与尊重。

(四)谈判的座次安排

▶ **1. 谈判室的布置**

谈判室布置以高雅、宁静、和谐为宜，环境安静，没有外人和电话干扰，光线充足，温度适宜，装饰陈设简洁、实用、美观。举行正式谈判时，有关各方在谈判现场具体就座的位次，要求非常严格，礼仪性是很强的。

▶ **2. 谈判桌的座次安排**

(1) 方形桌的座次安排如下。

横放，正面对门为上座，应属于客方，背面对门为下座，属于主方，如图4-2所示。

竖放，应以进门方向为准，右侧为上坐，属客方，左侧为下坐，属于主方，如图4-3所示。

双方主谈人(首席代表)各在己方一边的中间就座，翻译安排在主谈人右侧，其余人员遵循右高左低的原则，依照职位高低自近而远地分别在主谈人两侧就座。

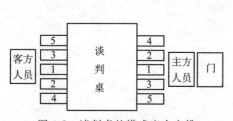

图4-2　谈判桌的横式座次安排

图4-3　谈判桌的竖式座次安排

(2) 圆形桌的座次安排如下。

多边谈判一般采用圆形谈判桌，国际惯例上称为"圆桌会议"，如图4-4所示。

(3) 小型谈判的座次安排如下。

小型的谈判，不设谈判桌，直接在会客室沙发上进行，双方主谈人在中间长沙发就座，主左客右，翻译在主谈人后面，双方其余人员分坐两边。

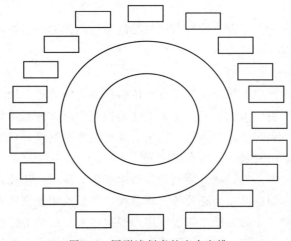

图 4-4　圆形谈判桌的座次安排

▶ 3. 不同谈判类型的座位安排

（1）双边谈判。双边谈判指由两个方面的人士所举行的谈判。在一般性的谈判中，双边谈判最为多见。双边谈判的座次排列主要有横桌式和竖桌式。

（2）多边谈判。多边谈判指由三方或三方以上人士所举行的谈判。多边谈判的座次排列主要有两种形式：一是自由式，即各方人士在谈判时自由就座，而无须事先正式安排座次。二是主席式，指在谈判室内面向正门设置一个主席之位，由各方代表发言时使用。其他各方人士，则一律背对正门、面对主席之位分别就座。各方代表发言后，下台就座。

（3）谈判方内部座次位置安排。一般而言，红脸坐在桌尾，与其他队员分开；白脸紧挨着首席代表，形成友好、随和的结盟；首席代表坐在中间，团结所有队友；强硬派与清道夫相邻，他们的技能相互补充；清道夫可以从桌尾看见对方的反应；让己方的强硬派坐在远离对方强硬派的地方。

▶ 4. 谈判资料的收集与准备

（1）商务谈判信息收集的途径如下。

① 从对方的雇员中收集信息。

② 从对方的伙伴中获取信息。

③ 从网络的伙伴中获取信息。

④ 从文献资料中获取信息。

⑤ 直接观察或试探性地刺激对手。

（2）收集的内容包括以下方面。

① 收集政策导向：国家、地方的各种政策、法律、法规。

② 与谈判标的有关的情报。

商业行情：商品价格、市场及销售状况、产品质量及相关交易信息。

对方的经营情况：经营、生产、人事、销售、财务等情况。

对方谈判的策略、计划、态度等：对方的谈判目的、真正的需要、可能采取的策略、所持的真正立场等。

对方的当前需求、利益和谈判实力（研究对方的经营历史）。

对手的目标。

对手的声誉。

对手的谈判风格。

对方谈判人员组成情况：职位高低、性别差异。

对方主谈人情况：年龄、家庭、爱好、个性、经历。

对方谈判人员的权限和策略。

对方对谈判的重视程度。

三、谈判过程中的礼仪

谈判中的礼仪是指谈判者在实际洽谈过程中所应具备的礼仪要求。它对谈判过程的顺利进行有着十分重要的影响。

【相关案例】

美国与日本的谈判

1994 年，美国全年贸易逆差居高不下，约 1800 亿美元，其中，对日本的逆差居首位，达 660 亿美元，而这中间的 60％的逆差产生于进口的日本汽车中。日本汽车大量进入美国市场，1 年约 400 万辆，于是就有了 1995 年美日汽车贸易谈判。美国谈判方认为日本汽车市场不开放，而日方却认为本国政府未采取任何限制措施，为了使谈判顺利，日本在谈判正式开始前就致力于改善谈判气氛，日本汽车制造业协会在华尔街报纸做广告，广告标题是："我们能么么开放呢？"接着文字说明："请看以下事实，一、对进口汽车，零件无关税；二、对美国汽车实行简便的进口手续；三、美国汽车免费上展台；四、销售商根据市场需求决定卖什么车。"之后，又总结出美国车在日本销售不好的原因：日本汽油昂贵，所以日本人只能买省油的小汽车，而美国出口的是大型车。广告最后得出结论："自由贸易才是成功之路。"日本汽车制造业协会做市场调查，看过报纸的人都认为日本讲得有道理，形成了谈判的良好气氛。

（一）营造良好的谈判气氛

商务谈判从正式开局到达成协议，要经过开局、报价、磋商、成交和签约五个阶段。良好的谈判氛围，对谈判成功与否有重要的影响，相互尊重、平等协商、消除误会、促进共识、真诚合作、共同发展，这是双方一致追求的目标。因此，创造和谐的谈判气氛，有利于达到这样的目标。为了取得谈判的成功，在商务谈判过程的各个阶段都要注重礼仪。

▶ **1. 抓住谈判之初开始的瞬间**

谈判之初，谈判双方留给对方的第一印象非常重要，所以双方的言谈举止要尽可能创造出友好、轻松的谈判气氛。因此，双方人员应以友好的态度出现在对方面前，特别是作为东道主的一方更应礼貌待客。

（1）得体地进行介绍。双方人员见面，先要互相介绍。介绍与自我介绍要大方得体，不可露傲慢之意，遵守礼仪规则。被介绍时要落落大方，起立微笑示意，可以礼貌地说些"幸会""请多关照"之类的话，介绍完毕要互相握手致礼。若有名片，应主动双手接递，并微微点头，表示出彬彬有礼的风度，也为以后的联系合作提供方便。自我介绍时，应吐字清楚，适当提高嗓音，目光要注视对方，以表示对对方的尊重；切忌边自我介绍边东张西望，使人感到态度冷淡，有失礼貌。如果对方是外商，则要依各国文化、礼俗的不同，决定介绍、握手的方式。

（2）注意谈吐举止。谈判人员的谈吐要轻松自如，举止文雅大方，谦虚有礼，掌握分寸，不可拘谨慌张。进入正题之前可略事寒暄，可谈些轻松的非业务性的话题，如旅途经历、季节气候、文体表演、各自爱好，特别是共同爱好方面的话题。如果对方是熟悉的客户，则可回顾以往愉快的合作、成功的经历等。这些话题具有积极向上、令人愉快的特点，容易被人接受，有利于消除陌生感和尴尬的心理。开局时切忌离题万里的夸夸其谈，也要避免伤害对方自尊的言辞和行为。还应注意的是开头寒暄不宜过长，以免冲淡谈判气氛。

（3）谈判时考虑双方的关系。如果双方有过业务往来，关系很好，应把这种友好关系作为谈判基础。在热情、真诚的畅谈中将话题较快转入实质性谈判。如果关系一般，要尽可能争取创造比较友好、随和的气氛，并在适当的时候，将话题转入实质性谈判。如果对对方的印象不佳，在比较严肃的气氛中，可对双方过去的业务合作关系表现出不满和遗憾，并表示希望通过此次谈判改变这种状况。双方过去没有过业务往来，力争创造比较友好、真诚的气氛，淡化双方的陌生感，以轻松的话题为主，并选择适当的时候将话题转入实质性谈判。

▶ **2. 自然进入谈判话题**

要以轻松、自然的语言进入谈判正题。可先谈谈双方容易达成一致意见的话题，如："咱们先把今天谈判的程序确定下来，您看如何？"这种问话既能体现尊重对方，表示愿以平等态度商讨问题的诚意，同时也最容易得到对方的肯定答复，有助于创造一种和谐的气氛。在这种心平气和、协商一致的氛围下，再分别陈述己方对有关问题的看法和基本原则。准备阶段的礼仪为营造这种气氛打下了基础。如果不做准备而匆忙开始谈判，并很快进入实质阶段，不注意尊重对方，不注意行为举止的礼仪，一开始就摆出咄咄逼人的架势，往往会使对方不快，引起对方的自卫和反攻。这是形成对立性谈判的隐患。

（二）平等地商讨

在商务谈判过程中，特别是进入报价阶段以后，出现分歧是不可避免的。重要的是不回避矛盾，以积极的态度进行商讨甚至辩论，在友好和谐的气氛下谋求一致，并争取在谋得己方最大利益的前提下，给对方以适当满足。商务关系越密切，双方间的商讨也就会变得越重要。要进行平等商讨须注意以下礼仪。

▶ **1. 平心静气**

谈判是双方为谋求共同利益而进行的协商活动，其中必然存在着许多不同的利益和要求，双方应本着求同存异的原则，在商务谈判中保持清醒的头脑，互谅互让、心平气和地探讨解决分歧的途径。

▶ **2. 开诚布公**

在商务交往中，人们往往对坦率诚恳的人有好感。坦诚相见能获得对方的理解和信赖。在商务谈判中，由于双方人员各自代表的利益不同，肩负的使命不同，彼此难免会有些提防心理，这是可以理解的。这时，如果一方人员言辞坦率，态度真诚，毫不掩饰自己对某个问题的看法、希望和担心，并将对方欲知的情况坦诚相告，这样容易打破对方的戒备心理，获得对方的共鸣和信赖，形成彼此信任、和平商讨的局面。开诚布公、坦诚相见的豁达风度，也是谈判人员礼仪修养的重要方面。当然，坦诚相见也是有限度的，它并不是将一切和盘托出，而应以既赢得对方信赖又不使自己陷于被动、丧失利益为尺度。

▶ 3. 注意正确使用语言

商务谈判是谈判者运用语言表达意见、交流观点的过程，语言的运用是否得当往往决定谈判的成败。谈判人员在运用语言的过程中，除要注意谈判语言的客观性、逻辑性、针对性以外，尤其要注意用语的规范性和灵活性。

（1）谈判语言必须坚持文明礼貌的原则，符合商界的特点和职业道德的要求。无论谈判中出现何种情况，都不能使用粗鲁、污秽或攻击性的语言。

（2）谈判用语必须清晰易懂，尽可能标准化，不用地方方言或黑话、俗语等与人交谈。

（3）谈判语言应注意抑扬顿挫、轻重缓急，避免吐舌挤眼、语不成句、嗓音微弱或大吼大叫等。谈判者应通过语调的变化显示自己的信心、决心、不满、疑虑和遗憾等思想感情，同时，也要善于通过对方不同的语调来洞察其感情变化。

（4）谈判语言应当准确、严谨，特别是在磋商的关键时刻，更要用严谨、精确的语言准确地表述自己的观点和意见。

（5）如确需使用某些专业术语，则应以简明易懂的惯用语加以解释。一切用语均要以达到双方沟通、保证谈判顺利进行为前提。

（6）谈判过程中所使用的语言，应当丰富、灵活，富有弹性。对于不同的谈判对手，应使用不同的语言。如果对方谈吐优雅，很有修养，己方语言也应十分讲究，做到出语不凡；如果对方语言朴实无华，那么，己方用语也不必过多修饰；如果对方语言爽快、直露，那么，己方语言也不必迂回曲折。总之，要根据对方的学识气质、性格、修养和语言特点，及时调整己方的谈判用语。这是迅速缩短洽谈双方距离、实现平等商讨的有效方法。

（7）学会使用外交语言，这是委婉、礼貌、否而不决、允而不定的圆滑的表达方式及弹性用语。在谈判中使用外交语言既可满足对方自尊的需要，又可避免己方失礼；既可说明问题，又能为进退留有余地。

开局时：能有机会与您一起商谈倍感荣幸。

出现意见分歧时：请原谅，我不能马上答复您。

发生争执时：很遗憾，这只是您一方的想法。

说服对方时：坚持立场是您的权利，但促使谈判成功也是您的责任。

告别时：如有可能，愿与贵方再度合作。

（8）学会使用文学性语言，这能制造良好气氛、化解双方矛盾，增强语言的感染力和说服力的。

谈判中适当地运用，既可以生动明快地说明问题，又可以调节谈判气氛，如"和您在一个桌子上谈判磋商，我荣幸之至""今天天气真好，预示着我们的谈判也会非常顺利""天时地利人和成就了我们这次谈判的成功""我们到这里来，并不是为了吵架，而是一个共同的目标促使我们双方走到了一块儿，相识即是有缘，生意不成仁义在，达不成协议交个朋友也是收获。当然，更希望我们双方能够珍惜这次机会，要想求大同，那么就必须存小异"。

(三)礼貌地提问

在商务谈判中，恰到好处的提问不仅可以启发对方思维，激发对方的兴奋点，控制谈判的方向，也可表达自己的感受，帮助己方获得新的信息和资料，在商务谈判中起着重要作用。提问时讲究礼貌，能体现出对对方的尊敬，也有利于谈判的顺利进行。

【相关案例】

教堂里的故事

据传在某国的教堂里曾发生这样一件事。一天，A教士在做礼拜时忽然觉得烟瘾来了，便问主教："我祈祷时可以抽烟吗？"主教狠狠地训了他一顿。一会儿，B教士觉得烟瘾难熬，便问主教："我抽烟时可以祈祷吗？"主教笑着答道："当然可以！"对于同一个问题，不同的问法，效果迥异。

▶ 1. 使用正确的提问方式

在谈判中提问的方式多种多样，有封闭式提问、开放式提问、婉转式提问、澄清式提问、探索式提问、引导式提问、协商式提问、强迫选择式提问等。无论采取哪种提问方式，都应符合礼仪要求。

(1) 问话的方式要委婉，语气要亲切平和，用词要斟酌，不能把提问、查问变成审问或责问。咄咄逼人的提问，容易给对方以居高临下的感觉，使之产生防范心理而不利于谈判的进行。

(2) 提问的内容和角度要慎重选择，既要有针对性，又不要使对方为难。不要总是问对方难以应答的问题。如提出的问题使对方面有难色或露出不悦的神情，就不必追问而要及时变换话题。

(3) 对需要向对方提问或查问的问题，应事前列好提纲，而且越详细越好。不做准备，贸然提问，是不尊重对方的表现。

▶ 2. 把握提问时机

即使问题提得再好，但不合时机，也同样起不到应有的作用。有经验的谈判者认为，提问可选择以下时机。

(1) 在对方发问完毕之后提问。当对方发言时，要认真倾听。即使你发现了问题，很想提问，也不要打断对方，可先把发现的和想到的问题记下来，待对方发言完毕再提问。这样，不仅显示了自己的修养，而且能全面地、完整地了解对方的观点和意图，避免操之过急，曲解或误解了对方的意图。

(2) 在对方发言停顿、间歇时提问。在谈判中如果对方发言冗长，或不得要领，或纠缠细节，或离题太远，影响谈判进程，可在对方停顿时借机提问："细节问题我们以后再谈，请谈谈您的主要观点好吗？"或者："第一个问题我们听明白了，那第二个问题呢？"

(3) 在自己发言前后提问。当轮到自己发言时，可在发表自己的观点之前，对对方的发言进行自问自答。例如："您刚才的发言说明什么问题呢？我的理解是……就这个问题，谈谈我的看法。"在充分表达了自己的观点之后，为了使谈判沿着自己的思路发展，可以这样提问："我们的基本立场和观点就是这样，您对此有何看法呢？"

(4) 在议程规定的辩论时间提问。聪明的谈判者，在辩论前的几轮洽谈中，总是细心记录，深入思索，抓住谈判桌上的分歧进行提问，不问则已，一问就问到要害处。此外，还要注意，问话的速度应快慢适中，选择对方心境好的时候，并给对方足够的答复时间。

（5）"问"的要诀：预先准备好问题；避免提出那些可能会阻碍对方让步的问题；不强行追问；既不要以法官的态度来询问对方，也不要问起问题接连不断；提出问题后应闭口不言，专心致志地等待对方的回答；要以诚恳的态度来提问；提出问题的句子应尽量简短。

（6）在谈判中一般不应提出带有敌意的问题；有关对方个人生活、工作方面的问题；直接指责对方品质和信誉方面的问题；不要为了表现自己而故意提问。应注意提问的速度和对手的心境。

（四）认真地倾听

当对方回答问题时，提问的一方人员应耐心倾听，在倾听中应注意以下几点。

▶ 1. 专心地、有鉴别地倾听

专心致志地倾听，要求谈判者在别人发言的时候精力集中，即使是自己十分熟知的话题也不例外；有鉴别地倾听，必须建立在专心倾听的基础上，因为不用心听，也就无法鉴别对方传来的信息哪些是真的，哪些是假的，哪些是无用的。

▶ 2. 不要带偏见去听

偏见是影响人际关系的重要因素，如果对对方有偏见，对他讲话时也往往会带上偏见，因而就不能很客观地听他说话。即使他的话对你很重要，你也不会从他的话里获得有益的信息。

▶ 3. 不要抢话

抢话会打乱别人的思路，也耽误自己倾听。抢话不同于问话，问话是由于某个信息或意思未能记住或理解而要求对方给予的解释或重复，因此问话是必要的。抢话则是急于纠正别人的错误，或用自己的观点来取代别人的观点，是一种不尊重人的行为，往往会阻塞双方的思路或感情的渠道，不利于创造良好的谈判气氛。

▶ 4. 不要回避难以应付的话题

谈判中往往会涉及一些诸如政治、技术或人际关系方面的问题，可能使谈判者一时难以回答，对此，有些谈判者采取充耳不闻的态度来回避问题，往往暴露了自己的弱点。一个合格的谈判者要有信心、有能力地去面对对方提出的一切问题，只有细心领会对方提出此类问题的真实目的，才能找出摆脱难题的有效答案。

▶ 5. 主动地向对方进行反馈

要使自己的倾听获得良好的效果，不仅要专心地听，同时还要做出反馈性的表示，如以口头语言、面部表情或动作向对方表述你对他的话语的了解程度或者要求对方澄清或阐述他所说的话语，这样对方会因你的态度而愿意更多、更广、更深刻地暴露自己的观点。因此，只要有可能，应尽量为自己及对方创造有利于倾听的环境，不仅可以发掘事实真相，而且可以探索对手的动机和思维脉络所在。

（五）坦诚地回答

【相关案例】

尼伦伯格的谈判奥秘

美国谈判专家尼伦伯格在《谈判的奥秘》一书中曾举了这样一个例子：美国大财阀摩根想从洛克菲勒手中买一大块明尼苏达州的矿地。洛克菲勒派了手下一个叫约翰的人出面与摩根交涉。见面后，摩根问："你准备开什么价？"约翰答道："摩根先生，我想您说的话恐怕有点不对，我来这儿并非卖什么，而是您要买什么才对。"几句话，说明了问题的实质，并掌握了谈判的主动权。

有问有答，交谈才能进行。问得不好，不利于谈判；而答得不好，则更会使己方陷于被动。虽然不能说学会了回答就等于学会了谈判，但是不回答，就一定不会谈判。所以就谈判而言，回答比提问更为重要。一个谈判者水平的高低，很大程度上取决于其答复问题的水平。

▶ 1. 回答问题之前，要给自己留有思考的时间

被提问者答话时，要本着真诚合作的态度，针对提问者的真实心理，实事求是地回答对方提出的问题，不应闪烁其词，态度暧昧，但注意在回答问题前，要进行认真的思考。有些提问者会不断催问，迫使你在对问题没有进行充分思考的情况下仓促作答。这种情况下，回答者更要沉着，不必顾忌谈判对手的催问，而是转告对方你必须进行认真思考，因而需要时间，或者要求对方把问题再复述一遍，如："先生，请您把问题再说一遍好吗？"这样可以为自己赢得思考问题的时间。可倒茶喝一口茶，整理文件，以拖延回答时间。

▶ 2. 针对提问者的真实心理答复

回答问题不仅应采取对方比较容易接受的方式，而且应当巧立新意、渲染观点、强化效果。美国代表团访华时，曾有一名官员当着周总理的面说："中国人很喜欢低着头走路，而我们美国人却总是抬着头走路。"此言一出，语惊四座。周总理不慌不忙，面带微笑的说："这并不奇怪。因为我们中国人喜欢走上坡路，而你们美国人喜欢走下坡路。"美国官员的话里显然包含着对中国人的极大侮辱。周总理的回答让美国人领教了什么叫作柔中带刚，最终尴尬窘迫的是美国人自己。

▶ 3. 不要彻底的回答问题，因为有些问题不必回答

如有些问题涉及商业秘密和技术机密，则应委婉说明，避免出现令人尴尬或僵持的局面。许多谈判专家认为，谈判时针对问题的回答并不一定就是最好的回答。回答问题的要诀在于知道该说什么和不该说什么，而不必考虑所答的是否对题。

例如，对方问"你们打算购买多少"，如果你考虑先说出订数不利于讲价，那么就可以说："这要根据情况而定，看你们的优惠条件是什么。"这类回答通常采用比较的语气，"据我所知……""那要看……而定""至于……就看你怎么看了"。当然，"这个问题暂时不方便回答"，也是回答这类问题的好办法。

▶ 4. 对于不知道的问题不要回答

参加谈判的人并不是全能全知的人。谈判中尽管我们准备得充分，也经常会遇到陌生难解的问题，这时，谈判者切不可为了维护自己的面子强作答复。因为这样不仅有可能损害自己利益，而且对自己的面子也是丝毫无补。有这样一个实例，国内某公司与美国外商谈判合资建厂事宜时，外商提出税收方面的请求。中方代表恰好对此不是很有研究，或者说是一知半解，可为了能够谈成，就盲目地答复了，结果使己方陷入被动的局面。经验和教训一再告诫我们：谈判者对不懂的问题坦率地告诉对方不能回答，或暂不回答，以避免付出不应付出的代价。

▶ 5. 逃避问题的方法是避正答偏，顾左右而言他

当对方提出的某个问题很难直接从正面回答，但又不能拒绝回答，这时，谈判高手往往用避正答偏的办法来回答，即在回答这类问题时，故意避开问题的实质，而将话题引向

歧路,借以破解对方的进攻。

例如,对方问:"你们准备开价多少?"可以闪烁其词,所答非所问,如产品质量、交货期限等,这样,效果会更理想。

【相关案例】

周总理的外交遭遇

一位美国记者采访周恩来总理时,看见桌上放着一支美国派克钢笔。他以一种讥讽的口气问道:"请问总理阁下,你们堂堂中国为什么还要用美国的钢笔呢?"周恩来淡淡一笑,答道:"谈起这支派克钢笔话就长了。这是一个朝鲜朋友的抗美战利品,他是作为礼物赠送给我的。我想,无功不受禄,就推辞。朋友说,留下做个纪念吧,我觉得有意义,就收下了贵国的这支派克钢笔。"美国记者一听,顿时哑口无言。这位记者的本意是想挖苦周总理:你们中国人怎么连好一点的钢笔都不能生产,还要从我们美国进口。结果周总理说这是朝鲜战场的战利品,反而使这位记者丢尽颜面。

(六)友好地辩论

在商务谈判中,特别是进入讨价还价的磋商阶段,谈判双方从各自代表利益出发,对一系列问题进行磋商,或据理力争,或直言反驳,都希望谈判朝着有利于自己的方向发展。但不管立场多么对立,意见分歧多大,都应在相互尊重、相互理解的基础上进行友好的辩论与磋商。磋商阶段是商务谈判的关键阶段,也是最应注意谈判礼仪的阶段。商务谈判人员要把握好"利益"与"礼仪"的辩证关系,既要维护自身利益,又要不失礼仪。

▶ **1. 谈判论辩以"和"为贵**

商务谈判是"谈"出来的。一切谈判都得经过双方谈判人员智慧的角逐、话语的较量方能达成妥协。谈判的辩论阶段,双方人员为了各自的经济利益,唇枪舌剑,很容易感情冲动,稍不留神,就会由不同观点的交锋酿成谈判人员的个人冲突,生意可能因此而告吹。因此,在辩论中应坚持以"和"为贵,坚持"就事论事,对事不对人"的原则,应把人与问题分开,争取因人成事,避免因人误事,具体做法有:在谈判中,当提出建议和方案时,也要站在对方的角度考虑提议的可能性,理解和谅解对方的观点,看法;让双方都参与提议与协商,利害攸关;保全面子,不伤感情。

▶ **2. 充分准备,稳健交锋**

在辩论中,必须条理清楚、表达严密、言辞简洁、依据论理、善用逻辑、突出主题,不纠缠枝节,随机应变。为此,在辩论前,谈判者应在思想上、资料上和语言表达上做必要的准备。"十备一说"是谈判者的经验之谈。

▶ **3. 语言谨慎,举止得体**

在谈判中,除前面已讲的"注意正确使用语言"以外,还要注意九忌:忌鼓动性和煽动性语言;忌无理纠缠;忌"抓辫子""戴帽子"和"打棍子";忌无端讽刺;忌"已知的不说,新知的穷说,不知的瞎说";忌手舞足蹈,动作不检点;忌尖音喊叫;忌不顾事实狡辩或诡辩;忌鲁莽轻率。举止庄重,仪态端庄,彬彬有礼,宾主分明,是有修养、有信心和有力量的表现。双腿并拢,双手前合,上体微前倾、头微低、正视对方,表示谦虚有礼,并愿意听取对方的意见;向对方方向挪挪椅子,或走过去和对方凑近一些,对方会认为你很有诚意,想尽快成交,不再绕圈子等。

(七)机敏的答复

▶ 1. 周旋巧妙，紧握"死线"

谈判结束的时间称为"死线"，死线对谈判的成败具有重要的意义。因为，让步往往在这个时候发生，在交易达成阶段，谈判者往往采用软磨硬拖的战术，使一些谈判对手拱手就范。

▶ 2. 在谈判中应避免的言辞

(1) 极端性的语言，如"肯定如此""绝对不是那样"，即使自己看法正确，也不要使用这样的词汇。

(2) 针锋相对的语言，这类语言特别容易引起双方的争论、僵持，造成关系紧张。如"开价5万元，一点也不能少""不用讲了，事情就这样定了"。

(3) 涉及对方隐秘的语言，如："你们为什么不同意，是不是你的上司没点头?"与国外客商谈判尤其要注意这一点。

(4) 有损对方自尊心的语言，如"开价就这些，买不起就明讲"。

(5) 催促对方的语言，如"请快点考虑""请马上答复"。

(6) 赌气的语言，它往往言过其实，造成不良后果，如"上次交易你们已经多赚了5万元，这次不能再占便宜了"。

(7) 言之无物的语言，如："我还想说……""正像我早些时候所说的……""是真的吗?"许多人有下意识地重复习惯，俗称口头禅，它不利于谈判，应尽量克服。

(8) 以我为中心的语言，过多地使用这类语言，会引起对方的反感，起不到说服的效果。如"我的看法是……""如果我是你的话……"在必要的情况下，应尽量把"我"变为"您"，一字之差，效果会大不相同。

(9) 威胁性的语言，"你这样做是不给自己留后路""如果你这样做，后果自负"。

(10) 模棱两可的语言，如"可能是……""好像……""听说……""似乎……"。

【知识拓展】

谈判中应注意避免的行为

谈判是当面的沟通方式，因此，得体的言谈举止十分重要。具体来说，在谈判中，应该避免以下行为。

(1) 虚伪。虚情假意、言不由衷会给对方留下恶劣的印象，进而影响谈判的正常进行。

(2) 咄咄逼人。自以为是、锋芒毕露的人很难使别人接受自己。

(3) 粗鲁不堪。语言粗鲁、没有教养的谈判者很难得到对方的尊敬。

(4) 庸俗。在谈判的休息时间，只谈论一些吃喝玩乐之类的事情会给对方留下庸俗的印象。

(5) 油腔滑调。流里流气、油腔滑调会给人以不务正业或者难成大事的印象。

(6) 诽谤。说长道短、无中生有，甚至恶意中伤都只会带来负面效果。

(7) 轻率。不能轻易许诺，一旦许诺，就要实现，否则就会给别人留下失信的不良印象。

(8) 说大话。把自己说的无所不能只会导致对方的鄙视，并无任何作用。

(9) 啰嗦。颠来倒去、啰里啰嗦会使对方摸不着头脑，进而产生厌烦的情绪。

(10) 牵强附会。把没有关系的事物硬说成有关系是不会有说服力的。

四、世界各国的谈判礼仪

(一)美洲商人的谈判礼仪

▶ 1. 美国商人的谈判礼仪

与美国人谈判，"是"和"否"必须保持清楚，这是一条基本的原则。当无法接受对方提出的条款时，要明白地告诉对方不能接受，而不要含糊其辞，使对方存有希望。有些人为不失去继续洽谈的机会，便装作有意接受的样子而含糊作答，或者答应以后作答而实际上迟迟不作回答，都会导致纠纷的产生。

在正式场合下，美国人十分讲究礼节，毫不逊色于其他欧洲国家。同美国人交谈时，因为他们十分讲究"个人隐私"，所以不要涉及个人私事问题，如询问年龄、婚姻状况、收入等。

一旦与美国商人在谈判中发生了纠纷，就要注意谈判时的态度，必须诚恳、认真，绝对不要笑。因为在美国人看来，出现了纠纷而争论时，双方的心情都很恶劣，笑容必定是装出来的，这就会使得对方更为生气，甚至认为你已经自认理亏了。与美国人谈判，绝对不要指名批评某人。美国人时间观念极强，办事讲求效率，重视有计划地安排每天的时间。

▶ 2. 巴西商人的谈判礼仪

与巴西人会晤，最好事先预约。巴西人以爱娱乐而闻名，所以要避免在狂欢节同他们谈判。见面时，互相握手，赠送名片。里约热内卢和圣保罗的商人很注重效率，很守时间，最好约在办公室会晤而绝对不能约在饭馆或酒吧。

巴西人号称是有名的"难对付的杀价高手"，这些人经常非常直接地拒绝你的开价。然而，这样直率的风格并不是有意地想无礼或者发生冲突，只是想让你知道对方的观点。要为漫长的谈判程序留出足够的时间，同时在最初出价时要留足余地，为让步留出空间。在整个谈判过程中，要尽量少沉默。

像大部分拉美人一样，巴西人对时间和工作的态度比较随便。和巴西人打交道时，主人不提起工作时，你不要急于将谈话内容转向商务题目，最好花几分钟时间谈谈家庭、健康、天气、运动等话题。要保持友好、热情的态度，但不要过于热情，要有耐心。

如果在巴西当地，不管那里天气怎么热，穿深色服装都是适宜的。巴西人特别喜爱孩子，谈话中可以夸奖他的孩子。巴西的男人喜欢笑，但客人应避免涉及当地民族的玩笑。对当地政治问题最好闭口不谈。

(二)欧洲商人的谈判礼仪

▶ 1. 英国商人的谈判礼仪

与英国商人洽谈生意，圣诞节和复活节前后两周尽量不安排或少安排业务洽谈活动。英国是绅士之国，讲究文明礼貌，注重修养。同时也要求别人对自己有礼貌。

英国人在建立人际关系上比较谨慎，如果你没有与英国人长期打交道的经历，没有赢得他们的信任，没有最优秀的中间人作介绍，你就不要期望与他们做大买卖。

对商务谈判，英国人往往不做充分的准备，细节之处不加注意，显得有些松松垮垮。他们善于简明扼要地阐述立场，陈述观点；在谈判中，表现更多的沉默、平静、自信、谨慎，而不是激动、冒险和夸夸其谈。但英国商人很和善、友好，易于相处，因此，遇到问题也易于解决。他们好交际，善应变，有很好的灵活性，对建设性的意见反应积极。他们对于物质利益的追求比较保守，不喜欢冒大风险、赚大利润的买卖。

英国人注意服装，穿着要因时而异。注意衣着打扮，什么场合穿什么服饰都有一定惯例。英国人不轻易动感情或表态，他们认为夸夸其谈是缺乏教养的，自吹自擂是低级趣味的。人们交往时常用"请""对不起""谢谢"等礼貌用语，即使家庭成员间也一样。英国人的时间观念很强，拜会或洽谈生意，访前必须预约，准时很重要，最好提前几分钟到达。

英国人有一些忌讳：忌谈个人私事、家事、婚丧、年龄、职业、收入、宗教问题等。

▶ **2. 法国商人的谈判礼仪**

法国人乐观开朗、热情幽默，注重生活情趣，有浪漫情怀。法国人热爱度假，严格区分工作时间与休息时间。与法国人谈判，不要把时间定在 7 月的最后一周和 8 月份。因为这段时间是法国人的休假期，法国人对休假十分重视，无论你用何种手段都不能使他们为谈判而错过或延误一次假期。法国人时间观念较差，越是重要的主宾越是要迟到，为人较为冷淡。

法国人的谈判风格非常重视相互信任的朋友关系，并以此影响生意。在商务交往上，他们往往凭借着信赖和人际关系去进行。

法国商人比较重视个人的能力，不太喜欢集体决策。比较注重信用，一旦签约，会比较好地执行协议。在合同条款中，他们非常重视交货期和质量条款。

在正式场合，法国人一般穿着西服、套裙或连衣裙，颜色多为蓝色、灰色或黑色，质地则为纯毛面料，出席庆典仪式时一般要穿礼服。

法国的饮食文化以精致著称，因而注重细节的法国人在餐饮礼仪方面有较高的要求，在商务宴饮时需要格外注重餐饮礼仪，举止合体。

▶ **3. 德国商人的谈判礼仪**

德国人有一种名副其实的讲效率的声誉，如果要与德国人谈判，一定要让他们相信你公司的产品可以满足交易规定的各方面的一贯高标准。在某种程度上，他们对你在谈判中的表现的评价取决于你能否令人信服地说明你将信守诺言。他们在进行商谈之前肯定要进行充分的专业准备。德国人非常擅长商业谈判，他们一旦决定购买就会想尽办法让你让步。德国谈判者经常在签订合同之前的最后时刻试图让你降低价格。因此，最好有所提防，或者拒绝，或者做出最后让步。德国人最擅长讨价还价，这并不是因为他们具有争强好胜的个性，而是因为他们对工作一丝不苟，严肃认真。德国谈判者的个人关系是很严肃的，他们希望你也如此。如果你在商业谈判时迟到，那么德国人对你那种不信任的厌恶心理就会溢于言表。因此，你要准时到达，并牢记他们通常比美国上班时间更早(早上 8 点以前)，而下班更晚(有时到晚上 8 点)。

▶ **4. 西班牙商人的谈判礼仪**

西班牙人常使谈判对手感到傲慢，注重穿戴，不愿看到穿戴不整的人坐到谈判桌上来。在生意中，西班牙人强调维护个人信誉，一旦签订合同，一般都会非常认真地履行。西班牙人在下午午休期间(下午 2～4 点)不做生意，银行在夏天下午 1 点 30 分后就关门下班，许多生意是在他们的晚宴上谈成的，西班牙人的晚宴一般都在晚上 9 点以后。

(三)亚洲商人的谈判礼仪

▶ **1. 日本商人的谈判礼仪**

日本人尊敬的是强者，同他们打交道、做生意，必须要多花时间去了解他们的理念和想法，如能建立互信关系，就会有很好的发展前景。在日本商界，有两条针对外国谈判对手的不成文习俗：一是谈判对手理应是男性，特别是谈判负责人；二是要求主谈人在年龄与职务上与日方基本一致。日本女士通常不参与正式经贸谈判，若我方谈判负责人是女士，有可能导致不必要的误解。日本人忌讳代表团中用律师、会计师和其他职业顾问。日本人普遍很讲究礼节，尤其外出参加各种活动，男士一般是西服革履，女士必须穿和服。会见要遵守时间，要预留一点时间以免交通堵塞而迟到。

▶ **2. 韩国商人的谈判礼仪**

韩国人逻辑性强，做事条理清楚，注重技巧。韩国人十分在意谈判地点的选择，一般喜欢在有名气的酒店、饭店会晤洽谈。韩国人重视在会谈初始阶段就创造友好的谈判气氛。韩国人见面时稍鞠躬，呈递与接受名片时都要用双手。韩国人对人的感情非常敏感，他们非常注意人们的反应和感情，也希望谈判对手与他们一样。

任务训练

▶ **1. 案例分析**

在1972年以前的15年里，中美大使级会谈共进行了136次，全都没有结果。中美之间围绕台湾问题、归还债务问题、收回资金问题、在押人员获释问题、记者互访问题、贸易前景问题等进行了长期的、反复的讨论与争执。对此，基辛格说："中美会谈的重大意义似乎就在于，它是不能取得一项重大成就的时间最长的会谈。"然而，周恩来总理以政治家特有的敏锐的思维和高超娴熟的谈判艺术，把握住了历史赋予的转机。在他那风度洒脱的举止和富有魅力的笑声中，有条不紊地安排并成功地完成了举世瞩目的中美建交谈判，在1972年的第137次会谈中终于打破了长达15年的僵局。美国前总统尼克松在其回忆录中对周恩来总理的仪容仪态、礼貌礼节、谈判艺术、风格作风给予了高度的赞赏，尼克松说："周恩来待人很谦虚，沉着坚定优雅的举止、直率而从容的姿态都显示出巨大的魅力和泰然自若的风度。他外貌给人的印象是亲切、直率、镇定自若而又十分热情。双方正式会谈时他显得机智而谨慎。谈判中，他善于运用迂回的策略，避开争议之点，通过似乎不重要的事情来传递重要的信息。他从来不提高讲话的调门，不敲桌子，也不以中止谈判相威胁来迫使对方让步。他总是那样坚定不移而又彬彬有礼，他在手里有'牌'的时候，说话的声音反而更加柔和了。他在全世界面前树立了中国政府领导人的光辉形象，他不愧是一位将国家尊严、个人人格与谈判艺术融洽地结合在一起的伟大人物。"谈判的成功固然应归结于谈判原则、谈判时机、谈判策略、谈判艺术等多种因素，但周恩来无与伦比的品格给人们留下了深刻而鲜明的印象。他的最佳礼节礼仪无疑也是促成谈判成功的重要因素之一。

问题：（1）总结周恩来在对外谈判中的成功因素。

（2）通过这个案例请谈谈你对现代商务谈判中礼仪问题的理解。

▶ **2. 拓展训练**

请阅读以下材料，组织学生分组进行情景设定，准备一场商务谈判。

美国公司的约翰先生一行共5～7人，于2014年7月10日向中国无锡某进出口公司总经理钱先生发出函电，告之7月12日乘泛美航空公司的UF201次航班，由美国旧金山飞抵上海浦东机场，请予接待。函电中还明确此行目的是参观钩针地毯的生产制造厂和进行商务谈判，工作日程共3天，7月15日离开无锡去上海。

无锡某进出口公司钱先生接到函电后，随即回函并明确下列事项：

（1）按美国时间7月12日UF201次航班抵上海浦东机场的具体时间，在机场迎接。

（2）约翰先生一行5～7人下榻在无锡大饭店。

（3）7月14日上午参观生产工厂，下午商务谈判。7月15日继续谈判，并适时送客到上海。其中，具体安排如下。

① 无锡某进出口公司确定以出口业务二部经理钱先生为主谈，并组织谈判小组，准备两套谈判方案。

② 通知无锡太平洋地毯制造有限公司，7月14日上午，美方客户参观工厂，并在工厂进行工作午餐。

③ 7月13日，钱先生在上海浦东机场将客人接到无锡。直抵无锡大饭店，按预订房间办理入住手续。

④ 当晚6点，由钱先生陪同本公司总经理王先生到无锡大酒店访客，作礼节性会晤，并共进晚餐。

⑤ 7月14日，由钱先生陪同美方客户参观无锡太平洋地毯制造有限公司生产车间和陈列室。当天下午2点，在某进出口公司第二洽谈室举行第一轮商务谈判。

（4）商务谈判的主题内容和要求如下。

① 客方的谈判目的很明确，标的是钩针地毯，主要内容是质量、价格和交货期。

② 主方的谈判目标很明确，已确定标的物的谈判价格，对FOB、CRF和CIF的三种报价都做出了计算，并有谈判底线价格的限定。主要内容是商品的价格、品质数量、付款方式、装船期限。主要目的是通过谈判取得共识、签订合同。

子情境三　沟通渠道

学习目标

1. 掌握电话沟通的礼仪。
2. 学会接打电话的基本礼仪。
3. 熟悉和灵活使用网络沟通工具。
4. 把握网络沟通礼仪的规范要求。
5. 掌握电话沟通规范和技巧。
6. 掌握网络沟通的基本规则和礼仪。

导入案例

司机打电话吓坏乘车人

李小姐乘坐出租车，车辆正在行驶的过程中有人给司机打电话。只见司机一手握着方向盘，一手在驾驶室里摸手机，找到后拿着手机，显得漫不经心的样子。李小姐在司机打电话时一直提心吊胆，不敢打扰司机怕他没看见行人或车辆，发生什么事故。又唯恐警察看见，耽误时间。

知识链接

一、电话沟通

(一)电话沟通的礼仪要求

在如今社会中，人们每天有许多事情要通过电话来商谈、询问、通知、解决，电话沟通的礼仪要求如下。

(1) 养成良好的电话礼貌，使对方乐于沟通。当我们使用电话交谈时，不能简单地将对方视作一个"声音"，而应看作是面对一个正在交谈的人。尤其是对办公人员来说，我们面对的是公众，如果你们是初次交往，那么，这样一次电话接触便是你给公众的第一次"亮相"，应十分慎重。因此，在使用电话时，多用肯定语，少用否定语，酌情使用模糊用语；多用致歉语和请托语，少用傲慢语、生硬语。礼貌的语言、柔和的声音，往往会给对方留下亲切之感。

(2) 态度诚恳真挚，不要矫揉造作，可以弥补不能见面的遗憾。

(3) 事先列出要点，以免匆忙中有所遗漏。传递信息时也要注意电话用语要言简意赅，将自己所要讲的事用最简洁、明了的语言表达出来。在通话时最忌讳发话人吞吞吐吐、含糊不清、东拉西扯，正确的做法是：问候完毕对方，即开宗明义，直言主题，少讲空话，不说废话。

(4) 姿态端正。平时，电话铃声一旦响起，则应当以接电话为自己的中心活动，不应当不明主次、随意分心。接打电话时，你的姿态是否端正，对方可以从你说话的语气中判断出来，电话中有倦意的声音会给对方一种不重视、不礼貌的感觉。接听电话时不能喝茶、抽烟，吃东西，即使看不见对方，也要当作对方在眼前，尽量保持谦恭的态度。

(二)接听电话

▶ **1. 及时接听**

及时接听电话是电话礼仪的首要要求。力争在铃响三次之前就拿起话筒，电话铃声一响，即停止自己手头的事，尽快接听，最好不要让电话铃声响五遍。这是避免让打电话的人产生不良印象的一种礼貌做法。电话铃响过三遍后才做出反应，姗姗来迟地去接电话，此举可能会消磨掉对方的耐心，会使对方焦急不安或不愉快，同时给对方留下妄自尊大的不佳印象。不过，铃声才响过一次就拿起听筒，也显得过于心急，还会因为对方没有做好准备而使其大吃一惊。

如果有可能的话，在电话铃响以后，应亲自接听电话，不要轻易让别人代劳。在正常情况下，不应该不接听他人打来的电话，尤其是"如约而来"的电话。因特殊原因，致使铃响过久才接起电话，必须在通话之初向对方表示歉意，抱歉让对方久等，在国外一些大公司规定电话铃响六声以上接听电话的第一句话就是"抱歉，让您久等了"。因为对方很可能是联系你公司的业务，如果电话打不通说不定就会找其他家了，如果你注意了接听电话礼

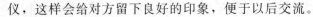

仪，这样会给对方留下良好的印象，便于以后交流。

▶ 2. 自报家门、仔细聆听

拿起话筒后，应自报家门："您好，这里是××"，并首先向发话人问好，注意声音要优美响亮、吐字要清晰。向发话人问好，一是出于礼貌；二是为了说明有人正在接听。至于自报家门，则是为了让发话人验证一下，是否拨错了号码或找错了人。自报家门时所说的内容，可参照发话人自报家门时的模式酌定。在私人寓所接听电话时，为了自我保护，有时可以用电话号码作为自报家门的内容，或者不必自报家门。

作为受话人，通话过程中要仔细聆听对方的讲话，并及时作答，给对方以积极的反馈。通话过程中如听不清楚或意思不明白时，要马上告诉对方。在电话中接到对方邀请或会议通知时，应热情致谢。

▶ 3. 控制语速语调、积极反馈

通话时语调温和，语气、语速适中，有魅力的声音容易使对方产生愉悦感。因为在电话中接触得多了，因此一听到你的声音，就对你产生了某种印象。在打电话时，由于你的姿态、笑容、动作、表情对方完全看不见，因此，你的善意、友好的态度完全依靠语言和声调来表达。有些人做不到这点，平时对人还不错，可是一打电话就语言机械、单调，甚至粗声粗气，像吵架一样，让人听起来很不愉快。

如果说话过程语速太快，对方则会听不清楚，显得应付了事；太慢，对方则会不耐烦，显得懒散拖沓；语调太高，对方则听得刺耳，感到刚而不柔；太低，对方则会听得不清楚，感到有气无力。一般而言语速、语调和平常的一样就行了，让你的声调能够温暖、亲切、舒适、悦耳地传达出你的友好，同时口齿也要清晰。口要正对着话筒，口唇离开话筒大约半寸，即使是长途电话，也无须大喊大叫。必要时把重要的话重复两次；提到时间、地点、数目时一定要交代得非常仔细。

▶ 4. 认真记录

商务电话往往涉及业务内容和谈判问题，因此在接听电话或代为接听电话时，一定要比较全面地记下电话的内容。一般来说，记录要遵循"5W1H"技巧。

Who(何人)：记下打电话的人的姓名、单位等信息。

When(何时)：记下接听电话的时间和对方电话中提到的关键时间。

Where(何地)：记下电话里提到的地点，这里分两种情况：一是来电者提到的上次会面地点；二是对方邀约会谈或洽谈的地点。

What(何事)：这是记录中最重要的部分，即双方通话的主要内容、谈话涉及的主要事件。

Why(为什么)：关于对方提到的措施或方案等问题，双方会有相关的解释，这是向上级汇报或者向同事转达时的主要释疑依据。

How(如何进行)：指有关对方提到的措施、方法、建议，这也是记录的重要内容。注意：记录时要用自己快捷独特的语言写下核心信息，并及时复述一遍自己的理解给对方听，以保证双方的理解没有偏差。

记录完毕，最好向对方复述一遍，以免遗漏或记错。应在电话旁准备专用的电话记录本或是电话记录卡片。

▶ **5. 勿忘道别**

当通话终止时，不要忘记向发话人道别，礼貌地向对方说"再见""回头联系""保持联系"等。当通话因故暂时中断后，要等候对方再拨进来，既不要扬长而去，也不要为此责怪对方。

▶ **6. 特殊情况**

（1）不方便接听电话时。万一在会晤重要客人或举行会议期间有人打来电话，而且此刻的确不宜与其深谈，可向对方说明原因、表示歉意，然后再约一个具体时间并主动按时打电话过去。若对方是长途的话，尤其要注意，别让对方再打过来，约好下次通话时间后，按时给对方打过去。

（2）同时有两个电话时。在接听电话时，适逢另一个电话打了进来，切忌置之不理。可先对通话对象说明原因，请求其稍候片刻，然后立即去接另一个电话。待接通之后，先请对方稍候，或过一会儿再打进来，随后再继续才正打的电话。

（3）代接电话。热情礼貌接电话时，假如对方找的不是自己，不要拒绝对方代找旁人的请求。代接电话时，不要充当"八卦人"，不要向发话人询问对方与其所找之人的关系。当发话人有求于己，要求转达某事给某人时，要严守口风。切勿随意扩散、广而告之，辜负他人的信任。

（4）代转电话。如果对方请你代转电话，应弄明白对方是谁，要找什么人，以便与接电话人联系。此时，告知对方"稍等片刻"，并迅速找人。如果不放下话筒喊距离较远的人，可用手轻捂话筒或按保留按钮，然后再呼喊接话人。如果你因别的原因决定将电话转到别的部门，应客气地告知对方，会将电话转到处理此事的部门或适当的职员处。

（5）善待错拨。若接听到误拨进来的电话，要耐心向对方细加说明。如有可能，还应向对方提供帮助，或者为其代转电话。千万不要为此勃然大怒，恶语相向，甚至出口伤人。

接听电话的礼仪顺序及其规范见表 4-4。

表 4-4　接听电话的礼仪顺序及其规范

顺序	规范用语	注意事项
1. 拿起电话自报家门	您好！××公司 早上好！（上午 10 点前） 抱歉，让您久等了，我是×× 部门××（铃响 3 声以上）	铃响 3 声内接电话；礼貌的称呼，不直接使用"喂"；控制音量、音调
2. 确认来者	××先生，您好 ××老师，您好	确认对方的身份
3. 仔细聆听与记录	好的、是、知道了	必要时做好电话记录
4. 通话内容确认	×月×日×点在××酒店会见您	重复关键事项
5. 结束语	我一定转达、谢谢、再见	
6. 放回电话		尊者先挂电话，轻放电话

（三）拨打电话

▶ **1. 选择适宜的通话时间**

（1）按照惯例，通话的最佳时间有两个：一是双方预先约定的时间；二是对方方便的时间。例如，可以在开始通话时，先询问对方现在通话是否方便。倘若对方不方便，则可另约一个时间，届时再把电话打过去。

打公务电话，要尽量选在工作时间内进行，除有要事必须立即联系对方外，不要在他人休息的时间打电话。有意识地避开对方的通话高峰时间、业务繁忙时间、生理厌倦时间，打电话的效果会更佳。如果是打电话到工作单位，最好不要在星期一一大早打过去，因为经过一个周末，对方要处理的工作会很多。当然，在对方快要下班的前几分钟打电话也是不太合适的，因为快要下班了，大家也许有些事情要处理，处理完后直接回家。如果因为你的电话而耽误了对方的私人时间，也许对方会感到不快。

例如，每日上午8点之前、晚上10点之后以及午休时间、节假日等，或对方用餐时打电话也是非常不合适的，对于有午休习惯的人，也请不要在中午打电话打扰他。拨打国际电话时，首先要了解一下时差，尽量在对方工作时间内打电话联系。

万不得已打电话影响了别人，不仅要讲清楚原因，而且要说一声"抱歉，不好意思"或是"对不起"。在他人上班时间内，原则上不要为了私人事宜给对方打电话，这样可能会妨碍对方的工作，给对方留下不好的印象。

（2）打电话时，每次通话的时间长度应有所控制。电话交谈所持续的时间也不宜过长，事情说清楚就可以了。基本的原则是：以短为佳，宁短勿长。在电话礼仪中，有所谓的"三分钟原则"，实际上，它就是"以短为佳、宁短勿长"基本原则的具体体现。它要求在打电话时，发话人应当自觉地、有意识地将每次通话的时长限定在3～5分钟内。尽量不要超过这一限定。在办公室打电话，要照顾到其他电话的进、出，不可过久占线，更不可将办公室的电话或公用电话当作聊天的工具，倘若通话时间较长，也应事先征求对方同意，并在结束通话时为占用对方很长时间而表示歉意。

▶ **2. 通话之前做好准备**

商务人士在打电话前，为节省时间一定要"去粗取精"，条理清晰地预备好提纲。若拨通电话时对方正忙，则不应强人所难，可以约一个时间，过一会儿再打。此外，与不熟悉的单位或个人联络，通话之前应该核对对方单位的电话号码、单位的名称及接话人姓名，以免因为搞错而浪费时间。通话前写出要点及询问要点，准备好在通话中使用的备忘纸和笔，以及必要的资料和文件。可以通过简单了解对方的情况来事先估算通话时间。通话时要长话短说，直言主题，力戒讲空话、说废话、无话找话和短话长说。

▶ **3. 注意通话的礼节**

接通电话后，应主动友好，自报家门和核实对方的身份。应先说明自己是谁，除非通话的对方与你很熟悉，否则应该同时报出你的公司及部门名称，然后再提一下对方的名称。

▶ **4. 特殊情况**

（1）通话中如有人无意闯入，可以示意请此人坐下等候，或此人自觉退出等候。否则，你可向电话那端的人说声"对不起"后，简短和来人说两句话（如可以说："等我打完这个电话后再和你谈"）后继续通电话。如果办公室有来客时电话铃响了，可以暂时不接，除非你一直在等这个电话，如属于这种情况，则应向来客说明情况。

（2）如果需要留言请对方回电，就要请对方记下你的电话号码，这样对方回电时就不必再去查电话号码簿。即使对方是熟人，双方经常通电话，也要告诉对方回电的号码，同时别忘了告诉对方回电的合适时间。如果对方是在外地，则最好说明自己将于何时再打电话，请其等候。

（3）如果要找的人不在，或恰巧不能听电话，则应对代接电话的人说"谢谢，我过会儿再打"，或是用礼貌的方式请求对方转告。留言时，要说清楚自己的姓名、单位名称、电话号码、回电时间、转告的内容等。在对方记录下这些内容后，再问一句："对不起，请问您怎么称呼？"对方告知后要用笔记录下来，以备查找，切不可"咔嚓"一下就挂断电话。

如果在比较紧急的情况下，你要找的人不在，可以问："请问我什么时候再打来比较合适？"或者："我有紧急的事情，要找王经理，不知道有没有其他的联系方式？"不管对方是否为你提供了其他的联系方式，都应该礼貌地说："谢谢您，再见。"

（4）如果出现线路中断，打电话的一方应负责重拨，接电话的一方应稍候片刻。重拨越早越好，接通后应先表示歉意，尽管这并非自己的过错，可以说："对不起，刚才线路出了问题。"即使通话即将结束时出现线路中断也要重拨，继续把话讲完。要是在一定时间内，打电话的一方仍然未重拨，接电话的一方也可以回拨过去，然后询问："刚才电话断了，不知您是否还有没讲完的事？"

拨打电话的礼仪顺序及其规范见表 4-5。

表 4-5　拨打电话的礼仪顺序及其规范

顺序	规范用语	注意事项
1. 事前准备		·确认拨打电话对方的姓名、电话号码 ·准备好要讲的内容、说话的顺序和所需要的资料，文件等 ·明确通话所要达到的目的
2. 问候，自报家门	您好！我是……	·一定要报出自己的姓名 ·讲话时语气诚恳、态度和蔼
3. 确认通话对象	请问您是…… 我想找××部门的××	·必须确认接电话的是否为你要找的人 ·确认是你要找的人接的电话后，应重新问候
4. 确认通话内容	我今天打电话是想通知/咨询……	·必要时做好电话记录，重复关键事项 ·说完后可总结所说内容的要点
5. 结束语	谢谢、再见	
6. 放回电话		尊者先挂电话，轻放电话

(四)手机使用礼仪

▶ 1. 手机放置的位置

手机没有使用时要放在合乎礼仪的常规位置：一是随身携带的公文包里；二是上衣的内袋里或是不起眼的地方，如背包、手袋里，但不要放在桌子上，特别是不要对着正在聊天的客户。

▶ 2. 手机使用的场合

（1）在会议中或洽谈时，最好的方式是把手机关掉，起码要调到震动状态，这样既显示出对别人的尊重，又不会打断说话人的思路。

（2）注意手机使用礼仪的人，不会在公共场合、座机电话接听中、开车时、飞机上、楼梯、电梯、路口、人行道、剧场、图书馆和医院里接打手机，就是在公交车上大声地接打手机也是有失礼仪的。

在医院或是加油站里停留期间，也不能使用手机。手机有很强的电磁辐射，在医院里用手机，强烈的电磁辐射会干扰医疗设备的使用。汽油的挥发性很强，汽油蒸气和空气混合会形成可燃气体，手机拨打或接收电话的时候有可能在手机内部出现静电火花，即使是微弱的火花遇到可燃气体也可能引发爆炸。因此，在加油站内禁止使用手机，以免酿成火灾。此外，在一切标有文字或图示禁用手机的地方，均须遵守规定。

（3）在餐桌上，关掉手机或调到震动状态是必要的。

（4）给对方打手机时，尤其当知道对方是身居要职的忙人时，首先要想到的是，这个时间他(她)方便接听吗？在给对方打手机时，注意从听筒里鉴别对方所处的环境。如果很静，应想到可能正在开会，当听到噪音时对方就很可能在室外，开车时的隆隆声也是可以听出来的。但不论在什么情况下，是否通话还是由对方来定为好，所以"现在通话方便吗？"通常是手机接通后的第一句问话。当然，在有其他联络方式时，还是尽量不要打对方手机。

（5）不论自己的手机多么先进、昂贵，也仅仅是通信工具而已，而绝非抬升个人身价的道具，因此不论何时都不要拿手机来炫耀。

（6）自觉按时缴纳使用费，不要让他人与自己的联络中断。

（7）改换手机号码后应尽早告知与自己有工作联系的人。

（8）当他人利用手机联络自己时，应尽早答复。约定的联络时间内，不要随便关机。因错码、掉线、没电而有碍联络或暂停联络，应及时说明，并向联络对象道歉。

▶ 3. 手机短信的使用

（1）发送手机短信礼仪。在短信的内容选择和编辑上，应该和通话一样重视文明。因为你发的短信反映了你观点的倾向性，同时也反映了你的品位和水准。第一，内容要简单明了。第二，语意要清楚。第三，检查语法和错别字。第四，短信祝福或拜年，记得署名。

（2）接收手机短信礼仪。第一，接收短信及时回复。第二，及时删除无用的短信，保持手机短信容量有一定空余量，以免影响新短信的接收。第三，重要短信及时移至收藏夹。

（3）其他注意事项如下。

① 不要在别人注视你的时候查看短信，是对别人不尊重。上班时间每个人都在忙着工作，即使不忙，也不能没完没了地发短信。

② 如果事先已经与对方约好参加某个会议或活动，为了怕对方忘记，最好提前一天再短信提醒一下。

③ 有时要给身份高或重要的人打电话，知道对方很忙，可以先发短信："有事找您，是否方便给您打电话？"如果对方没有回短信，一定不是很方便，可以在较久的时间以后再拨打电话。

二、网络沟通

商务活动中的网络沟通主要指通过电子邮件进行沟通。收发电子邮件是人们利用网络办公最常见的手段，也是最重要的方式。在收发电子邮件的不同阶段，要遵循一定的礼仪规范。

▶ **1. 撰写与发送**

（1）主题要明确，而且要在邮件的主题中写出来，这样既不会浪费收件人的时间，也有利于收件人权衡轻重缓急。一个电子邮件，大都只有一个主题，并且往往需要在前注明。主题是接收者了解邮件的第一信息，因此要提纲挈领，使用有意义的主题，这样可以让收件人迅速了解邮件内容并判断其重要性。切忌使用含义不清的标题，如"你好"或是"接收"，若是将其归纳得当，收件人见到它便对整个电子邮件一目了然了。

（2）内容要简明扼要，越短越好。在信息社会里，任何人的时间都无比珍贵，对商务人士来讲，这一点就显得更加重要了。

（3）利用网络办公时所撰写的必须是公务邮件，不可将单位邮箱用做私人联系途径之用。

（4）在地址栏上撰写时，应准确无误地键入对方邮箱地址。

（5）在消息板上撰写时，应遵照普通信件或公文所用的格式和规则。邮件篇幅不可过长，以便收件人阅读。

（6）邮件用语要礼貌规范，以示对对方的尊重。如果担心语气不对而引起误会，可多用"谢谢""请"等字眼。根据对象来选择开头语和祝福语，既不过于客套，又要注意礼节。

（7）撰写英文邮件时不可全部采用大写字母，否则不礼貌。

（8）不可随便发送无聊、无用的垃圾邮件。

（9）要保守国家机密，不可发送涉及机密内容的邮件，不得将本单位邮箱的密码泄露给他人。

▶ **2. 接收与回复**

（1）定期打开收件箱，最好是每天都查看一下有无新邮件，以免遗漏或耽误重要邮件的阅读和回复。

（2）及时回复公务邮件。收到他人的重要电子邮件后，应即刻回复对方，这是对他人起码的尊重，理想的回复时间是2小时内，特别是对一些紧急、重要的邮件，以确保信息的及时交流和工作的顺利开展。对于一些优先级低的邮件可集中在某一特定时间处理，但一般不要超过24小时。

（3）若涉及较难处理的问题，则可先电话告知发件人已经收到邮件，再择时另发邮件予以具体回复。但也应该及时地回复说"收到了，我们正在处理，一旦有结果就会及时回复"等，不要让对方苦苦等待，以免影响他人工作。

（4）若由于因公出差或其他原因而未能及时打开收件箱查阅和回复时，应迅速补办具体事宜，尽快回复，并向对方致歉。

（5）不要未经他人同意向对方发送广告邮件。

（6）发送较大邮件需要先对其进行必要的压缩，以免占用他人信箱过多的空间。

（7）尊重隐私权，不要擅自转发别人的私人邮件。

（8）主动终止邮件的来往，可以在文末写上"全部办妥""无须回复""仅供参考"等字样。

（9）发送附加文件要考虑对方能否打开并阅读该类型的文件。

任务训练

▶ 1. 礼仪测试

对照自己平时接电话的实际表现，做一下评估：

（1）电话一响立即接起或者响过四五声再从容地接起来。　　　　　　　（　　）

（2）如果不是本部门的电话，就没必要理会，免得耽误正常的工作。　　（　　）

（3）如果是其他同事的业务电话，要立即大声喊他来接。　　　　　　　（　　）

（4）手头工作实在太忙的时候，可以不接电话或是直接把电话线拔掉。　（　　）

（5）如果两部电话同时响起来的时候，只能接一部，另一部不用管它了。（　　）

（6）快下班的时候，为了能更好地解答客户咨询，让客户改天再打电话来。（　　）

（7）接客户电话的时候，要注意严格控制时间长度，牢记"三分钟"原则。（　　）

（8）如果电话意外中断了，即使知道对方是谁也不应该主动打过去，而是等对方打过来。　　　　　　　　　　　　　　　　　　　　　　　　　　　　　（　　）

（9）接到打错的电话，不用理会，马上"啪"地挂掉，不能耽误工作时间。（　　）

（10）在和客户谈事的时候，如果手机响了，应该避开客户到其他地方接听。（　　）

▶ 2. 拓展训练

请同学们登录自己的电子邮箱，并相互发送一份带有附件的电子邮件，最后回复电子邮件。

子情境四　　商务常用文书的选用

学习目标

1. 掌握通知、计划、总结、会议记录等常用商务文书的使用场合。

2. 能够根据具体公务选择适当的商务文书。

导入案例

头疼的会议通知

某地准备以党委、人民政府名义召开一次全区性会议。为了给有关单位充分时间准备会议材料和安排好工作，决定由领导机关办公室先用电话通知各地和有关部门，然后再发书面通知。电话通知发出不久，某领导即指示：这次会议很重要，应该让参会单位负责某项工作的领导人也来参加，以便更好地完成这次会议贯彻落实的任务。于是，发出补充通知。过后不久，另一位领导又指示：要增加另一项工作的负责人参加会议。如此再三，在三天内，一个会议的电话通知，通知了补充，补充了再补充，前后共发了三次，搞得下边工作人员无所适从，怨声载道。

知识链接

一、事务性通知

▶ 1. 事项通知

事项通知可以是平行通知，也可以下行通知。主要是为了让对方了解某件事情或某些情况，一般不要求执行或办理。当发文单位需要向有关方面知照某一事项或交流某些信息时，可使用这种通知。

▶ 2. 非正式公文类通知

非正式公文类通知分为启事型通知和凭证型通知。

（1）启事型通知。这种通知与启事相近，当需要把一些临时发生的情况和准备采取的措施告知有关单位和个人时，多使用这种通知，如"××办事处关于报送 2019 年卫生工作总结的通知"。有些启事型通知的标题并不标明事由，只写"通知"二字，也是可以的。

（2）凭证型通知。这种通知既起到告知有关情况的作用，又起到证明对方身份的作用，其行文对象都是与某一事项有关的单位或个人。比如，某单位要主持召开一个全省乃至全国范围内的学术讨论会、产品鉴定会等，需要事先向有关单位和个人发出通知。一方面告知与会议有关的单位和个人做好准备；另一方面又作为其参加会议的凭证。

▶ 3. 会议通知

当需要向有关人员或单位知照某一会议的时间、地点及会议要求时，可使用会议通知。

二、计划

计划是各级机关、企事业单位、社会团体和个人对未来一定时间内的活动拟定出实现目标、内容、步骤、措施和完成期限的一种事务性文书。计划是个统称，除了一般所说的"××计划"之外，我们平常见到的"安排""方案""设想""纲要""规划""要点"等都属于计划的范畴。它们的区别主要体现在涉及范围的大小、时限的长短和内容的详略上。

计划的特点一是针对性，计划是根据党和国家的方针、政策和有关的法律、法规，针对本系统、本部门的实际情况制定的，目的明确，具有指导意义。二是预见性，计划是在行动之前制定的，它以实现今后的目标，完成下一步工作和学习任务为目的。

【相关案例】

××市永生造纸厂 2019 年质量工作计划

随着我国经济体制改革的深入发展，企业外部环境和条件发生了深刻的变化，市场竞争越来越激烈，质量在竞争中的地位越来越重要。企业管理必须以质量管理为重点，提高产品质量是增强竞争能力、提高经济效益的基本方法，是企业的生命线。2019 年是我厂产品质量升级、品种换代的重要一年，特制订本计划。

一、质量工作目标

1. 一季度增加 2.5 米大烘缸一只，扩大批量，改变纸页湿度。

2. 三季度增加大烘缸扎辊一根，进一步提高纸页的平整度、光滑度，要求此项指标达到 QB 标准。

3. 四季度改变工艺流程，实现里浆分道上浆，使挂面纸和小泥袋纸板达到省内外同行业先进水平。

二、质量工作措施

1. 强化质量管理意识，进行全员质量教育，培养质量管理骨干，使广大职工提高认识，管理人员方法得当。

2. 成立以技术厂长为首的技术改造领导小组，主持为提高产品质量以及产品升级所需设备、技术改造工作，负责各项措施的布置、落实和检查工作。

3. 由上而下建立质量保证体系和质量管理制度，把提高产品质量列入主管工作厂长、科长及技术人员的工作责任，年终根据产品质量水平结算奖金，执行奖惩办法。

4. 本计划已纳入 2019 年全厂工作计划，厂部负责检查监督，指导实施，各部门、科室要协同配合，确保本计划的完满实现。

三、计划的监督与落实（略）

××市永生造纸厂
二〇一九年一月十日

【相关案例】

××公司第三季度工作计划

制定单位			项目	有效期限	备注
计划事项		1	内容：	责任者	
			目标：	完成时限	
			措施：	奖惩办法	
		2	内容：	责任者	
			目标：	完成时限	
			措施：	奖惩办法	
		3	内容：	责任者	
			目标：	完成时限	
			措施：	奖惩办法	
		4	内容：	责任者	
			目标：	完成时限	
			措施：	奖惩办法	
部门负责人					

这种计划制作起来比较简便，是用于时间较短、内容较单一或量化指标较多的计划形式。

三、总结

总结是各级机关、企事业单位、社会团体和个人通过对过去一段工作的回顾、分析和研究，从中找出经验、教训，得出一些规律性的认识，用以指导今后工作的事务性文书。

按内容分，有学习总结、工作总结等；按范围分，有单位总结、个人总结等；按时间分，有年度总结、季度总结等；按性质和作用分，有综合性总结、专题性总结等。

【相关案例】

大地公司 2019 年工作总结

2019 年，我公司遇到了因各地日用百货生产发展所造成的市场供应缓和，产地之间竞销激烈，部分商品调低价格，运输不畅，商品待运期增加等困难。广大职工通过学习党的文件，提高认识，振奋精神，力排众难，在按需组织收购、扩大商品销售、改善经营管理等方面做了大量工作，超额完成了各项经济指标。其中：收购实绩××××万元，比去年增长 7.17%；销售实绩××××万元，比去年增长 3.98%；利润实绩×××万元，比去年增长 15.39%；费用水平 0.57%，比去年下降 0.02%。

回顾过去的一年，我们主要做了以下四个方面的工作：

一、密切协作，按需收购，促进适销对路（略）

二、改进服务，提高信誉，扩大商品销路（略）

三、加强核算，改善管理，提高经营效益（略）

四、开展竞赛，组织培训，调动职工积极性（略）

大地公司

二〇一九年十二月三十一日

四、会议记录

会议记录是开会时当场将会议基本情况和会议报告、发言、讨论、决议等内容如实记录下来的文书。

会议记录的特点，一是资料性，是分析会议进程、研究会议议程的依据；是编写会议简报和撰写会议纪要的重要资料；还可以作为原始资料编入档案长期保存，以备需要时查阅。二是真实性，是对会议情况的客观记录。

【相关案例】

大地公司项目会议记录

时间：2019 年 1 月 10 日上午 9 时

地点：公司第一会议室

出席人：各分司与直属部门经理

主持人：李明（集团公司副总裁）

记录员：张燕苗（总经理室秘书）

一、主持人讲话：……

二、发言：第一分公司齐总……

第二分公司刘总……

技术部王总……

三、决议：散会（上午 11 时）

主持人：李明（签名）

记录人：张燕苗（签名）

任务训练

▶ 1. 案例分析

一位刚毕业的大专生，经校园招聘后走上了自己的第一个工作岗位。这个工作的主要内容是在多个网站上发布企业的销售信息，大到新浪等知名综合性网站，小到一些小的行业网站。在企业里，这位刚毕业的学生是最不起眼的，领导最不关注的，但他想写一份好的年终总结。

请同学们帮他依据所述的情况起草一份个人总结。

▶ 2. 拓展训练

（1）课后尝试采访一位陌生人，并将采访过程与同学分享。

（2）根据电话礼仪，请谈一谈在打电话时遇到哪些不礼貌的情况。

（3）情景模拟，召开一次团组织生活会议，请几位同学做一次会议记录，教师进行总结指导。

子 情 境 一　　商务拜访活动

学习目标

1. 灵活运用拜访过程的礼仪规范，做好各项准备活动。
2. 掌握商务接待的礼仪规范。
3. 掌握拜访预约、拜访过程中的礼仪规范。

导入案例

尴尬的会面

　　小王和小李是大学同学，毕业后，各奔东西。如今，小王在A公司当业务员，小李在B公司当经理。A公司正好准备与B公司做一笔生意（第一次），小王得知此事后，便自告奋勇，一来想去探望一下十多年没见的朋友，二来也想提升一下自己在公司的地位。这天下午，小王便去了B公司的经理办公室，结果在门口被秘书拦下。经过一番解释，秘书告诉他李经理不在，并将公司的电话号码给了他。隔了几天，小王打电话给B公司，预约成功，定于星期三下午3：30见面。结果由于堵车，小王晚到了一个小时。到了以后，经打听，经理还在，就推门进去。老朋友相见，十分欢喜。小王马上冒出一句："小李，这几年过得不错啊！"李经理感到有些尴尬。接着两人寒暄了几句，小王便在沙发上一坐，跷起了二郎腿，掏出一支烟递给小李，李经理不抽，他自己便大口大口地抽起来，整个办公室顿时烟雾笼罩。李经理实在觉得不适，就打开窗户，说："我这几天咽喉发炎，闻不得烟味儿，请原谅！"小王不情愿地掐灭了香烟。

　　（资料来源：张岩松. 现代礼仪教程［M］. 大连：大连理工大学出版社，2014.）

知 识 链 接

一、拜访前的准备

▶ 1. 了解客户信息

在拜访前一定要先了解对方的姓名、性格、兴趣、爱好与经历等信息，包括对方对自己的介绍、第三方的叙述、媒体的报道等，如果需要，还要了解对方的公司信息。

▶ 2. 拜访前预约

拜访要做到有约在先，忌做不速之客。无论到对方家里、办公室或者是酒店，都要事先与被拜访者预约，以便双方都能利用和控制时间。不约而至，是对对方的不尊重，常常会令人难堪，使人不快。约定拜访时间和地点，应尊重客户，客随主便。若是到家中拜访，不要约在吃饭和休息时间，最好安排在节假日下午和晚上；若是到办公场所拜访，一般不要约在上班后半小时和下班前半小时内；若去异性朋友处做客，尤其要注意时间安排，以对方方便的时间为宜。

▶ 3. 商务拜访要有计划

商务拜访要有计划，首先，把一天当中所要拜访的客户都选定在同一区域之内，这样可以减少来回奔波的时间。

▶ 4. 做好拜访前"彩排"

拜访前有些事情要事先做好充分的预演，心里有数，才能达到面谈成功的效果。

▶ 5. 准备有关资料

要准备相关的资料，并针对可能出现的情况事先拟订的解决方案或应对方案以及准备一些小礼品。

▶ 6. 注意礼仪形象

出发前要修饰好自己的仪容仪表，服饰要整洁规范、得体大方。

二、拜访过程中的礼仪

▶ 1. 守时守约

约好时间、地点后，不可轻易变动，因特殊原因不能如期赴约，务必尽快打电话通知对方，说明情况并诚恳致歉；待见面时，应再次致歉。

拜访时应准时到达，提早和迟到都不宜。一般以提前 10~15 分钟到达为宜，这样可以从容调整自身状况。如果考虑到交通拥挤或其他影响因素，可约定一个较为灵活的拜访时间，如"上午 7 点半到 8 点"。

▶ 2. 做好沟通

如果是约定在对方公司见面，则应面带微笑、从容不迫地走向前台，礼貌地致意、问好，然后告诉前台自己来自哪个单位，要约见什么人，见面预约的时间，请前台予以安排。第一次来访可以赠送给前台一些小小的礼品，也可以是你公司的产品或是样品。

▶ 3. 耐心等待

到达拜访地点后，如果对方因故不能马上接待，可以在对方前台人员的安排下在会客厅、会议室或在前台，安静地等候。

▶ 4. 进门有礼

到达被访人办公室时，一定要先轻轻敲门，进屋后等安排再就座。有门铃的房间首先按门铃，时间 2 秒左右即可；若间隔十几秒未见反应，可再按 2～3 次，切忌长时间连续不断按铃。

▶ 5. 自我介绍

说明公司名称及自己姓名并将名片双手递上，在交换名片后，对对方抽空见自己表达谢意。

▶ 6. 举止得体

举止得体，要以优雅得体的言谈举止体现素质、涵养和职业精神，赢得对方的好感和尊重。在对方没有邀请入座之前不要随便坐下，被邀请入座时应表示感谢。如果对方也是站着的，则不要先于对方就座。不能随意走动，坐姿要端正，不要东倒西歪，不能把整个身体陷在沙发内；也不要双手抱膝，更不要跷二郎腿。若觉疲劳，可变换坐姿，但不能抖动两腿。女士应注意两膝要靠拢。

最好不抽烟，若非抽不可，也要征得主人同意；对方端茶，应欠身致谢，并双手捧接。

▶ 7. 言谈有度

谈话时开门见山，不要海阔天空，浪费时间，最好在约定时间内完成访谈，如果对方表现出有其他要事的样子，千万不要再拖延，如未完成工作，可约定下次拜访的时间。

三、拜访结束时的礼仪

▶ 1. 适时告辞

拜访交谈时要注意掌握时间，拜访时间不宜太长，适时告辞，一般拜访不要超过一个小时，初次拜访不要超过 30 分钟。如果对方心神不定，不停地看钟、看表或接听电话，面露难色，欲言又止，说明对方已无心留客，这时就应主动提出告辞。拜访结束时应彬彬有礼地告辞，可给对方留下良好的印象，同时也给下次的拜访创造良好的氛围和机会。

▶ 2. 致谢

对拜访过程中接待者提供的帮助要及时适当地致以谢意。若是重要约会，应在拜访之后给对方寄一封谢函或发一条短信，从而加深对方对自己的好感。告辞前，应对对方的热情接待予以肯定和感谢，说完告辞的话就应起身离开座位，不要久说或久坐不走。告辞时要同客户和其他客人一一告别。

如果带有礼物，可以在进门时交给对方，也可在告辞时请对方收下。出门时，应与对方握手告辞，并说"请留步"，出门后，还应转身行礼再次道别。

任务训练

▶ 1. 案例分析

麦克具有丰富的产品知识，对客户的需求很了解。在拜访客户以前，麦克总是提前了解客户的一些基本资料，并常常以电话的方式先和客户约定拜访的时间。今天是星期四，下午 4 点刚过，麦克精神抖擞地走进办公室。他今年 35 岁，身高 1.83 米，深蓝色的西装上看不到一丝的皱褶，浑身上下充满朝气。从上午 7 点开始，麦克便开始了一天的工作。他除了吃饭的时间，始终没有闲过。麦克选择客户的标准包括客户的年收入、职业、年龄、生活方式和爱好。在拜访客户以前，麦克一定会先弄清楚客户的姓名。例如，想拜访某公司的执行副总裁，但不知道他的姓名，麦克会打电话到该公司，向总机人员或公关人员请教副总裁的姓名。知道了姓名以后，才进行下一步的推销活动。麦克拜访客户是有计划的。他把一天当中所要拜访的客户都选定在某一区域之内，这样可以减少来回奔波的时间。根据他的经验，利用 45 分钟的时间做拜访前的电话联系，即可在某一区域内选定足够的客户供一天拜访之用。

（资料来源：张岩松. 现代礼仪教程［M］. 大连：大连理工大学出版社，2014.）

问题：（1）这名优秀的业务员的成功之处在哪里？

（2）请谈谈你对现代商务拜访过程中应注意的礼仪问题的理解。

▶ 2. 拓展训练

学生分组训练模拟一次商务拜访，将拜访中涉及的相关礼仪规范演示出来。

子 情 境 二　　商务接待活动

学习目标

1. 掌握接待工作的程序和礼仪。
2. 能够完成接待客户的准备工作。
3. 掌握接待过程引导、陪同、送别的礼仪规范。

导入案例

不愉快的接待

鼎盛有限公司的张山，是一位刚从大学经济管理专业毕业的博士生。因他毕业前在该公司有过项目研究，而且他针对该公司的管理撰写的毕业论文中的某些观点很得公司领导的赏识，他本人也认为对该公司改革有一定的作用。来到该厂工作后，他对论文中的一些观点和看法更加成熟，因此，张山很想找总经理谈谈。但他去找总经理那天，恰好总经理外出开会，只有总经理办公室黄秘书在看当天准备上报的统计表。黄秘书很客气地让张山坐下，并告诉他："总经理不在，有何意见，我可以代为转达。"于是，张山就滔滔不绝地讲了起来。黄秘书一边看报表，一边听对方侃谈，但精神却集中在报表上。张山言谈中常带"像咱们这样的小公司"，黄秘书越听越不高兴，结果，没等这位博士生把话说完，他便满脸怒气说道："公司小是否埋没了你的才能？你是博士生，大材小用，何不去大公司呢？……"黄秘书的冷嘲热讽激怒了张山，导致了双方的激烈争吵。最后，张山非常气愤地离开了办公室。

知识链接

一、接待前的准备

▶ 1. 接待人员准备

接待人员是展现公司形象的第一人，其接待来访客户时的形象和态度对客户形成公司整体印象起着非常重要的作用，有时接待礼仪会影响整个商务活动的成功与否。

（1）仪容整洁。接待人员的仪表仪容要端庄整洁，服装要干净、平整、大方。女士应适当化妆，以示尊重对方。发型不宜过于新潮，珠宝首饰不可佩戴过多。

（2）举止优雅。作为一名接待人员，说、站、坐、走，甚至举手投足、目光表情，都能反映出其文化素养，也能代表所在企业的管理水平。客户对其企业的美好印象，很大一部分归功于接待人员在接待时表现出来的高水准。

（3）心理准备。无论来访的客人是预约过还是未预约的，是易于沟通的还是脾气急躁的，都要让对方感到自己是受到欢迎、得到重视的。看到同事在招待客人，要有主动协助的精神，不能认为不是自己的客人就不予理睬。

▶ 2. 物质环境准备

接待环境包括前台、会客室、办公室、走廊、楼梯等处，这些地方应该清洁、整齐、明亮、美观。室内要保持空气清新，光线不能过强或过弱。办公桌上的文件、文具、电话等物品要各归其位、摆放整齐。不常用的东西和私人用品，应该放到抽屉里固定的地方，以便用时马上能找到。

▶ 3. 了解接待对象

在接待之前，首先，必须了解客人的基本情况。其次，要问清客人到达的日期、所乘的交通工具、车次或航班抵达的具体时间。最后，对于重要的客人和高级团体，要制订周密的接待方案，包括接待工作的组织分工、陪同人员和迎送人员名单、食宿地点及房间安排、伙食标准及用餐形式、费用支出意见、活动方式、日程安排、汇报内容的准备及参加人员等。

二、正式接待

（一）迎接客人身份要对等

客人到达后，应安排专人迎接，迎接人员安排一般遵循对等原则。对于一般客人，可以由业务部门或经理秘书人员到机场或车站迎接，对于重要客人，有关领导要亲自前去接机接站。

【相关案例】

甲、乙两企业都是大地公司的合作单位。一次甲企业的副总经理到大地公司商谈业务，大地公司的陈总经理为了表示友好和重视，出面接待，全程陪同。不久乙企业也派了一位副总经理来大地公司，由于当时陈总经理工作太忙，就让赵副总经理出面接待。乙企业已知道上次是陈总经理接待的甲企业，非常不高兴，认为大地公司对他们公司不尊重，没有诚意，本来想商谈的项目就搁置了。

▶ **1. 接待规格类别**

确定接待规格要考虑到多方面因素，并不是规格越高越好。经常用高规格接待会影响领导的工作。

（1）高规格接待，是指主要陪同人员比主要来宾的职位高的接待。如公司副总经理接待上级单位派来了解情况的工作人员，或接待一位重要客户，而该客户的职位不过是某公司部门经理。高规格接待表明对被接待一方的重视和友好。

（2）对等接待，指主要陪同人员与主要来宾的职位相当的接待，这是最常用的接待规格。

（3）低规格接待，是指主要陪同人员比主要来宾的职位低的接待。这种接待规格常用于基层单位，比如某部领导到下属企业视察，其企业的最高领导的职位也不会高于部领导，这就属于低规格接待。

▶ **2. 接待规格的确定**

（1）对方与我方的关系。当对方的来访事关重大或我方非常希望发展与对方的关系时，往往以高规格接待。

（2）一些突然的变化会影响到既定的接待规格，如上司生病或临时出差，只得让他人代替。遇到这类情况，必须向客人解释清楚，并向客人道歉。

【相关案例】

天地公司人力资源部接待了一位求职者陈先生。陈先生是某专利技术的持有者，正是天地公司急需的人才，人力资源部负责人马上把陈先生的情况上报给负责人事的张副总经理。张副总经理放下手头的工作去见陈先生，一方面进一步了解陈先生的情况，另一方面也想借此表示公司求贤若渴的态度。这样的接待即属于高规格接待，我们平时也称为破格接待。

（二）接待过程中的礼仪

▶ **1. 微笑迎接**

笑是全世界的共通语言，就算语言不通，一个微笑就能带给彼此一种会心的感觉。访客接待的第一秘诀就是展现你的亲切笑容。当客户靠近的时候，一个好的接待员要展现出亲切灿烂的笑容，使用温馨合适的招呼语，让来访者有宾客如归的感觉。

▶ **2. 安排食宿**

客人到达后，应安排有关人员协助拿行李，并把客人引到事先安排好的房间。客人住下后，把就餐的时间、地点告诉来客。对重要客人应安排专人陪同。

▶ **3. 接待行礼**

国内通行的三阶段行礼包括15度、30度和45度的鞠躬行礼。15度的鞠躬行礼是指打招呼，表示轻微寒暄；30度的鞠躬行礼是敬礼，表示一般寒暄；45度的鞠躬行礼是最高规格的敬礼，表达深切的敬意，如图5-1所示。

在行礼过程中，不要低头，要弯下腰，但绝不能看到自己的脚尖；要尽量举动自然，令人舒适；切忌用下巴跟人问好。

▶ **4. 引导**

（1）在走廊的引导。接待人员在客人两三步之前，配合步调，让客人走在内侧。

（2）在楼梯的引导。当引导客人上楼时，应该让客人走在前面，接待人员走在后面，

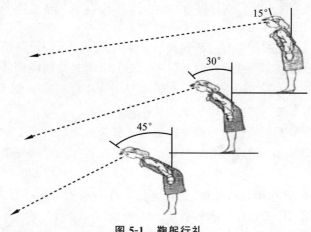

图 5-1 鞠躬行礼

假设你是女性，穿的是短裙，那么你千万不要在引导客人上楼时自告奋勇"请跟我来"，因为差两个阶梯，客户视线就会投射在你的臀部与大腿之间，此时，你要尽量真心诚意跟对方讲"对不起，我今天服装比较不方便，麻烦您先上楼，上了楼右转"，明确地将正确方位告诉客户就可以了。

（3）在电梯的引导。引导客人乘坐电梯时，接待人员先进入电梯，等客人进入后关闭电梯门，到达时，接待人员按"开"的钮，让客人先走出电梯。

（4）客厅里的引导。当客人走入客厅，接待人员用手指示，请客人坐下，看到客人坐下后，才能行点头礼后离开。如客人错坐下座，应请客人改坐上座。

▶ 5. 危机提醒

要注意对访客进行危机提醒。例如，在引导访客转弯的时候，熟悉地形的你知道在转弯处有一根柱子，这时就要提前对访客进行危机提醒；如果拐弯处有斜坡，你就要提前对访客说"请您注意，拐弯处有个斜坡"。

▶ 6. 乘车礼仪

上下轿车的先后顺序有礼可循，其基本要求是：倘若条件允许，应请尊长、女士、来宾先上车，后下车。当主人亲自驾驶时，如有可能，主人均应后上车、先下车，以便照顾客人上下车。

（1）当主人陪同客人同乘一辆轿车时，主人应为同车的第一主宾——打开轿车的右侧后门，用手挡住车门上沿，防止客人碰到头。待客人坐好后再关门，注意不要夹了客人的手或衣服。然后从车尾绕到左侧为另外的客人开门或自己上车。

（2）由主人亲自驾驶轿车时，一般前排座为上，后排座为下，以右为尊，以左为卑。

在双排五人座轿车上，座位由尊而卑依次是：副驾驶座，后排右座，后排左座，后排中座。

在双排六人座轿车上，座位由尊而卑依次为：前排右座，前排中座，后排右座，后排左座，后排中座。

乘坐主人驾驶的轿车时，最重要的是不能让前排座空着。一定要有一个人坐在那里，以示相伴。由先生驾驶自己的轿车时，则其夫人一般应坐在副驾驶座上。由主人驾车送其友人夫妇回家时，与主人同性别的友人夫妇之一要坐在副驾驶座上与主人相伴。

（3）专职司机驾驶轿车时，通常仍讲究右尊左卑，但一般以后排为上，前排为下。坐于前排者，大都应后上车、先下车，以便照顾坐于后排者。

乘坐由专职司机驾驶的轿车并与其他人同坐于后一排时，应请尊长、女士、来宾从右侧车门先上车，自己再从车后绕到左侧车门后上车。下车时，则应自己先从左侧下车，再从车后绕过来帮助他人。若车停于闹市，左侧车门不宜开启，则于右门上车时，应当里座先上、外座后上；下车时，则应外座先下，里座后下，总之，以方便易行为宜。

在双排五人座轿车上，座位由尊而卑依次为：后排右座，后排左座，后排中座。

在双排六人座轿车上，座位由尊而卑依次为：后排右座，后排左座，后排中座，前排右座，前排中座。

在三排七人座轿车(中排为折叠座)上，座位由尊而卑依次为：后排右座，后排左座，后排中座，中排右座，中排左座，副驾驶座。

在三排九人座轿车上，座位由尊而卑依次为：中排右座，中排中座，中排左座，后排右座，后排中座，后排左座，前排右座，前排中座。

（4）倘若女士裙子太短或太紧不宜先上车时，男士可主动表示坐次要位置。

（5）女士上车时，得体的方法是：先背对车座，轻轻坐在座位上，合并双脚并一同收入车内；下车时，也要双脚同时着地，不可跨上跨下，有失大雅。

▶ 7. 会客室安排

一般会客室离门口最远的地方是主宾的位子，离门口最近的位子是安排给年龄辈分比较低的员工的。

▶ 8. 开启会客室大门

会客室的门分为内开和外开，在打开内开的门时不要急着把手放开，这样会令后面的客户受伤；如果要开外开的门，就更要注意安全，一旦没有控制好门，很容易伤及客户的后脑勺。所以，开外开门时，千万要用身体扣住门板，并做一个"请"的动作，当客户进去之后，再将门轻轻地扣住，这是在维护客人的安全，接待人员一定要注意。

（三）接待协商活动

进一步了解客人的意图和要求，与客人共同商议活动的内容和具体日程，如洽谈、参观、游览等，有特殊要求的客人要予以关照。根据客人的要求为其安排返程，如订返程车票、机票等，并及时送到客人手中。如情况有变化，应及时通知有关部门以便进行准备工作。

（四）接待组织活动安排

按照日程安排，精心组织好各项活动。如客人洽谈供货合同，可提前做好各项工作；如客人去参观浏览，应安排好交通工具和陪同人员。在客人活动全部结束后，应安排领导与客人会见，听取意见，交换看法。

三、送客礼仪

在活动结束、客人准备离开时，一定要善始善终。接待工作就是服务工作，要符合服务业中的通用公式："100－1＝0"，就是说要重视接待中的每个环节，有一件事做不好，等于整个过程的失败。在客人离去时要提醒客人带好随身物品。将根据客人要求订购的返程车票、船票或飞机票，及时送到客人手中。一般应送客人到门口或机场、车站等，与客人握手作最后道别。总之，在整个接待过程中，要向客人提供热情、周到、礼貌、友好的服务，给客人留下美好印象。

任务训练

▶ 1. 案例分析

一天上午，天利公司前台接待人员小李匆匆走进办公室，像往常一样进行上班前的准备工作。她先打开窗户，接着，打开饮水机开关，简单地打扫一下办公室，然后，翻看昨天的工作日志。这时一位事先有约的客人要求会见销售部张经理，小李一看时间，他提前了 30 分钟到达。小李立刻通知了销售部张经理，张经理说正在接待一位重要的客人，请对方稍等。小李就如实转告客人说："张经理正在接待一位重要的客人，请您等一会儿。"话音未落，电话铃响了，小李用手指了指一旁的沙发，没听到客人说什么，就赶快接电话去了，客人尴尬地坐下……待小李接完电话后，发现客人已经离开了公司。

问题：(1) 请问小李有哪些失礼之处？

(2) 商务接待中要注意哪些问题？

▶ 2. 拓展训练

(1) 商务接待训练，模拟一次会议接待，有接待前准备、迎客、乘车、引领、会议安排、活动组织、送客等，将商务接待的相关礼仪规范演示出来。

(2) 商务拜访训练，3～5 人为一组，利用课余时间，到亲友家进行拜访，拜访可以是礼节性的，也可以是调查性的。拜访结束后，每个人写出拜访的过程，经过教师指导后进行总结。

6 Chapter 6 学习情境六 商务会议活动

子 情 境 一　　一般商务会议礼仪

学习目标

1. 掌握组织会议应遵循的礼仪规范。
2. 掌握主持会议的注意事项。
3. 能够正确地运用参加会议的礼仪。
4. 能够顺利地组织会议。

导 入 案 例

混乱的资料

　　某石化股份有限公司董事会召开会议讨论从国外引进化工生产设备的问题。秘书小张负责为与会董事准备会议所需文件资料。因有多家国外公司竞标，所以材料很多。小张由于时间仓促就为每位董事准备了一个文件夹，将所有材料放入文件夹。有三位董事在会前回复说将有事不能参加会议，于是小张就未准备他们的资料。但是，正式开会时其中的两位又赶了回来，结果会上有的董事因没有资料可看而无法发表意见，有的董事面对一大摞资料不知如何找到想看的资料，从而影响了会议的进度。

　　（资料来源：杨丽．商务礼仪与职业形象［M］．大连：大连理工大学出版社，2009．）

知 识 链 接

　　在商务活动中，商务人员经常需要组织和参加各种会议。会议是指将人们组织起来，研究、讨论有关问题的一种社会活动方式。商务会议是一种重要的商务活动，是现代企业用来协调内部关系，加强与外界的联系、合作和交流所普遍采用的方法。无论是筹办会议，还是参加会议，有关人员都必须遵守相关的礼仪规则。

会议是指三个以上的人参加、聚集在一起讨论和解决问题的一种社会活动形式。人们通过会议交流信息、集思广益、研究问题、决定对策、协调关系、传达知识、布置工作、表彰先进、鼓舞士气等。商务会议是讨论和解决商务问题的会议，是商务活动中最重要、最频繁的内容之一。

按照商务会议的具体性质来进行分类，商务会议可分为行政型会议、业务型会议、群体型会议及社交型会议。

行政型会议是商业企业所召开的工作性执行型的会议，如行政会、董事会等；业务型会议是商业企业所召开的专业性、技术性会议，如展览会、供货会等；群体型会议是商业企业内部的群众团体或群众组织所召开的非行政型、非业务型的会议，旨在争取群体权利，反映群体意愿，如职代会、团代会等。社交型会议是商业企业以扩大单位的交际面为目的而举行的会议，如茶话会、联谊会等。

商务会议一般由会议筹备、会议前的接待、会议中的服务和会议善后工作四个环节组成。

一、会议筹备工作

计划周密且落实到位的会议准备工作，是会议成功举办的有力保障。因此，不论举办何种商务会议，都应切实做好会前的准备工作。

（一）成立组织机构

为了保证会议顺利召开，主办方应成立一个会议组织机构，主要包括会务组、宣传组、秘书组、文件组、接待组、保卫组等。

（二）拟定会议主题

会议的主题，即会议的指导思想。会议的形式、内容、任务、议程、期限、出席人员等，都只有在会议的议题确定下来之后，才可以据此一一加以确定。会议主题必须鲜明，这样才能明确会议召开的必要性，并有利于做好会议的组织工作。

（三）拟发会议通知

会议通知是上级对下级、组织对成员或平行单位之间部署工作、传达事情或召开会议等所使用的应用文。各项会议准备工作基本就绪后，要尽早发出会议通知，以便与会人员提前做好准备。

▶ 1. 会议通知的内容

标题，重点交代会议名称、主题与内容，这是对会议宗旨的介绍。会期，应明确会议的起止时间、报到的时间与地点，对交通路线特别要交代清楚；会议的出席对象，如对象可选派，则应规定具体条件；会议要求，指的是与会者材料的准备与生活用品的准备，以及差旅费报销和其他费用问题。

▶ 2. 会议通知的作用

会议通知的作用是把参加会议的有关事项告知与会者。

（1）可以传递有关会议的性质、内容、方式、时间、地点等基本的会议信息，以便与会者提前做好充分准备，按时赴会。

（2）可以借助它来收集与会者提出的议题、对会议议程的意见、提交的论文或报告以及其他需要在会议上进行交流的文件，以便进一步完善议题与议程，审定或筛选论文、报告和其他交流性文件。

（3）有关人员可以用它来向会议组织者反馈与会者的有关信息，如姓名、职务、职称与人数等，为会议的接待服务工作做好准备。

（4）可用它来履行相关义务。在一些法定的会议中，正式成员具有出席会议的法定权利，向他们发出会议通知，是会务工作机构的法定义务，同时也是对与会者的尊重。

▶ **3. 会议通知的规范格式**

会议通知的告知项目必须齐全、明确、具体。会议通知的一般结构包括标题和正文两个部分，因性质、规模、重要性不同，写法也不同。

小型会议会期不长，告知事项简单，会议通知的写法也相对简单。

大型会议或重要会议会期较长，内容丰富，告知事项比较多，会议通知的写法相对复杂一些。

▶ **4. 会议通知的种类**

按形式分，有口头通知和书面通知；按通知的行为方式分，有面对面通知、电话通知、计算机通知、电报通知、墙报通知、报纸通知、广播通知、电视通知等。

会议邀请函、请柬也是会议通知的书面形式。会议书面通知除具有正规庄重的特点外，也具有备忘和作为会议入场或报到凭证的作用。

▶ **5. 会议通知的发送**

会议通知的发送要尽量早些，以便使与会人员接到通知后，有充足的时间准备和赶到会场，也便于会务人员安排回程的车、船、机票。有的会议对发通知有规定的时间，当然，一般的会议没有必要早发通知，以免情况发生变化而变更会期。做好发通知这项工作，需要在平时打好基础，不能忽视一些细小、琐碎的事情。

▶ **6. 会议通知的回执**

会议通知的回执收到后，通常需要统计以下信息：人数、职务、性别、联系方式、到达时间、迎送要求等，同时确认回执的有效性。

回执有多种回复形式：传真、信函、电子邮件等。如果会议条件允许，应考虑到与会者的特殊要求。如果通过回执能够统计清楚，那么对会议的安排工作会起到很大帮助作用。

【相关案例】

请柬发出之后

某公司定于某日在某酒店会议室召开总结表彰大会，发了请柬邀请有关部门的领导和职员光临，在请柬上把开会的时间、地点写得一清二楚。接到请柬的几位部门领导很积极，带领本部门职员提前来到会议室开会。一看会场布置不像是开表彰会的样子，经询问酒店负责人才知道，上午会议室召开的是另一家企业的报告会，该公司的总结表彰会改换地点了。几位部门领导感到莫名其妙，个个都很生气，改地点了为什么不重新通知？一气之下，都回家去了。

事后，负责会议的领导才解释说，因秘书人员工作粗心，在发请柬之前还没有与某酒店负责人取得联系，一厢情愿地认为不会有问题，便把会议地点写在请柬上，等开会的前一天下午去联系，才知得该会议室早已租给别的企业用了，只好临时改换会议地点。但由于参会人员较多，来不及一一通知，结果造成了上述失误。尽管负责会议的部门领导登门道歉，但造成的不良影响也难以消除。

（资料来源：刘辉．商务礼仪［M］．大连：大连理工大学出版社，2011.）

（四）起草会议文件

会议所用的各项文件材料均应于会前准备完成，其中的主要材料，还应做到与会者人手一份。需要认真准备的会议文件材料中，最主要的是开幕词、闭幕词和主题报告。日常工作会议的文件、报告，主要应由各职能部门起草准备。

【相关案例】

轻率的小李

小李是新分配来的大学生，平时工作很努力，领导有意重用他，多次为他提供锻炼机会。一次，小李被安排作为一个中型商务会议主持人以及圆桌讨论主持人，小李认为凭自己的能力完全能够胜任，事前没有进行周密的准备，会议当天才开始写串词。

在会议上，主持人发起第一次圆桌讨论，因为准备不充分，小李非常紧张，没有把气氛调动起来。同事在台下给小李发短信，叫他不要随时打断嘉宾的谈话，要给他们制造话题和矛盾，使讨论更激烈些。可小李只是在台上发抖，脑子里一片空白，恨不得一头钻进地缝里。

最后这次商务会议效果可想而知，领导对小李的表现及态度非常失望，小李的自信心也受到重创。

（资料来源：曹艺．商务礼仪［M］．北京：清华大学出版社，2009.）

（五）安排相关服务工作

要安排好与会者的招待工作，对于交通、食宿、医疗、保卫等方面的具体工作，应精心、妥当地做好准备。在会场之外，应安排专人迎送、引导、陪同与会人员；在会场之内，则应当对与会者有求必应，尽可能地满足其一切正当要求。此外，必要时还应为与会者安排一定的文体娱乐活动。

▶ **1. 准备会议资料**

准备和检查会议资料的准确性是一项非常必要的任务，会议资料主要包括会议日程、会议通知、议程和报告。检查会议资料时一定要认真核对每一项细节，尤其是时间、地点、活动内容、与会人员名单、车辆、会议名称、出席人数、主持人名字等，要确保每一项都与实际相符。会议的日程要尽快检查核对，印发给与会者，以便主办单位人员同与会者能尽快熟悉，互相沟通。人数较少的小型会议，会议的资料可以放置于会议室的桌面上。较大规模的会议可在与会人员签到时分发。

▶ **2. 会议前的签到工作**

参加会议人员在进入会场前一般要签到。会议签到是为了及时、准确地统计到会人数，便于安排会议工作。有些会议只有达到一定人数才能召开，否则会议通过的决议无效。因此，会议签到是一项重要的会前工作，也是会务服务工作的重要内容之一。

（六）会场的选择及布置

▶ 1. 会场的选择

根据会议的性质、规模、与会者情况、住宿、交通、接待条件等众多方面来决定会场的选择。会场的选择要结合开会人数、会议内容等综合考虑。在条件允许的情况下，主要考虑下列因素：第一，会场大小适中，面积以每人平均2～3平方米为宜。太大显得松散，过小则拥挤；第二，会场地点交通较为便利，会场档次符合会议要求；第三，会场附属设施齐全，包括照明、通信、卫生、服务、电话、扩音、录音设备等。

▶ 2. 会场的布置

不同的会议，要求有不同的布置形式。党的代表会议会场要求朴素大方，人民代表大会会场要求庄严隆重，庆祝大会会场要求喜庆热烈，追悼会会场要求庄重肃穆，座谈会会场要求和谐融洽，纪念性会议会场要求隆重典雅，日常工作会议会场要求简单实用。

（1）在进行会场的选择和布局时，中小型会议一般采用半月形、圆形、椭圆形、方拱形、长方形和"T"字形的布局，目的是使与会人员可以坐得比较紧凑，便于讨论和发言，如图6-1所示。

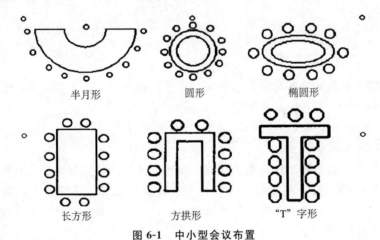

图 6-1　中小型会议布置

（2）在进行会场的选择和布局时，大型会议一般采用大小方形、半圆形的布局，如图6-2所示。

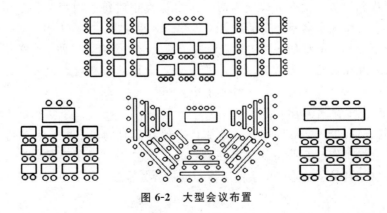

图 6-2　大型会议布置

▶ 3. 座次的安排

一般情况下，会议座次的安排分成两类：方桌会议和圆桌会议。圆桌会议是为了尽量避免主次的安排，在圆桌会议中，可以不用拘泥过多的礼节，主要记住以门作为基准点，靠里面的位置是主要的座位。方桌可以体现主次，在方桌会议中，特别要注意座次的安排，如图 6-3 所示。

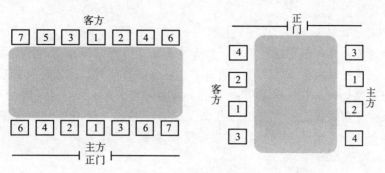

图 6-3　方桌座次安排

(七)会议的善后工作

会议善后的主要工作是形成会议纪要。会议记录与会议纪要的区别主要体现在以下方面。

▶ 1. 性质不同

会议纪要是规定性行政公文，而会议记录是记录会议情况和议定事项的事务性文书。

▶ 2. 内容繁简程度不同

会议纪要的内容是对会议记录进行整理、提炼而形成的会议内容的要点，重点体现会议的宗旨。而会议记录是对会议情况的原始、详尽的记录，重点体现会议的过程性和具体性。

▶ 3. 形式有所不同

会议纪要是具有一定规范格式的公文，而会议记录的形式则比较灵活、自由。会议纪要通常采用总分式结构，而会议记录则采用顺时结构。

▶ 4. 处置方式和作用不同

会议纪要一般可以文件的形式发布或在报刊上公开发表，用来"传达会议情况和议定事项"。会议记录只作为内部资料，以备查考。

在会议结束之后，会议纪要应遵循的商务礼仪主要包括：要形成文字结构，哪怕没有文字结果，也要形成阶段性的决议，落实到纸面上，还应该有专人负责相关事务的跟进。

【知识拓展】

商务会议筹备的基本要求

1. 精心而周全的策划

精心而周全的策划，不仅指对会议的各项议程的考虑，还包括对一切可能影响会议顺利举行的因素做充分的估计。天气的阴晴、气温的高低，对在室外举行会议的影响十分大，即使是在室内举行的会议，天气也是影响其正常进行的重要因素，太冷、太热、太闷都不利于会议顺利召开。天气因素还可能影响交通顺畅，应根据天气情况，充分考虑会议期间可能发生的天气变化，是会议礼仪所要考虑的一个重要方面。

会议的场所定在哪里，也应重点考虑。对场所选择要适当，要求交通便利、大小适中、设备齐全、符合主题、费用合理；在会议出席者的安排上更要考虑周全，有些会议往往是对与会者一种资格、权利和待遇的体现。因此，在会议安排上，要根据会务活动的主题、目的的不同邀请不同的与会嘉宾，要从主、客观多因素全面周到考虑会议的礼仪工作，以确保会议圆满成功。

2. 合理而周密的安排

在周全考虑的前提下做出细致安排，努力使会议开得顺利。首先，体现在会期和会议内容的安排上，既要张弛结合，又要紧张高效。在会议的时间、地点、人员确定以后，应当适时发出会议通知，一般提前1～2周发出。报告过多、过长，又会使与会者感到疲劳，有的与会者因疲劳而退场，从而影响会议的效果。当然，会议不是越短越好，太短的会议，信息得不到充分地交流与反馈。只有合理而周密地安排会议，才能确保会议目标的实现。

其次，周密安排还体现在会议准备工作是否做得充分上。如果与会者来了，筹备者才发现文件袋不够；会议临开场了，发现代表证未配备好别针而没法佩戴；表决投票之后，计票结果迟迟未能公布，让场内与会者空等；会议开始了，才发现文件袋中少了一份重要文件，如此等等，与会者可能会心生埋怨，从而影响与会者的情绪和会场气氛。

3. 礼貌而周到的服务

商务会议礼仪与会议的服务有着紧密的关系，保证会议圆满完成各项议程，保证每个与会者精神振奋、情绪饱满地参加会议，保证与会者的安全，是会议服务工作的出发点和最终目的。

会议服务的对象主要有与会领导、嘉宾、普通与会者、采访会议的新闻工作者等。会议服务时，针对不同的服务对象应有不同的服务内容，使会议的主题不仅在会内得到体现，而且在会外得到延伸。

应为领导提供礼貌而周到的服务，根据会议的主题和目的为领导准备好相关材料，提供客观可靠的数据，引证真实充分的事实。打扰、干扰领导出席会议的事情要尽量少做，在会议进程中发生的各种情况应及时报告领导，使领导始终能够从统领全局的高度参与会议，而不是和普通与会者一样，被会议既定议程牵着走。

商务会议环境布置的基本要求

1. 突出主题

会议环境是指会场的内外布置情况，它是衬托渲染主题的重要手段。从会场选址到会场的布置，从会议标语、旗帜到鲜花、座位的安排，都必须根据会议的主题来统一筹划，按不同主题分别布置成庄严隆重的，或是喜庆热烈的，或是轻松和睦的，或是肃穆深沉的，使与会者一进入会议区，就被会议的精神和气氛所感染和引导，从而尽快地全身心投入到会议的主题中去。

2. 经济高效

筹办会议应该本着经济高效的原则，花最少的钱获得最好的结果。很多会议用具是可以重复使用的，每次会议结束后，相关会议用品要收好，以便今后需要时再用。注重会议效益还要求会议用品不能滥发，文件、文具、奖品、礼品都要严格控制。即使是展览性、展示性的会议，也应多发宣传资料而少发实物，滥发礼品有违会议主旨，也不是会议应有的正确礼仪。

二、相关参会者的礼仪

商务会议是一个严肃的场合，会议相关参与者应遵守会议礼仪规范，维护自身及所在单位的形象。

(一)会议参加者的礼仪

一般而言，与会人员在出席会议时应当遵守的会议纪律主要包括整洁规范、严守时间、维护秩序、专心听讲四项内容。

▶1. 整洁规范

会议参加者应衣着整洁规范，仪容仪表合乎礼仪要求，举止自然大方，待人彬彬有礼。

▶2. 严守时间

树立正确的时间观念，在规定时间准时到达会场，或比规定开会时间早到 5～10 分钟，不迟到，不早退。

▶3. 维护秩序

会议时尽量不离开会场，如果必须离开，要轻手轻脚，尽量不影响发言者和其他与会者，如果长时间离开或提前退场，应与会议组织者打招呼，说明理由，征得同意后再离开。在每个人的发言结束的时候，应该鼓掌以示对他讲话的支持和感谢。

▶4. 专心听讲

开会时要尊重会议主持人和发言人。当别人讲话时，应该表现出认真听讲的姿态。开会也算是在工作，认真听讲的姿态不仅表现你的工作态度，也是对正在发言者的尊重。可以准备纸笔记录与自己工作相关的内容或要求。

(二)会议主持的礼仪

各种会议的主持人，一般由具有一定职位的人来担任，其礼仪表现对会议能否圆满成功有着重要的影响。商务会议主持人礼仪主要体现在以下几方面。

(1) 主持人应衣着整洁，大方庄重，精神饱满，切忌不修边幅，邋里邋遢。

(2) 主持人在步入主持位置时，步伐要刚强、有力，表现出胸有成竹、沉稳自信的风度和气概，要视会议内容掌握步伐的频率和幅度。

(3) 入席后，如果是站立主持，应双腿并拢，腰背挺直。持稿时，右手持稿的底中部，左手五指并拢自然下垂。双手持稿时，应与胸齐高。坐姿主持时，应身体挺直，双臂前伸。两手轻按于桌沿。主持过程中，切忌出现搔头、揉眼、摇腿等不雅动作。

(4) 主持人言谈应口齿清楚，思维敏捷，简明扼要。

(5) 主持人应根据会议性质调节会议气氛，或庄重，或幽默，或沉稳，或活泼。

(6) 主持人对会场上的熟人不能打招呼，更不能寒暄闲谈。可在会议开始前，或会议休息时间点头、微笑致意。

(三)会议发言人礼仪

会议发言有正式发言和自由发言两种，前者一般是领导报告，后者一般是讨论发言。正式发言者，应衣冠整齐，走上主席台时应步态自然，刚劲有力，体现一种成竹在胸、自信自强的风度与气质。发言时应口齿清晰，讲究逻辑，简明扼要。如果是书面发言，要时常抬头扫视一下会场，不能低头读稿，旁若无人。发言完毕，应对听众的倾听表示谢意。

如果有会议参加者对发言人提问，应礼貌作答，对不能回答的问题，应机智而礼貌地说明理由，对提问人的批评和意见应认真听取，即使提问者的批评是错误的，也不应失态。

【相关案例】

迟到的小刘

小刘所在的公司应邀参加一个研讨会，该次研讨会邀请了很多商界知名人士以及新闻界人士参加。老总特别安排小刘和他一起去参加，同时也让小刘见识见识大场面。

小刘早上睡过了头，等他赶到，会议已经进行了 20 分钟。他急急忙忙推开了会议室的门，"吱"的一声脆响，他一下子成了会场上的焦点。刚坐下不到 5 分钟，肃静的会场上又响起了摇篮曲，是谁在播放音乐？原来是小刘的手机响了！这一下，小刘可成了全会场的明星……

没过多久，听说小刘已经另谋高就了。

（资料来源：孟庆强. 商务礼仪［M］. 武汉：华中科技大学出版社，2013.）

任务训练

▶ 1. 案例分析

某服装集团为了开拓夏季服装市场，拟召开一个服装展示会，推出一批夏季新款时装。企划部小李拟订了一个会议方案，内容如下：

（1）会议名称：2015××服装集团夏季时装秀。

（2）参加会议人员：上级主管部门领导 2 人；行业协会代表 3 人；全国大中型商场总经理或业务经理以及其他客户约 150 人；主办方领导及工作人员 20 人；另请模特公司服装表演队若干人。

（3）会议主持人：××集团公司负责销售工作的副总经理。

（4）会议时间：2019 年 3 月 18 日上午 9 点至 11 点。

（5）会议程序：来宾签到，发调查表；展示会开幕、上级领导讲话；时装表演；展示会闭幕活动，收调查表，发纪念品。

（6）会议文件：会议通知、邀请函、请柬；签到表、产品意见调查表；服装集团产品介绍资料；订货意向书、购销合同。

（7）会址：服装集团小礼堂。

（8）会场布置：蓝色背景帷幕，中心挂服装品牌标志，上方悬挂展示会标题横幅。搭设 T 型服装表演台，安排来宾围绕就座。会场外悬挂大型彩色气球及广告条幅。

（9）会议用品：纸、笔等文具；饮料、照明灯、音响设备、背景音乐资料；足够的椅子；纪念品（每人发××服装集团生产的 T 恤衫 1 件）。

（10）会务工作：安排提前到来的外地来宾在市中心花园大酒店报到、住宿；安排交通车接送来宾；展示会后安排工作午餐。

　　从企划人员小李拟制的这份会议方案，可以看出制订会议方案是一项综合性很强的工作。一个好的会议方案应该是科学的、详尽的、可行的。会议方案的制订要求较高，需要秘书人员不断积累经验，认真细致地做好。

　　任务要求：请分析并指出小李的会议方案中哪几个方面是需要改进的？

▶ 2. 拓展训练

　　为表彰优秀学生及优秀学生干部，学院特举行一次表彰大会，请为本次表彰大会拟写一份会议通知。

子情境二　展览会礼仪

学习目标

1. 了解展览会的类型。
2. 掌握组织展览会的各项工作。
3. 掌握展览会组织与参加的各种注意事项。
4. 能够完成组织展览会的工作。

导入案例

世　博　会

　　世博会即世界博览会，是一项由主办国政府组织或政府委托有关部门举办的具有较大影响和悠久历史的国际性博览活动，它已经历了百余年的历史。最初以美术品和传统工艺品的展示为主，后来逐渐变为荟萃科学技术与产业技术的展览会，成为培育产业人才和一般市民的启蒙教育不可多得的一种场所。世界博览会的会场不单是展示技术和商品，而且伴以异彩纷呈的表演，富有魅力的壮观景色，设置成日常生活中无法体验的、充满节日气氛的空间，成为一般市民娱乐和消费的理想场所。全球融合就是全球化，这是经济文化发展的必然结果。

　　中国参加世界博览会始于 1851 年的伦敦世博会，中国广东商人徐荣村获悉英国举办伦敦世博会的信息后，深感这是一个难得的机会，很快命人精选了 12 包自己经营的"荣记湖丝"，紧急用船运到伦敦，赶赴世博会参展。终于荣记湖丝质压群芳，脱颖而出，独得金、银大奖。中国清朝政府第一次以官方的名义组织并派代表出席了奥地利维也纳世博会。在特殊的历史背景下，中国第一次由官方组织参展世博会的事务是由洋人经办的。1873 年，清政府授权中国海关负责参加博览会事宜，当年的中国海关总税务司由英国人赫德担任，他于当年委派广州海关副税务司包腊代表中国参加维也纳世博会。到了 1876 年，中国派出了中国人为代表参展美国费城世博会，这是中国政府第一次自派代表，以国家身份参加的世界博览会。当时作为中国工商业代表的人叫李圭，是一个有智、有勇、有谋、有骨气的中国人，他写了一本书叫《环游地球新录》，记录了 1876 年的费城世界博览会，虽然他是中国代表团中唯一的一个中国人，但毕竟这是中国人第一次正式踏足世界博览会。

此后，中国陆续参加了多届世博会。通过世博会展现自我，走向世界，发现世界。

1915 年，汾酒在巴拿马万国博览会（世博会）上荣获甲等金质大奖章，为国争光，成为中国酿酒行业的佼佼者。另外一个说法是，中国贵州茅台酒在 1915 年美国旧金山召开的巴拿马世博会上荣获金奖。茅台酒在展出的过程中，通过"酒香为媒"的轰动效应，成为世博会上的明星，直接由高级评审委员会授予荣誉勋章金奖。

中国 2010 年上海世界博览会是第 41 届世界博览会，于 2010 年 5 月 1 日至 10 月 31 日期间在中国上海市举行。此次世博会也是由中国举办的首届综合类世界博览会。上海世博会以"城市，让生活更美好"为主题，总投资达 450 亿美元，创造了世界博览会史上最大规模的纪录。

知 识 链 接

展览会是指有关方面为了介绍本单位的业绩，展示本单位的成果，推销本单位的产品、技术或专利，而以集中陈列实物、模型、文字、图表、影像资料供人参观了解的形式所组织的宣传性聚会。

展览会礼仪，通常是指商业单位在组织、参加展览会时，应当遵循的礼仪规范和惯例。具体表现为展览会的分类、组织展览会和参加展览会的礼仪。

一、展览会的分类

▶ 1. 展览品的种类

展览会上展览品具体种类的多少，往往会直接导致展览会的性质有所不同。根据展览品的具体种类的不同，可将展览会分为单一型展览会和综合型展览会。综合性展览会也称混合型展览会，它是一种包罗万象，同时展示多种门类产品技术和专利的大型展览会，侧重于参展单位的综合实力的展示。单一型展览会往往只展示某一大的门类的产品技术或专利，只不过其具体的品牌、型号、功能有所不同而已，人们经常会以其具体展示的某一门类的产品技术或专利的名称来对单一型展览会进行直接的冠名。一般情况下，单一型展览会的参展单位大都是同一行业的竞争对手，此种类型的展览会不仅会使其竞争更为激烈，而且对所有参展单位而言都面临一场公平的市场考试。

▶ 2. 展览会的目的

按目的分类是展览会类型划分的最基本标准，依照这一标准，展览会可被分组为宣传型展览会和销售型展览会两种。宣传型展览会意在向外界宣传、介绍参展单位的成就、实力、历史与理念，又被叫作陈列会。销售型展览会主要是为了通过展示参展单位的产品、技术和专利招徕顾客，促进其生产与销售。通常人们将销售型展览会称为展销会或交易会。

▶ 3. 展览会的规模

根据规模的大小，展览会可分为大型展览会和小型展览会。大型展览会，通常由社会上的专门机构出面承办，由于参展单位众多，参展项目广泛，所以规模较大。举办此类展览会，要求具备一定的操作技巧，此类展会通常档次高、影响大，展览单位必须经过申请、审核、批准等一些程序，有时还需支付一定的费用。小型展览会一般都由某一单位自行举办，规模相对较小，在小型展览会上展示的主要是代表主办单位最新的各种产品、技术和专利。

▶ 4. 展览会的场地

举办展览会，需要使用占一定面积的场地，展览场馆有室内场馆和室外场馆之分。室内展览会大都被安排在专门的展览场馆、展览厅或展览室内。此类展览会大都设计考究、布置精美、陈列有序、安全防盗，可不受天气制约。室外展览会则安排在室外露天举行，场地空间大，限制小，但受天气影响较大，多用于超大超重展品，如工程机械、大型设备等。

▶ 5. 展览会的时间

举办展览会所需要的具体时间长短，被称为展期。根据展期的不同，可把展览会分为长期展览会、定期展览会和临时展览会。长期展览会大都常年举行，展览场所固定，展品变动不大。定期展览会一般固定为每隔一段时间之后，在特定时间内举行，展览主题大都既定不变，但允许变动展览场所或部分展品内容。定期展览往往会表现出连续性、系列性的特征。临时展览会是随时都可根据需要举办的展览会，它所选择的展览场所、展品内容、展览主题往往不尽相同，展期通常都不会太长。

二、组织展览会的礼仪

展览会，既可以由参展单位自行组织，也可以由社会上的专门机构出面组织。不论组织者由谁来担任，都必须认真做好具体的工作，力求使展览会取得完美的效果。根据惯例，展览会的组织者需要重点进行的工作主要包括参展单位的确定、展览内容的宣传、展示位置的分配、安全保卫工作、辅助服务等。

▶ 1. 参展单位的确定

一旦决定举办展览会，选择参展单位是非常重要的。在选择参展单位的时候，必须考虑对方意愿，不得勉强。按照商务礼仪的要求，主办单位事先应以适当的方式，向拟参展的单位发出邀请或召集。

邀请或召集参展单位的主要方式为刊登广告、寄发邀请函、召开新闻发布会等。无论采用其中哪一种方式，均须同时将展览会的宗旨、展出的主要目的、参展单位的范围与条件、举办展览会的时间与地点、报名参展的时限、咨询有关问题的联络方法、主办单位提供的辅助服务项目、参展单位所应负担的基本费用等，一并如实地告知参展单位，以便拟参展单位参考。

对于报名参展的单位，主办单位应根据展览会的主题与具体条件进行必要的审核。切勿良莠不分，来者不拒。当参展单位的正式名单确定之后，主办单位应及时以专函进行通知，使被批准的参展单位能够提前准备。

▶ 2. 展览内容的宣传

为了引起社会各界对展览会的重视，并且尽量地扩大影响，主办单位有必要对展览会进行宣传。宣传的重点应当是展览的内容，即展览会的展示陈列之物。因为只有它，才能真正地吸引各界人士的注意和兴趣。

对展览会，尤其是对展览内容所进行的宣传，主要可以采用下述几种方式：

(1)举办新闻发布。

(2)邀请新闻界人士到场进行参观采访。

(3)发表有关展览会的新闻稿。

(4)公开刊发广告。

(5)张贴有关展览会的宣传画。

(6)在展览现场散发宣传性材料和纪念品。

(7)在举办地悬挂彩旗、彩带或横幅。

(8)利用升空的彩色气球和飞艇进行宣传。

以上八种方式，可以只择其一，亦可多种同时并用。在具体进行选择时，一定要量力行事，并且要严守法纪，注意安全。

▶ 3. 展示位置的分配

对展览会的组织者来讲，展览现场的规划与布置是其重要职责之一。在布置展览现场时，基本的要求是展示陈列的各种展品要围绕既定的主题，进行互为衬托的合理组合与搭配。要在整体上显得井然有序、浑然一体。

所有参展单位都希望自己能够在展览会上拥有理想的位置。展品在展览会上进行展示陈列的具体位置称为展位。通常，理想的展位除了收费合理之外，还应当面积大小适当，客流较多，处于展览会上的较为醒目之处，设施齐备，采光、水电的供给良好。

一般情况下，展览会的组织者要充分满足参展单位关于展位的合理要求。如果参展单位较多，并且对于较为理想的展位竞争较为激烈的话，展览会的组织者可依照展览会的惯例，采用下列方法之一对展位进行合理的分配。

(1)对展位进行竞拍。由组织者根据展位的不同，制定不同的收费标准，然后组织一场拍卖会，由参展者在会上进行自由角逐，最终出价高者拥有自己中意的展位。

(2)对展位进行投标。由参展单位依照组织者所公告的招标标准和具体条件，自行报价，并据此填投标单。组织者按照"就高不就低"的原则，将展位分配给报价高者。

(3)对展位进行抽签。即将展位编号，然后将号码写在纸签之上，而由参展单位的代表在公证人员的监督之下每人各取一个，以此来确定其各自的具体展位。

(4)按"先来后到"分配。以参展单位正式报名的先后为序，谁先报名，谁便有权优先选择自己所看中的展位。

▶ 4. 安全保卫工作

无论展览会举办地的社会治安环境如何，组织者对于有关的安全保卫工作均应认真对待，避免由于事前考虑不周而发生危险。在举办展览会前，必须依法履行常规的报批手续。此外，组织者还须主动将展览会的举办详情向当地公安部门进行通报或备案。举办规模较大的展览会时，最好从合法的保安公司聘请一定数量的保安人员，将展览会的安保工作委托给保安公司负责并支付费用。

为了预防意外事件的发生，应向声誉良好的保险公司进行数额合理的投保，以便利用社会的力量为自己分担风险。

在展览会入口处或展览会的入场券上，应将参观的具体注意事项正式成文列出，使观众心中有数。展览会组织单位的工作人员，均应自觉树立良好的防损、防盗、防火、防水等安全意识，为展览会的安全竭尽全力。按照常规，有关安全保卫的事项，必要时由有关各方正式签订合约或协议，并且经过公证。这样一来，万一出了事情，责任明确。

▶ 5. 辅助服务

具体而言，为参展单位所提供的辅助性服务项目，通常主要包括下述各项：

(1)展品的运输与安装。

(2)车、船、机票的订购。

(3)与海关、商检、防疫部门的协调。

(4)跨国参展时有关证件、证明的办理。

(5)电话、传真、计算机、复印机等现代化的通信联络设备的准备。

(6)举行洽谈会、发布会等商务会议或休闲之时所使用的适当场所。

(7)餐饮以及有关展览会使用的零配件的提供。

(8)供参展单位选用的礼仪、讲解、销售人员等。

三、参加展览会的礼仪

参展单位在正式参加展览会时，必须要求自己的全部派出人员齐心协力、同心同德，为取得最好的宣传效果而努力。在整体形象、待人礼貌、解说技巧三个方面，参展单位尤其要予以特别的重视。

▶ 1. 努力维护整体形象

一般而言，在展位上工作的人员应当统一着装。在大型的展览会上，参加单位若安排专门礼仪小姐迎送宾客，最好身穿色彩鲜艳的单色旗袍，并佩戴写有参展单位或其主打展品名称的大红色绶带。为了说明各自的身份，全体工作人员皆应在左胸佩戴写明本人单位、职务、姓名的胸卡，唯有礼仪小姐可以例外。按照惯例，工作人员不应佩戴首饰，男士应当剃须，女士最好化淡妆。

▶ 2. 时时注意待人礼貌

参展单位的工作人员应当意识到观众是自己的上帝，为其热情而竭诚地服务则是自己的天职。展览一旦正式开始，全体参展单位的工作人员应各就各位，站立迎宾。不允许迟到、早退、无故脱岗、东游西逛，更不允许在观众到来之时坐卧不起，怠慢对方。

在任何情况下，工作人员均不得对观众恶语相加，或讥讽嘲弄。对于极个别不守展览会规则而乱摸乱动、乱拿展品的观众，仍须以礼相劝，必要时可请保安人员协助，但不可擅自动粗，进行打骂、扣留或者非法搜身。

当观众走近自己的展位时，不管对方是否向自己打了招呼，工作人员都要面带微笑，主动地向对方说："您好！欢迎光临！"随后，还应面向对方，稍许欠身，伸出右手，掌心向上，指尖直指展台，并告知对方："请您参观。"当观众离去时，工作人员应当真诚地向对方欠身施礼，并道以"谢谢光临"或是"再见"。

▶ 3. 善于应用解说技巧

解说技巧，此处主要是指参展单位的工作人员在向观众介绍或说明展品时，所应当掌握的基本方法和技能。具体而言，在宣传性展览会与销售性展览会上，其解说技巧既有共性可循，又有各自的重点。

在宣传性展览会与销售性展览会上，解说技巧的共性在于：要善于因人而异，使解说具有针对性。与此同时，要突出自己展品的特色，在实事求是的前提下，要注意对其扬长避短，强调"人无我有"之处。必要时，还可以邀请观众亲自动手操作，或由工作人员为其进行现场示范。不过，争抢、尾随观众兜售展品，弄虚作假，或是强行向观众推介展品，都不可取。此外，还可安排观众观看与展品相关的影片，并向其提供说明材料与单位名片。通常，说明材料与单位名片应常备于展台之上，由观众自取。

在宣传型展览会上，解说的重点应当放在推广参展单位的形象上。要善于使解说围绕着参展单位与公众的双向沟通而进行，应大力宣传 本单位的成就和理念，以便使公众对参展单位给予认可。多见于一些新产品的发布时。

在销售型展览会上，解说的重点则必须放在主要展品的介绍与推销上。

任务训练

▶ 1. 案例分析：

在 A 城市，有一家名叫顺达的大型集团公司，迎来了一批参观访问者，这些参观访问人员都是海外华人，他们此行是来了解情况，为投资做准备的。为此，公司做好了一切准备，提前派出人员，从本市各地挑选了一批年轻、漂亮的女性接待人员，并为她们量身定做了整齐划一的职业装，以显示公司的实力。可是他们却忽略了语言的培训，这些接待人员操着不同的方言和来访人员交谈。最后，竟然没有一家公司看好和信任该公司，请问为什么？

▶ 2. 拓展训练

观察甘肃省各地区的地方特色产品，分析后选择某一地区地方特色产品，假设将为其举行一次展览会，为此次展览会制定组织流程。

子情境三　　新闻发布会礼仪

学习目标

1. 熟悉新闻发布会的筹备工作的各项内容。
2. 掌握媒体邀请的技巧。
3. 掌握参加新闻发布会的礼仪规范。

导入案例

成功的新闻发布会

20 世纪 80 年代后期，国内一家民营企业开发出了一种全新的果汁型饮料。这种饮料不仅营养丰富、无添加剂、口感舒适，而且还符合健康和卫生标准，符合中国人的口味和习惯。然而，国内的饮料市场几乎已经全部被外国饮料所占领。要在当时特殊的条件下，将这种新型的国产饮料推上市场，并且争得一席之地，可以说是难上加难。

要想在广告宣传上与财大气粗、经验丰富的外国饮料商决一雌雄，显然国内这家民营企业实力不够。于是，企业负责人决定另辟蹊径，在力所能及的情况下，为自己做上一次"软广告"。在饮料消费的旺季来临之前，这家企业专门在北京一座地标建筑内召开了一次新闻界人士为主要参加者的新产品说明会。在会上，这家企业除了向与会者推介自己的新产品之外，还邀请到了国内著名的饮料专家与营养专家，并邀请全体与会者亲口品尝这项新产品。

此后，不少与会的新闻界人士不仅在自己的媒体上发布了这条消息，有些新闻界人士还站在维护国产饮料的立场上，为其摇旗呐喊。结果，该企业名声大振，产品销量也随之大增，终于在列强林立的饮料市场上脱颖而出。

知识链接

新闻发布会，简称发布会，也称记者招待会，是专门为记者组织的会议，是企业为公布与解释重大事项而公开举行的会议。它是一种主动传播各类有关的信息，谋求新闻界对某一社会组织或某一活动、事件进行客观而公正的报道的一种有效的沟通方式。对企业而言，举办新闻发布会是联络、协调与新闻媒介之间的关系的一种最重要的手段。不可否认，一个对企业的正面新闻性报道的宣传效果是巨大的利益流入。在这种低投入、高产出的高性价比下，很多企业选择以新闻发布会的形式来进行企业宣传。

新闻发布会的常规形式是邀请新闻界人士在特定的时间和特定的地点举行一次会议，宣布某一消息，说明某一活动，或者解释某一事件，争取新闻界对此进行客观而公正的报道，并且尽可能地争取扩大信息的传播范围。

按照惯例，当主办单位在新闻发布会上进行完主题发言之后，允许与会的新闻界人士在既定的时间里围绕发布会的主题进行提问，主办单位安排专人回答这类提问。简而言之，新闻发布会就是以发布新闻为主要内容的会议。

新闻发布会礼仪是指有关举行新闻发布会的礼仪规范。对企业而言，发布会礼仪包括会议的筹备、媒体的邀请、现场的接待、会议善后四个方面。

一、新闻发布会的筹备

按照与新闻发布会相关工作的关联程度来分，一个完整的新闻发布会大致可以分为三个阶段：事先萌芽阶段(及新闻发布会的背景由来)、事中运作阶段(包括新闻发布会的准备工作和现场发布)、事后跟进阶段。

筹备新闻发布会，要做的准备工作很多，其中最重要的是要做好主题的确定、时空的选择、人员的安排、材料的准备等具体工作。

(一)主题的确定

确定主题是明确为什么举行新闻发布会，想要达到何种目的。新闻发布会主题的确定是否得当，直接关系到本单位的预期目标能否实现。发布会的主题一定要有新闻价值，否则不能引起媒体的兴趣。同时，主题应集中、单一，不能同时发布几个不相关的信息。

发布会的主题指中心议题，包括发布某一消息、说明某一活动、解释某一事件。筹备新闻发布会首先要做的是对本次新闻发布的主题进行准确定位，这里有两层意思：一是新闻炒作点的寻找与挖掘；二是新闻传播标语的确立。开新闻发布会首要的条件是具备新闻兴奋点，否则，一切皆成为无源之水。可以说，一场新闻发布会的成功与否以及效果的大小关键就在于企业对要宣传对象的新闻点所进行的角度寻找和深度挖掘。

从发布会的标语方面来说，标语可以有多种取法，常见的是直接出现"×××新闻发布会"字样，也有的有一个大的主标语，下面为正题，或者是两者的结合。

(二)时空的确定

发布会要选择恰当的时机召开，尽量避开重大节日和社会活动，避免与新闻宣传报道的重点"撞车"，发布会的地点一般可在本单位或较有名气的酒店、会议厅等举行；若希望形成全国性影响，则可在首都或某大城市著名酒店、会议厅举行。

▶ 1. 时间选择

一般来说，一次新闻发布会所使用的全部时间应限制在两个小时以内。具体而言，在选定举行新闻发布会的时间，还需注意以下四个方面：一要避开节假日；二要避开当地的重大社会活动；三要避开其他单位的新闻发布会；四要避开与新闻界的宣传报道重点撞车和相左。通常认为举行新闻发布会的最佳时间是周一至周四上午9点至11点或下午的3点至5点左右。在此时间内，绝大多数人都是方便参会的。

▶ 2. 地点的选择

在举办新闻发布会时，应考虑安排适合的地点，首先，新闻发布会的选址应与所要发布的新闻性质相融洽，可以考虑本单位、本部门所在地、活动或事件所在地。其次，发布会的现场应交通方便、条件舒适、环境优雅、面积适中、硬件设施齐全等。

(三)人员的安排

新闻记者大都见多识广，加之又是有备而来，因此，在新闻发布会上大都会提出一些尖锐而棘手的问题，这对会议的主持人和发言人提出了很高的要求。

主持人大都由主办单位的公关部部长、办公室主任或秘书长担任，基本条件是形象气质突出，年富力强，见多识广，反应灵活，语言流畅，幽默风趣，善于把握大局，长于引导提问，并且具有丰富的主持会议的经验。

发言人一般由企业高级领导人或专职新闻发言人担任，其基本条件是恪尽职守、修养良好、学识渊博、思维敏捷、反应迅速、记忆力强、善解人意、能言善辩、彬彬有礼，在社会上口碑较好，与新闻界关系较为融洽。主办者需要精心做好有关人员的安排，主持人和发言人一定要选择好，因为他们会对公众认知产生重大影响，如表现不佳，公司形象无疑也会受到影响。此外，新闻发布会也是公司中高层同媒介打交道的一次好机会，值得珍惜。

(四)材料的准备

根据会议主题全面收集有关资料，针对记者可能提出的问题，写出通俗、准确、生动的书面发言稿供发言人参考。另外，应事先归纳出宣传内容的要点和背景，整理成详细的资料，即报道提纲。同时可准备一些与会议主题有关的图片、实物、影像等辅助资料。

材料是新闻发布会的炒作基点，也是企业充分表达自身目的的载体。提供给媒体的资料，一般以广告手提袋或文件袋的形式，整理妥当，在新闻发布会前发放给新闻媒体。

材料的准备包括新闻通稿和背景介绍，分为四个部分：一是发言提纲；二是回答提纲；三是宣传提纲；四是辅助材料，如图表、照片、实物、模型、沙盘、录音、录像、影片、幻灯、光碟等。每次发布会都应提供新闻通稿和背景介绍，以便记者能在会议涉及的问题之外挖掘新闻事件、扩大报道范围。新闻通稿篇幅较长，内容充实，一般是详细介绍本次活动的市场背景、活动的深度分析，重点报道企业形象等，可以从不同角度提供尽量多的素材。新闻通稿最好提前发给记者，背景材料一般应包括以下内容：新闻发布会涉及的新闻时间的要点；组织发展简史；技术手册；发言人个人介绍及照片；其他，如通信卡、名片等供记者、编辑日后联系。新闻通稿和背景材料的封面也应留意，要印有公司标志，以建立公众认知。

二、媒体的邀请

在新闻发布会上，主办单位的邀请对象以新闻界人士为主。在事先考虑邀请新闻界人士时，必须有所选择、有所侧重。否则难以确保新闻发布会真正取得成功。

(一)新闻界人士的邀请

新闻记者是新闻发布会邀请的重头，一般来说，先草拟一份邀请的名单，至少提前一周时间发出邀请函，然后电话落实（当然，与媒体熟悉的企业不必发邀请函，用电话提前一段时间通知就可以了）。当然，如果还要邀请一些社会知名人士参加，还得考虑其权威性、专业性与时间方面的配合。

确定参会人员是一项很重要的工作，也是一个变量性的因素，而它的变化将影响到整个发布会的规格与规模，进而影响到发布会的各个因素。因此，这是新闻发布会工作控制的"关键点"，宜重点来抓。

(二)新闻界人士的选择

▶ 1. 电视媒体

电视媒体是综合传播文字、声音、图像、色彩，视听兼备的媒体，既具备报纸、杂志期刊的视觉效果，又具备广播的听觉功能，还有报纸、杂志期刊、广播所不具备的直观形象性和动态感。电视传播覆盖面广泛，公众接触率高，收看率也很高。电视媒体信息带有较强的娱乐性，观众乐于接受。

▶ 2. 报纸媒体

由于报纸的特殊新闻性使它具有高可信度、高权威性的特点。报纸能够图文并茂，增强读者阅读兴趣。它发行广，覆盖宽，信息传播迅速、时效性强，另外发行成本适中也是一大优势。

▶ 3. 杂志期刊

杂志期刊的读者群明确，针对性较强。通常购买杂志期刊的读者比较固定。它印刷精美，图文并茂，图文编排较报纸更具水准。

▶ 4. 广播媒体

广播的信息传播速度快，时效性强，信息受众广泛，覆盖面广。由于广播具有实时性，便于与听众交流互动，可以增强观众的临场感、参与度。

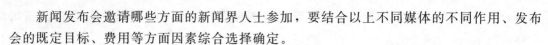

新闻发布会邀请哪些方面的新闻界人士参加，要结合以上不同媒体的不同作用、发布会的既定目标、费用等方面因素综合选择确定。

（三）协调与新闻界人士的关系

新闻界人士是新闻发布会上的主宾，主办单位要想使自己的新闻发布会开得成功，就需要获得对方的配合，并与之协调好关系。主办单位，特别是主办单位的主要负责人与公关人员在与新闻界人士打交道时，要注意以下五个方面。

（1）把新闻界人士当作真正的朋友对待。既要友好，又要坦诚相待。

（2）对所有与会的新闻界人士一视同仁。不要有亲有疏、厚此薄彼。

（3）尽量向新闻界人士提供对方所需要的信息。要注意信息的准确性、真实性与时效性，不要弄虚作假。

（4）尊重新闻界人士的自我判断。不要有意拉拢、收买对方，更不要左右对方。

（5）与新闻界人士经常保持联络，要注意经常与对方相互沟通信息、常来常往，争取建立双方的持久关系。

三、现场接待

在新闻发布会正式举行的过程之中，往往会出现种种确定和不确定的问题。有时，甚至还会有难以预料到的情况或变故出现。要应付这些难题，确保新闻发布会的顺利进行，除了要求主办单位的全体人员齐心协力、密切合作之外，最重要的是主持人和发言人要善于沉着应变、把握全局。现场工作人员要维护企业形象，相互配合，注意分寸。

（1）简明扼要。无论是发言还是答问，都要条理清楚、重点集中，让人既一听就懂，又难以忘怀。不要卖弄口才、口若悬河。

（2）提供新闻。新闻发布会，自然就要有新闻发布。媒体就是特意为此而来的，所以在不违法、不泄密的前提下，要善于满足对方在这方面的要求，要在讲话中善于表达自己的独到见解。

（3）生动灵活。在讲话之际，讲话者的语言是否生动，话题是否灵活，往往直接影响到现场的气氛。面对冷场或者冲突爆发在即，讲话者生动而灵活的语言往往可以巧妙化解。因此，适当地采用一些幽默风趣的语言、巧妙的典故，也是必不可少的。

（4）温文尔雅。新闻记者大都见多识广，加之又是有备而来，所以他们在新闻发布会上经常会提出一些尖锐而棘手的问题。遇到这种情况，发言人能答则答，不能答则应当巧妙地避实就虚，或是直接说不方便回答。无论如何，都不要恶语相加，甚至粗鲁地打断对方的提问。吞吞吐吐、张口结舌，也会给人不好的印象。

四、会议善后

会议善后工作的好坏将会直接影响到整个活动的传播效果。工作人员除了将收拾好的道具、会议资料以及相关物品入库以外，还要做好采集现场数据以及现场图片、影像资料的整编工作。尽快整理出新闻发布会的所有材料，以电子版的形式提供给记者。最后是媒体跟踪与制作活动评估报告。

▶ 1. 了解新闻界的反应

对照现场所使用的来宾签到簿与来宾邀请名单，核查新闻界人士的到会情况。了解与会者对此次新闻会的意见或建议，找出自己的缺陷与不足，统计此次新闻发布会发表了多少篇文章。

▶ 2. 整理保存会议资料

新闻发布会开完后，很多人以为万事大吉了，其实不然，新闻发布会最主要的目的是通过媒体的公信力向外界传播企业，"效果才是硬道理"。而评估效果的主要指标是见报率和社会影响度，因此，在发布会开完后，还得与记者沟通何时出稿，并跟进出席媒体的发稿情况，同时收集整理相关样报样刊等以做事后评估。媒体报道分为有利报道、不利报道和中性报道三类。

▶ 3. 酌情采取补救措施

在听取了与会者的意见、建议后，对于失误、过错或误导要主动采取一些必要的对策。对在新闻发布会之后所出现的不利报道，特别要注意具体分析、具体对待。

不利报道大致可分为三类：

(1)事实准确的批评性报道，主办单位应当闻过即改，虚心接受。

(2)因误解而出现的失实性报道，主办单位应通过适当的途径加以解释，消除误解。

(3)有意歪曲事实的敌视性报道，主办单位应在讲究策略、方式的前提下据理力争，尽量为本单位挽回声誉。

任务训练

一家大型实业公司正准备为一次重要的新产品发布召开一次新闻发布会，筹划此次新闻发布会的目的是宣传和配合新产品上市。现在请你为这家公司组织策划本次新闻发布会。

子 情 境 四　　茶话会礼仪

学习目标

1. 认识茶话会的作用。

2. 能够确定茶话会主题并邀请来宾。

3. 能够选择茶话会举办的时间、场所及相关工作。

4. 掌握茶话会组织的各项工作及礼仪规范。

5. 能够独自组织举办茶话会。

某公司的茶话会

激情六月，放飞梦想；××合作方案诞生至今经历四年的风雨历程，该合作方案模式如今已得到广大合作伙伴的青睐；在该合作方案提供商模式首创四周年之际，公司举行了周年茶话会，为做出杰出贡献的精英颁发了总计超过 21 万的年度红利奖金，感谢精英的努力付出。

知识链接

茶话会，是社交色彩最浓的一种方式。在商界主要是意在联络老朋友、结交新朋友，具有对外联络和进行招待性质的社交性集会，借此机会与社会各界沟通信息。所谓茶话会，往往是重点不在"茶"，而在于"话"。

一、确定会议主题

茶话会的主题大致可分为三类：一是以联谊为主题，以联谊为主题的茶话会最多；二是以娱乐为主题，以娱乐为主题的茶话会，为了活跃气氛，而安排一些文娱节目，并以此作为茶话会的主要内容，以现场的自由参加与即兴表演为主；三是以专题为主题，专题茶话会是在某个特定的时刻，或为某些专门问题而召开的茶话会，以听取某些专业人士的见解，或是和某些与本单位有特定关系的人士进行对话。

二、确定来宾

茶话会的与会者，除主办单位的会务人员之外，即为来宾。邀请哪些方面的人士参加茶话会，与其主题有直接关系。因此，主办单位在筹办茶话会时，必须围绕其主题来邀请来宾，尤其是要确定好主要的与会者。

一般情况下，茶话会的主要与会者有五类。

▶ 1. 本单位的人员

具体来讲，以本单位人员为主要与会者的茶话会，主要是邀请本单位的各方面代表参加，它也叫作内部茶话会。意在沟通信息，通报情况，听取建议，嘉勉先进，总结工作。有时，这类茶话会亦可邀请本单位的全体员工或某一部门、某一职级的员工参加。

▶ 2. 本单位的顾问

以本单位的顾问为主要与会者的茶话会，意在表达对有助于本单位的各位专家、学者、教授的敬意。他们受聘为本单位的顾问，自然对本单位贡献良多。同时，特意邀请他们与会，既表示了对他们的尊敬与重视，也可以进一步地直接向其咨询，并听取其建议。

▶ 3. 社会贤达

所谓社会贤达，通常是指在社会上拥有一定的才能、德行与声望的各界人士。作为知名人士，他们不仅在社会上具有一定的影响力、号召力和社会威望，而且还往往是某一方面的代言人。以社会上的贤达为主要与会者的茶话会，可使本单位与社会贤达直接进行交流，加深对方对本单位的了解与好感，并且倾听社会各界对本单位的直接意见和建议。

▶ 4. 合作伙伴

合作伙伴，在此特指在商务往来中与本单位存在着一定联系的单位和个人。除了自己的协作者之外，还应包括与本单位存在供、产、销等其他关系者。以合作伙伴为主要与会者的茶话会，重在向与会者表达谢意，加强彼此之间的理解与信任。这种茶话会，有时亦称联谊会。

▶ 5. 各方人士

有些茶话会会邀请各行各业、各个方面的人士参加，这种茶话会，通常叫作综合茶话会。以各方面的人士为主要与会者的茶话会，除了可供主办单位传递必要的信息外，主要是为与会者创造一个扩大个人交际面的社交机会。

茶话会的与会者名单一经确定，应立即以请柬的形式向对方提出正式邀请。按惯例，茶话会的请柬应在半个月之前被送达或寄达被邀请者之手，但对方对此可以不必答复。

三、选择时空

(一)时间选择

选择举行茶话会的时间问题，又可以分成三个具体的、相互影响的问题，即举行的时机、举行的时间、时间的长度。

▶ 1. 茶话会举行的时机

在举行茶话会的时间问题上，举行的时机问题是头等重要的。唯有时机选择得当，茶话会才会产生应有的效益。通常认为，辞旧迎新之时、周年庆典之际、重大决策前后、遭遇危难挫折之时等，都是酌情召开茶话会的时机。

▶ 2. 茶话会举行的时间

举行的时间，是指茶话会具体应于何时举行。根据国际惯例，举行茶话会的最佳时机是下午 4 点左右。有些时候，亦可将其安排在上午 10 点左右。需要说明的是，在具体进行操作时，可不必墨守成规，而主要应以与会者尤其是主要与会者的方便与否以及当地人的生活习惯为准。

▶ 3. 茶话会时间的长度

茶话会时间的长度，可由主持人在会上随机应变，灵活掌握。若是将其限定在两个小时之内，它的效果往往会更好。

(二)场地确定

按照惯例，适宜举行茶话会的场地主要有：一是主办单位的会议厅；二是酒店的多功能厅；三是主办单位负责人的私家客厅；四是主办负责人的私家庭院或露天花园；五是包场高档的营业性茶楼或茶室。餐厅、歌厅、酒吧等处，均不宜用来举办茶话会。

此外，在选择举行茶话会的具体场地时，还需要同时兼顾与会人数、支出费用、周边环境、交通安全、服务质量、档次名声等问题。

四、安排座次

同其他正式的工作会、报告会、纪念会、庆祝会、表彰会、代表会相比，茶话会的座次安排具有自身的鲜明特点。从总体上来讲，在安排茶话会与会者的具体座次时，必须使之与茶话会的主题相适应。

根据约定俗成的惯例，目前在安排茶话会与会者的具体座次时，主要采取以下四种方法。

▶ 1. 环绕式

环绕式排位，指的是不设立主席台，而将座椅、沙发、茶几摆放在会场的四周，不明确座次的具体尊卑，与会者在入场之后自由就座。这一安排座次的方式，与茶话会的主题最相符，因而在当前流行面最广。

▶ 2. 散座式

散座式排位，多见于举行于室外的茶话会。它的座椅、沙发、茶几的摆放，貌似散乱无序，四处自由地组合，甚至可由与会者根据个人要求而自行调节，随意安置。其目的就是要创造出一种宽松、舒适、惬意的社交环境。

▶ 3. 圆桌式

圆桌式排位，指的是在会场上摆放圆桌，而请与会者在其周围自由就座的一种安排座次的方式。在茶话会上，圆桌式排位通常又分为下列两种具体的方式：一是仅在会场中央安放一张大型的椭圆形会议桌，而请全体与会者在其周围就座；二是在会场上安放数张圆桌，请与会者自由组合，各自在其周围就座。当与会者人数较少时，可采用前者，当与会者人数较多时，应采用后者。

▶ 4. 主席式

在茶话会上，主席式排位并不意味着要在会场上摆放主席台，而是指在会场上，主持人、主人与主宾应被有意识地安排在一起就座，并且按照常规，居于上座之处。一般而言，上座为前排、会标之下或是面对正门之处。为了使与会者畅所欲言，并且便于大家进行交流，茶话会上的座次安排并不宜过于明显。不排座次，允许自由活动，不摆与会者的名签，是茶话会的常规做法。

任务训练

▶ 1. 案例分析

2014 年 3 月 2 日，由海峡两岸建筑室内设计交流中心主办，中国照明网承办的"中国建筑的过去·现在·未来——2014 年新春茶话会"在广州珠江啤酒博物馆顺利举行。来自规划、建筑、室内、陈设、景观、家具、照明、媒体等行业的专家、学者、设计精英及传媒朋友近 50 位齐聚珠江江畔"广艺汇"，共同探讨业内的发展现状和未来趋势。

本次活动的发起人——海峡两岸建筑室内设计中心理事长薛光弼在致辞中表示："此次会议旨在加强行业间的交流沟通，与会嘉宾来自各行各业，也呈现出跨界的特征，我们共聚一堂，是在跨界合作的时代大背景下，共同谋求行业的创新性发展。"在场嘉宾纷纷点头赞同，并笑称"这是一次轻松的、温馨的、平等的、茶话会议。"在轻松愉悦的气氛中，茶话会拉开序幕。此次会议由城际(中国)国际建筑师联合事务所董事长唐孚、中国照明网总经理陈玉梅联袂主持。

　　问题：(1)茶话会如何确定主题？

　　　　　(2)茶话会来宾如何确定？

▶ 2. 拓展训练

(1)活动背景

①目的：在2019年的新年到来之际，为迎接新年的到来，同时增进团总支内部人员友谊，加强内部团结，延续历年传统，特举行新年茶话会。

②时间：元旦期间。

③地点：学院餐厅。

④主办方：团总支办公室。

⑤参与人员：团总支全体人员。

(2)前期准备

①相关人员完成餐厅和现场音频的准备工作。

②主持人准备演讲稿。

③办公室人员提前一天去布置会场，并通知团总支全体人员活动的地点、时间等。

(3)活动过程

①书记(老师)致开场白。

②部长们进行简单发言，烘托气氛。

③开始包饺子比赛。

第一，每桌派发面粉、饺子馅、擀面杖。

第二，计时20分钟，包饺子最多的部门获胜，并告知包饺子越多的部门吃得也越多。

第三，给获胜部门拍照留念，发放奖品(每人一支棒棒糖)。

第四，开始下锅煮饺子。

④如果仍然有时间，则进行游戏。

⑤游戏结束后，书记(老师)发言做茶话会总结，宣布茶话会结束。

(4)游戏说明

两人面对面，先随机由一人先开始，指着自己的五官任何一处，问对方："这是哪里？"对方必须在很短的时间内来回答提问方的问题，例如，如果对方指着自己的鼻子问这是哪里的话，同伴就必须说："这是鼻子。"同时，同伴的手必须指着自己鼻子以外的任何其他五官。如果过程中有任意一方出错，就要受罚；3个问题之后，双方互换。

惩罚措施：由两人中的没有出错的一方让出错的一方做一个大冒险活动，最后每个部门出错最多的人组成小队，为大家合唱歌曲，不会唱歌的则做事先准备好的大冒险活动。

(5)后期工作

①收拾会场，打扫现场卫生。

②收回现场条幅，标语，座椅等。

③做活动总结，并由新闻中心人员负责将照片发布到微信或微博上。

（6）活动预算

一个 4 米横幅、两条彩带＝20 元

2 袋气球＝20 元

10 大桶汽水和两箱矿泉水＝80 元

纸杯 2 大包＝20 元

饺子粉、馅，可与食堂协商

总计：待定。

你认为上述茶话会策划案有没有需要修改的地方？提出自己建议并做出修改。

子 情 境 五　　庆典活动

学习目标

1. 掌握开业典礼的各项准备工作、流程及注意事项。
2. 掌握剪彩仪式的各项准备工作、流程及注意事项。

导 入 案 例

金冠眼镜公司七周年庆典活动

金冠眼镜公司举办了"品质是金，服务是冠"的"感谢消费者，让消费者感动"成立七周年庆典活动。本次活动，公司全体员工于 3 月 15 日晚上在新柳步行街燃放烟花，感谢全体市民。"金冠永远是您的朋友！"成为此次活动的主题。3 月 10 日，向所有金冠的消费者邮寄感谢信和请柬，以感谢广大消费者对金冠的厚爱，并邀请他们参加公司七周年庆典活动；3 月 12 日、13 日两天，公司组成 15 个拜访小组，分别拜访全市各类学校，到校园区内服务并征求他们的意见，感谢他们 7 年来对公司业务的大力支持，并给特困生予以资助；3 月 15 日，在公司六个门市部前开展有奖问答卷活动；3 月 15 日晚，举办庆祝活动，员工进行卡拉 OK 比赛，并评出优秀员工家属，公司领导感谢广大员工及家属为金冠发展所做出的努力，在此期间由公司董事长为感谢消费者致辞，并在灿烂的烟花中结束了本次庆典。

（资料来源：刘辉．商务礼仪［M］．大连：大连理工大学出版社，2011.）

知 识 链 接

在商务活动中，经常会举行各种商业仪式和专题活动，如开业典礼、剪彩仪式、签字仪式等。安排好这些仪式活动有助于商务活动的顺利开展，商务人员只有懂得这些仪式和活动礼仪规范，才不失其身份。

一、开业典礼

开业典礼是指在单位创建、开业，项目完工、落成，某建筑物正式启用，某项工程正式开始之际，为了表示庆贺或纪念，按照一定程序所隆重举行的专门仪式。它是企业向社会公众的第一次"亮相"，借此可树立形象、扩大影响、招徕顾客。开业典礼的礼仪，一般指在开业典礼的筹备与运作具体过程中所应当遵从的礼仪惯例，通常包括开业典礼的筹备和开业典礼的运作。

（一）开业典礼的筹备

开业典礼的基本要求是热烈、欢快、隆重。一般来说，典礼的内容安排，主要包括舆论宣传、来宾邀请、场地布置、接待服务、礼品馈赠等方面的工作。筹备开业典礼要遵循热烈轰动、丰俭有度、缜密周到三个原则。

开业典礼的筹备事项：注重媒体公关、提前约请来宾、精心布置场地、做好接待工作、选择馈赠礼品、拟定工作程序。

▶ 1. 舆论宣传

举办开业典礼的主旨在于塑造企业的良好形象，因此要对其进行舆论宣传。企业可运用大众传播媒介进行集中性的广告宣传，或在告示栏中张贴开业告示，以吸引社会各界对企业的关注，争取社会公众对企业的认可或接受。

广告或告示的内容一般包括开业典礼举行的时间、地点、企业的经营范围及特色、开业的优惠情况等。开业广告或告示一般宜在开业前的 3～5 天内发布。企业还可邀请一些传媒界人士，在开业典礼举行之时到现场采访、报道，予以正面宣传。

▶ 2. 邀请来宾

开业典礼影响的大小，往往取决于来宾身份的高低与数量的多少。一般来讲，参加开业典礼的人士包括：上级领导、社会名流、新闻界人士、同行业代表、社区负责人等。

为了体现对来宾的尊重，请柬应认真书写，并装入精美的信封，派人提前送达，亦可通过邮局和快递公司邮寄。给有名望的人士或主要领导的请柬可由企业主要负责人登门邀请，以示诚恳和尊重。

▶ 3. 布置现场

开业典礼场地多在开业现场正门外的广场或是正门内的大厅。根据惯例，举行开业典礼时，宾主一律站立，故一般不设主席台或座椅，可在来宾站立处铺设红色地毯。仪式现场四周悬挂横幅、标语、气球、彩带等；在醒目处摆放来宾赠送的花篮、牌匾；在适当位置放好签到簿、本企业的宣传材料、待客的饮料等。此外，准备好的音响、照明设备也应一一检查、调试。

▶ 4. 接待服务

在举行开业典礼的现场，一定要有专人负责来宾的接待服务工作。年轻、精干、身材和相貌较好的男女青年负责一般来宾的迎送、引导、陪同、招待等；来访贵宾则需要本企业的主要负责人亲自出面接待。

▶ 5. 馈赠礼品

举行开业典礼赠予来宾的礼品，一般属于宣传性传播媒介的范畴。可选用本企业产品，或带有组织标志、广告用语、产品图案及开业日期的文具品和其他日常用品。那些与众不同、具有本企业鲜明特色并体现对来宾的尊重和关心的纪念品会受到人们的青睐。

(二)开业典礼的运作

开业典礼活动所用的时间不长，但事关重大，所以对典礼活动的程序安排要求很严格。在一般情况下，典礼程序由以下几项组成。

▶ **1. 迎宾**

接待人员在会场门口接待来宾，请其签到，引导其就座。若不设座位，则告诉来宾其所在的具体位置。

▶ **2. 典礼开始**

主持人宣布开业典礼正式开始。全体起立(不设座位站立时，应立正)，奏乐，宣读重要嘉宾名单。

▶ **3. 致辞**

由企业负责人致辞，主要是向来宾及祝贺单位表示感谢，并简要介绍本单位的经营特色和经营目标。

▶ **4. 致贺词**

由上级领导和来宾代表致祝贺词，主要表达对开业企业的祝贺，并寄予厚望。对外来的贺电、贺信等不必一一宣读，但对其署名的单位或个人应予以公布。

▶ **5. 揭牌**

由上级领导或嘉宾代表和本单位负责人揭去盖在牌匾上的红布，宣告企业的正式成立。在场全体人员在音乐声中热烈鼓掌祝贺，在不限制燃放鞭炮的地区可燃放鞭炮庆贺。

▶ **6. 参观**

引导来宾参观，介绍本单位的主要设施、特色商品及经营策略等。

▶ **7. 迎客**

揭牌后，会有大批顾客随出席开业典礼的嘉宾一道进入公司或商场。可采取让利销售或赠送纪念品的方式吸引顾客，也可选择一些有代表性的消费者参加座谈，虚心听取消费者的意见，拉近与消费者的距离。

▶ **8. 结束**

如有必要，可安排来宾就餐、观看文艺节目等。

总之，开业典礼的整个过程要紧凑、简洁，整个开业程序可视具体情况有所增减，避免时间过长，使来宾产生不快。

二、开业典礼的礼仪

开业是企业的大喜事，无论是开业典礼的组织者，还是来宾都应注意遵循相应的礼仪规范。

▶ **1. 组织者礼仪**

(1) 仪容整洁。所有出席和参加开业典礼的人员，都应注意适当的修饰，女士要适当化妆，男女应理发剃须。

(2) 着装规范。有条件的企业最好统一着装，显示企业特色。否则，应要求穿着礼仪服装，即男士穿深色西装或中山装，女士穿深色西装套裙或套装。

（3）准备充分。请柬的发放应及时，席位的安排要讲究（一般按身份与职务高低确定主席台座次及贵宾席位），迎宾车辆要备好等。

（4）遵守时间。出席本企业开业典礼人员应严格遵守时间，不得迟到、无故缺席或中途退场。开业典礼应准时开始与结束。

（5）态度友好。遇到来宾要主动热情地问好，对来宾的提问应予以友善的答复。来宾发表贺词后，应主动鼓掌表示感谢，不能起哄、鼓倒掌，不能随意打断来宾的讲话、向其提出挑衅性质疑等。

（6）行为自律。出席典礼的人员，应注意自己的言行举止。不可在典礼的进行中看报纸、读小说、听音乐和打瞌睡，或东张西望。垂头丧气、嬉戏打闹、反复看表，表现出敷衍了事、心不在焉的样子，会给来宾留下极不好的印象。

（7）发言简短。商务人员在开业典礼上，上下场要保持沉着冷静。发言时，要讲究礼貌，问好、施礼、致谢都不可少。发言宁短勿长，不可随意发挥、信口开河，也不可手舞足蹈、过分激动。

▶ **2. 宾客礼仪**

（1）准时到场。一般来说可提前半小时左右到场。或早或迟，对于主办单位而言，都会造成不便，若有特殊情况不能到场，应尽早通知主办方，不要辜负主人的一番好意。

（2）赠送贺礼。宾客参加开业典礼，一般送些贺礼，如花篮、镜匾、楹联等以表示对开业方的祝贺，并在贺礼上写明庆贺对象、庆贺缘由、祝贺词及祝贺单位。

（3）礼貌祝贺。见到主人应向其表示恭贺，多说吉祥、顺利、发财、兴旺等吉利话。

（4）贺词简明。贺词要简明精练，致贺词时，不可随意发挥、拖延时间，注意文明用语，少用含义不明的手势。

（5）认真听讲。主人讲话时，应认真听讲，表示赞同、点头或鼓掌，不可无休止地和左右宾客讲话，或闭目养神，更不可剔牙、搓手、长时间地接打手机或发短信等。

（6）礼貌告别。典礼结束后，宾客离开时应与主办单位领导、主持人、工作人员等握手告别，并致谢意。不可迫不及待地匆匆要走（特殊情况除外，但要说明），也不可悄悄地不辞而别。

【相关案例】

别具一格的开业典礼

1995 年 12 月 28 日，安徽商之都商厦开业，商厦搞了一次别具一格的开业典礼活动。

商厦特地从北京请来王淑贞、刘淑琴、董克禄、邓传英等九位劳动模范来进行服务表演，现场传经，解决了商之都新职工经验不足的难题。开业那天，劳模们穿上各自的店服，胸戴奖章，身披绶带，在开业典礼上，他们与安徽省领导一起剪彩。为了目睹劳模的服务风采，顾客从一楼到四楼，挨个柜台找劳模买东西，体会优质服务。

开业的短短几天，天天爆满，商之都热闹非凡，营业额大大超过了预期目标，社会效益也非常显著。

（资料来源：刘韵．汽车商务沟通与谈判技巧［M］．上海：同济大学出版社，2014．）

三、剪彩仪式

剪彩仪式指商界的有关单位，为了庆贺公司的设立、企业的开工、商店的开张、银行的开业、宾馆的落成、大型建筑物的启用、道路或航线的开通、展销会或博览会的开幕而隆重举行的一种礼仪性活动。剪彩作为一种庆典活动，既可以在开业典礼中进行，也可举行专门的剪彩仪式。

剪彩一直被业内人士看好，主要基于三方面原因：

(1)剪彩活动热热闹闹、轰轰烈烈，既能给主人带来喜悦又能令人产生吉祥如意之感。

(2)剪彩不仅是对主人既往成绩的肯定和庆贺，还可以对其进行鞭策与激励，促使其再接再厉继续进取。

(3)可借剪彩这一活动良机向社会各界通报新产品、新信息，引起人们的关注。

【知识拓展】

"剪彩"的来历

"剪彩"的来历有两种传说。

一种传说，"剪彩"起源于西欧。古代，西欧造船业比较发达，新船下水往往吸引成千上万的观众。为了防止人群拥向新船而发生意外事故，主持人在新船下水前，在离船体较远的地方，用绳索设置一道"防线"，等新船下水典礼就绪后，主持人就剪断绳索让观众参观。后来绳索改为彩带，人们就给它起了"剪彩"的名称。

另一种传说，剪彩仪式源于一次偶然事件。1912年，美国一小镇有一家大百货公司即将开业。开张这天的一大早，老板按当地风俗，在开着的店门前横系一条布带，防止公司未开张前有闲人闯入。这时，老板的10岁女儿牵着一条哈巴狗从店里匆匆跑出来，无意中碰断了这条布带。顿时，在门外久等的顾客蜂拥而入，争先购物。不久，当老板的一个分公司又要开张时，想起第一次开张时的盛况，又如法炮制，这次是老板有意让小女儿把布带碰断，果然财运又很好。于是，人们认为小女孩碰断布带的做法是一个好兆头，群起仿效，用彩带代替布带，用剪刀剪断彩带来代替小女孩碰断布带，沿袭下来，就成了今天盛行的"剪彩"仪式。

(资料来源：曹艺. 商务礼仪[M]. 北京：清华大学出版社，2009.)

(一)剪彩仪式的准备

剪彩仪式的准备工作与开业典礼的准备工作有相同之处，如舆论宣传、发送请柬和场地布置等，但剪彩仪式还有自己必需的准备工作。

▶ 1. 剪彩工具的准备

剪彩仪式上需要一些特殊的用具，如红色缎带、新剪刀、白色薄纱手套、托盘以及红色地毯等。对这些用具要做到恰当地选择、仔细地准备。

(1)红色缎带，即剪彩中的"彩"，是非常重要的物品。按传统做法，它应由一整匹未使用过的红色绸缎，在中间结上数朵大而醒目的花团。有时为了节约，一般使用两米左右长的红缎带、红布条、红线绳或红纸条作为替代品。

(2)新剪刀。新剪刀是专供剪彩者剪彩时使用的，必须是崭新、锋利的，且人手一把。剪彩仪式结束后，主办方可将每位剪彩者使用的剪刀包装后，赠送给对方以资纪念。

(3)白色薄纱手套。在正式剪彩仪式上，剪彩者在剪彩时最好每人戴上一副白色薄纱手套，以示郑重，但一般情况下可以不准备。如果准备，要确保手套洁白无瑕、人手一副、大小适度。

（4）托盘。托盘用作盛放剪刀、手套和缎带，最好是崭新、洁净的，通常首选银色的不锈钢制品，并在上面铺红色绒布或绸布。在剪彩时，礼仪小姐可以用一只托盘依次向各位剪彩者提供剪刀和手套，也可以为每一位剪彩者均提供一只托盘。

（5）红色地毯。红色地毯铺设在正式剪彩时的站立之处，其长度可视剪彩者人数的多少而定，宽度应在一米以上。在剪彩现场铺设红色地毯，主要是为了提高仪式档次，营造一种喜庆气氛，有时亦可不铺设地毯。

▶ 2. 确定剪彩人员

（1）剪彩者。剪彩者是剪彩仪式的关键，其身份地位与剪彩仪式的档次高低有着密切的关系。通常情况下，可由上级领导、单位负责人、社会名流、合作伙伴、员工代表等担任剪彩人。剪彩者的人数可以是一人，也可是几个人，但一般不超过5人。

（2）助剪者。助剪者是指在剪彩仪式中为剪彩者和来宾提供服务的工作人员。多由东道主一方的女职员担任或是邀请几位专业礼仪小姐，主要负责引导宾客、拉牵彩带、递剪彩工具等工作。礼仪小姐一般要求容貌端庄、气质优雅、反应敏捷，穿着打扮尽量整齐划一。

（二）剪彩仪式的程序

剪彩仪式以短为佳，短则一刻钟即可，长则不超过一小时，基本程序如下。

▶ 1. 来宾就位

在剪彩仪式上，一般只安排剪彩者、来宾和本单位主要负责人座位。一般情况下，剪彩者应就座于前排。若数人剪彩时，应按剪彩时的顺序就座。

▶ 2. 仪式开始

主持人宣布仪式开始，同时奏乐、鸣炮（有的地方禁鸣则免），全体到场者热烈鼓掌，随后，向全体人员介绍到场的重要来宾。

▶ 3. 奏国歌

奏国歌时，全体人员必须起立。

▶ 4. 简短发言

发言者依次为东道主单位的代表、上级主管部门的代表、地方政府的代表、合作单位的代表等。这种发言言简意赅，充满热情，一般不超过几分钟。

▶ 5. 进行剪彩

主持人宣布剪彩后，礼仪小姐在欢乐的乐曲中率先登场。拉彩者拉起红色缎带及彩球，托盘者站在拉彩者身后一米左右处，然后在礼仪小姐引导下，剪彩者上台剪彩，剪断红绸、彩球落盘时，全体人员要报以热烈的掌声，必要时还可奏乐或燃放鞭炮。

▶ 6. 参观现场

剪彩后，主人应陪同来宾参观现场，及参观剪彩的项目。随后，还可以向来宾赠送纪念品，或设宴款待来宾。

（三）剪彩仪式的礼仪

剪彩者是剪彩仪式的主角，其举止直接关系到剪彩仪式的效果和企业形象。因此，作为剪彩者既要有荣誉感，又要有责任感。剪彩者应注意以下几点礼仪要求。

▶ 1. 注重仪表修饰

剪彩者的仪表要整洁、庄重，着装要正规、严肃，西装、中山装或职业制服都可以。头发要梳理好，颜面要洁净，给人以容光焕发、精干而有修养的好印象。

▶ 2. 举止大方文雅

剪彩过程中，剪彩者要使自己保持一种稳重的姿态。起身剪彩时，应面带微笑稳步走向待剪的彩带，行至既定的位置后，应向拉彩者、捧花者含笑致意。当礼仪小组用托盘呈上剪刀、手套时，亦应微笑表示谢意。剪彩时，要聚精会神、严肃认真地一刀剪断；如果多名剪彩者共同剪彩，应协调一致，力争同时剪断彩带，还应与礼仪小姐配合，让彩球落入托盘内。剪彩完毕，将剪刀放回托盘，举手向人们致意或鼓掌。

▶ 3. 谈笑节制有度

剪彩仪式开始后，剪彩者应全神贯注地听别人发言，关注仪式进展程序，不宜喋喋不休地与人交谈。剪彩完毕，应先和主办单位的代表握手致贺，礼节性地交谈几句，或与其他剪彩者进行赞赏性的交谈，但时间不宜过长。在仪式过程中，剪彩者不能因为自己地位高而指手画脚，自以为是，令主办单位为难。

任务训练

▶ 1. 案例分析

某企业厂长在广交会考察，恰巧遇上本厂销售部经理和印度尼西亚客户洽谈完合同正准备签约。见厂长来了，销售部经理忙向客户介绍，厂长因右手拿着公文包，便伸出左手握住对方伸出的右手。谁知刚才还笑容满面的客户笑容全无，并且就座后也失去了准备签约的热情，不一会儿便声称有其他约会，匆匆离开了展位。

问题：(1) 为什么厂长与客户握手后客户的态度大变？

(2) 签字仪式应注意哪些问题？

▶ 2. 拓展训练

小品：开业典礼

人物：××大酒店陆总经理、××市副市长、主持人、礼仪小姐若干及各方来宾。

道具：麦克风、横幅、录音机、彩旗、红线绳、新剪刀、白色手套、托盘等。

内容：现场上挂横幅，内容是：××大酒店开业典礼。

(××大酒店开业典礼的现场。录音机正播放迎宾乐曲，礼仪小姐穿着整齐并排列迎宾。来宾陆续来到现场。礼仪小姐引导来宾就位。)

主持人(开场白)：尊敬的各位来宾，各位朋友、女士们、先生们，金秋 10 月，清风送爽。今天，四面八方的朋友会聚在这里，都是为了庆祝一个共同的盛事，××大酒店开业庆典仪式！女士们，先生们，今天出席××大酒店开业庆典仪式的领导和嘉宾有：市以及市区各部、委、办、局的领导，各级、各界、各部门、各兄弟单位的宾客××人。让我们用热烈的掌声，欢迎各位领导和嘉宾入场就座！(礼仪小姐引导贵宾至主席台)现在请允许我宣布：××大酒店开业庆典仪式现在开始！

(全体起立，播放国歌。)

主持人：(国歌播放完毕)下面让我们以热烈的掌声有请：××大酒店陆总经理为我们致辞，××市马副市长致贺词。

陆总：(站到主席台前致辞)尊敬的各位领导，各位来宾，女士们、先生们、朋友们，大家好！××大酒店在这秋高气爽的季节里隆重开业了。值此，我代表酒店全体员工对各位领导、各位嘉宾的光临，表示热烈的欢迎和诚挚的感谢。

按高标准、严要求投资建设的××酒店，于××年×月破土动工以来，全体建设者克服重重困难，经过×年的奋力拼搏，保证了酒店的顺利开业。建成后的××大酒店，设计新颖、风格别致、功能齐全，无论是主体建筑，还是装饰装修，都构思独特、气势恢宏、手笔大气。××大酒店的建成，从筹建到施工，得到了社会各界的广泛关注，得到了各方面领导的高度重视和关怀，尤其是施工建设单位的同志们，为工程洒下了辛勤的汗水。在此，我向所有参与工程建设的领导和建设者们致以深深的敬意！"有朋自远方来，不亦乐乎"，××大酒店开业之后，我们期待各位领导、四方来宾、各界朋友予以更多的支持、关心、重视和理解。同时，我们将加强管理，规范运作，热忱服务，爱岗敬业，尽心尽力把××大酒店办成有品位、有档次、有影响、有效益的一流酒店。

您的一次光临，就是对我们的一份支持；您的一份满意，就是我们的一份幸福。衷心地希望大家能一如既往地关爱××大酒店，支持××大酒店。我相信，有了你们，××大酒店一定会生意兴隆、财源茂盛、兴旺发达、鹏程万里！

最后，我要再一次感谢各位领导、各位嘉宾的光临，祝大家身体健康，工作顺利，阖家欢乐，万事如意！谢谢大家！

马副市长：(站到主席台前致辞)尊敬的陆总经理、尊敬的各位来宾、同志们、朋友们，金秋月圆，丹桂飘香。在这美好时节，我们迎来了××大酒店的开业。在此，我谨代表市委、市人大、市政府、市政协和全市人民，向××大酒店的开业表示热烈的祝贺！

在百业竞争、万马奔腾的今天，特色就是优势，优势就是财富。××大酒店要在激烈的市场竞争中占据一席之地，一定要营造自己的特色，打造自己的品牌，塑造自己的形象；一定要有科学管理、准确定位；一定要用全新的理念，一流的服务，创造一流的效益；一定要诚招天下客，信引四方宾，更好地为顾客服务，更多地回报社会。

××大酒店是我市服务业、旅游业中的新生力量。希望全市各部门、各单位和社会各界为××大酒店的成长壮大多播洒些阳光和雨露，多给予些关心和支持。我相信，在社会各界的大力支持下，在酒店全体员工的共同努力下，××大酒店一定能够创造出耀眼的辉煌，骄人的业绩，为我市财税增收、经济发展、社会繁荣多做贡献。

最后，我祝愿××大酒店生意兴隆，蒸蒸日上！

主持人：陆总的一番话，令我们倍感亲切。陆总的话虽没有华丽的辞藻，但很平实，表现出的是一个真实的××大酒店，是一个朝气蓬勃、一个处处以实际行动为大家做实事的集体。而马市长对××大酒店的殷切期望，又使我们感慨万分，深受裨益。让我们再次以热烈的掌声向他们表示感谢(掌声)。下面，让我们热烈欢迎马副市长和陆总经理为××大酒店开业剪彩！

(录音机里响起欢乐的乐曲。礼仪小姐在欢乐的乐曲声中，排成一行。从两侧登场。拉彩者拉起红色缎带及彩球，托盘者站在拉彩者身后一米之处，并且自成一行。马副市长、陆总经理行至既定位置，托盘者递上剪刀、白色手套。两人表情庄重地将红色缎带一刀剪断，彩球准确无误地落入托盘里。两个用右手举起剪刀，面向全体人员致意，放剪刀、手套于托盘中，鼓掌。热烈掌声也随之响起。两人相互握手道喜，礼仪小姐引导他们从右侧退场。）

马副市长在陆总经理陪同下，参观酒店。

7 学习情境七

Chapter 7

求职礼仪

子情境一 　 求职前准备

学习目标

1. 能够做好各项求职准备。
2. 熟练掌握面试前的礼仪，表现出良好的素质和形象。

导入案例

面　　试

　　凯思集团正在招聘职员，小林马上就要毕业了，对此她信心百倍，因为她专业对口，而且其他条件也非常符合。面试当天，小林为了给招聘单位留下好印象，决定好好打扮一下自己。在寝室忙了半天，她最后选中了一条火红的连衣裙，穿上高跟鞋，戴上项链、耳环、手链，还化了现在流行的闪亮妆，她想这样一定能在外貌上取得优势。面试当天、小林与其他面试者在办公室外等待。她松松垮垮地站在门口准备上场，回头看见有一排沙发，便坐在沙发上，跷起二郎腿，悠闲地拿出化妆包开始补妆。面试时，小林看到题目有点陌生，忍不住挠头抓痒，在座位上扭来扭去。面试完毕，结果可想而知。

　　（资料来源：陈光谊.现代实用社交礼仪［M］.北京：清华大学出版社，2009.）

知识链接

一、职业规划

【相关案例】

学生困惑：一封来信

老师：

您好！我是一名大一的本科生，即将升入大二，听老师和高年级的同学讲，现在大学生就业时竞争十分激烈，既需要各种证书，也需要实际工作能力和实践经验，因此，我很担心毕业后找不到理想的工作，于是下决心考研，但是又担心考不上，您说我该怎么办？

一位迷茫的大学生　王奇

求职就业的经历，对每一个人而言，都是一笔宝贵的人生财富，求职的过程会令人终生难忘。面对求职，我们应慎重对待，精心准备，让它丰富一些，完美一些。

大学生职业规划是指大学生在对过去成长背景、目前资源条件和将来可能路径的自身主观和环境客观综合分析的基础上，合理拟定自己的职业目标，为开发和获得与职业相关因素而制订相应的教育、培训、工作计划，按照一定时间安排，采取行动，以实现职业目标的一个有机、逐步展开的过程。

▶ **1. 职业规划的作用**

实际上每个人不同的成长经历和个人兴趣、发展愿望，都不只包含一种职业倾向，而可能是几种职业倾向的混合，所以，一个人在选择职业时就面临矛盾心理。如何经过认真的思考和有效的规划，找到合适自己的工作是非常重要的。

有效的职业规划有利于明确人生未来的奋斗目标，它能帮助一个人认清自己，在困难中百折不挠，最终走向成功。许多时候，失败者并不是他们没有足够的知识才能，而是失败于他们走错了门，入错了行，没有对自己进行职业规划，或者没有进行正确的职业规划设计，没有找到适合于他们发展的职业目标和发展机会。职业规划对个人的职业发展有着重要的作用，可以归纳为以下几点。

（1）以既有的成就为基础，确立人生的方向，提供奋斗的策略。

（2）突破并塑造全新充实的自我。

（3）准确评价个人特点和强项。

（4）评估个人目标和现状的差距。

（5）准确定位职业方向。

（6）重新认识自身的价值并使其增值。

（7）发现新的职业机遇。

（8）增强职业竞争力。

（9）将个人、事业与家庭联系起来。

▶ **2. 职业规划的意义**

如今，人们生活在一个变革的时代，不仅社会在变革，每个人也在不断地进行自我变革。对个人来说，这种自我变革的重要手段就是职业规划。只有善于对自己的职业进行规划的人，才能有正确的前进方向和有效的行为措施，才能充分发挥自我管理的主动性，开发自身的潜能，保证在事业上取得更大的成功。

卢梭曾经说过："选择职业是人生大事，因为职业决定了一个人的未来。"只有有了明确的目标，人们才会努力奋斗，并积极去创造条件实现目标。事实也证明，有不少大学生由于对自己的职业生涯毫无规划，目标不明，从而造成事业失败。并不是他们没有足够的知识和才能，失败主要在于他们没有规划最适合于他们成长与发展的职业目标。

（1）职业规划可以帮助自己确定职业发展目标。

（2）职业规划可以鞭策自己努力工作。

（3）职业规划可以促使自己抓住工作的重点。

（4）职业规划可以驱动自己发挥潜能。

（5）职业规划可以评估自己的工作成绩。

▶ 3. 职业发展阻隔因素分析

职业发展阻隔因素是指不利于我们职业发展的个人因素。这些因素使我们职业选择不顺利，或造成职业发展困境长久无法突破。职业发展阻隔因素包括以下八个方面。

（1）意志薄弱。个人的生涯选择容易受外在因素的影响，如因父母、朋友、社会价值观而减少投入时的毅力，甚至放弃自己真正想要的目标。

（2）犹豫不决。对自己本身缺乏信心、充满担心，而迟迟不采取与职业发展有关的行动。

（3）信息探索。不能积极去搜集相关信息，或不清楚取得这些信息的渠道。

（4）个人特质方面。没有主见、被动，习惯由他人为自己做决定，或抗拒自己做规划等。

（5）方向选择。对自己做过的职业选择感到怀疑，或者目前有多种选择不知如何着手。

（6）自己所读的专业。所学专业不符合自己的期待，或认为是不适合自己的。

（7）学习状况。对自己的学习成果不满意而产生的负向效应。

（8）学习困扰。在学习上，与同学或异性不良的互动关系所产生的负向效应。

在仔细分析了影响自己职业发展的各种因素之后就可以较好地解决职业发展设计中"干什么""何处干""怎样干"这三个最基本的问题。这三个问题解决好了，职业发展规划就会比较顺利。

二、组织文化分析对求职的影响

有人说"优秀公司具备六大特征"，分别是工资待遇好、企业形象好、培训机会多、福利待遇完善、制度管理有序、升迁机会公平。这种看法并不全面，评价一个组织是否优秀，最核心的不是它能够给你什么，而是看它鼓励怎样的价值观和行为。说到底，如果一个组织给员工提供良好的培训机会但却不鼓励创新，即使有再高的本领也无用武之地。

总的来说，组织的核心信息可以分成三种：和职业价值观相关、和发展前景相关以及和生活平衡相关，见表7-1。

表 7-1　组织分析考察的内容

和职业价值观相关	和发展前景相关	和生活平衡相关
组织的文化和部门的亚文化	历史和过去的工作情况	工资结构和薪水范围
组织和部门雇员人员的类型	公司和分(子)公司生产、提供的产品和服务	工作对家庭的影响
组织或部门的政治环境	在该领域、行业和地区中的地位	—
决策模式	组织的结构、分(子)公司和部门结构	—
员工的道德感	晋升和提拔制度	—
—	教育和培训的机会	—
—	组织和部门的未来前景	—

(一)组织文化的观察方法

可以通过以下方法观察组织文化。

▶ 1. 常规行为

例如，成员间互相问候的常见方法，对组织高级成员的礼貌，人们开会或者就餐时坐的位置，或者成员的衣着。

▶ 2. 规范

例如，在组织中个人如何努力，个人是否愿意在晚上或周末工作，每周工作 40 小时以上是否正常。

▶ 3. 主导价值观

例如，顾客至上，员工的家庭生活很重要，或者成员们应该有业余学习。

▶ 4. 哲学观

针对员工、社会、服务他人、赚钱、努力工作的整体指导性观点。

▶ 5. 规则

例如，作为新员工学习各种诀窍，理解并接受导师的反馈，管理时间，与同事相处。

▶ 6. 情感或氛围

例如，设备摆放的位置，员工对待顾客和合作者的礼仪或者是信任的程度。

(二)不同用人单位的组织文化

与毕业生就业密切相关的用人单位，除了事业单位之外，国有企业、民营企业、外资企业是毕业生的主要去向。由于这三类企业的所有制不同，导致了他们经营方式的不同，从而形成了相应的企业文化，并由企业文化而派生出了对人才的不同评价。由于事业单位和国有企业的经营机制比较接近，我们暂且将它纳入国有企业的介绍范围。

▶ 1. 国有企业的企业文化

与民营企业或外资企业相比，有些国有企业的企业文化并不算很有竞争力。传统的用人机制往往不太注重人的个性，从而使有才能的人不能够淋漓尽致地施展才华，同时，以岗定薪的工资制度，也加大了工作人员的惰性。

随着国企改革步伐的加大，近年来，也有相当部分优秀的国企创下了辉煌的业绩，新时代领导者的开拓创新精神，给国企插上了飞翔的翅膀，国企的企业文化也越来越鲜明、丰富、多彩，它们具有以下特点。

（1）在经营战略上，国企树立了"靠天靠地不如靠自己"的经营理念。经营理念的转变迅速导致国企用人机制的变化，他们广泛借鉴优秀的民营企业、外资企业的用人方法，奖罚分明，管理严格，工作人员之间的竞争气氛大大增强，工作效率得到很大提高。

在一家优秀国企工作过的硕士生曾经颇为感慨地说："我以前一直以为国企的各类机制都运行得很慢，但在那里工作两年下来，我却觉得工作节奏是非常紧张的，当然，拿的薪金也比较高，我觉得我在国企同样活得很有成就感。在国企同样可大有作为！"

（2）国企对人才越来越重视。当代的不少国企都明确提出"人才决策是第一决策"的用人观念，并在实践中认真执行。许多国企对高学历的应聘者都情有独钟，对人才更有种种优惠政策。有些国企为了得到优秀的人才，甚至不惜重金聘用。这些措施，都大大增强了国企的竞争力。

（3）国企越来越注意人才结构的优化组合。我们时常讲个人要有一个合理的知识结构，才能迅速适应社会，适应用人单位的需求，那么，作为企业，它们同样也需要有优化的人力资源结构。现在的许多国企都已经注意到这些问题。国企在最近这些年所取得的成就，对人才日益注重的文化精神，无疑为企业营造了一个良好的氛围，更为企业增添了一份魅力。

▶ 2. 民营企业的企业文化

在我国，民营企业是在 20 世纪 90 年代迅速蓬勃发展起来的。由于经营体制十分灵活，对人才比较重视，再加上创业者的胆识与魄力，迅速涌现了联想公司、华为技术有限公司、阿里巴巴、京东等成功民营企业。民营企业成功的背后，透露出的是它们良好的企业文化与大胆的择才标准。

"对企业而言，资源可以枯竭，只有文化生生不息。"这是许多民营企业在短短二十多年来能够传奇般崛起的秘诀，民营企业具有以下特点。

（1）民营企业注重以人为本。尊重人，真正为员工着想，理解员工的内心感受；重用人，赋予员工合适的岗位、职责和授权，使得员工充分实现自身的价值；发展人，尽可能为员工提供发展空间和施展才能的舞台，保证优秀员工有升迁的机会。

（2）民营企业具有大胆创新的企业机制。民企敢于大胆尝试，努力使每个员工都得到最大限度的物质满足和精神满足。

（3）民营企业主张员工与企业共享成果。部分民营企业采用了和外资企业类似的分享观念——通过购买股票计划分享对公司的所有权，通过年终分红分享公司利润，通过利润共同体分享个人和职业发展机会，以此来实现员工个人和企业的共同发展。

所有的这些企业文化、理念，都从多方面加强了民营企业对各类人才的吸引力，也为企业的内部良性运行提供了保障。由这样的企业文化派生出来的择才标准，自然与传统的国企有所不同。

▶ 3. 外资企业的企业文化

到外企工作是不少大学毕业生梦寐以求的事情，宝洁、IBM 等知名外企在校园里招聘时几乎场场爆满便是证明。那么，究竟是什么吸引了广大学子？高薪当然是一个重要方面，但同时更不可忽视的是外企良好的企业文化。

一次调查活动表明，在同样的工资待遇的条件下，外企比其他企业对应聘者的吸引力明显更大一些。这种选择背后的答案就展现了外企的企业文化魅力，外企文化具有以下特点。

（1）整体上注重对人才的充分利用，给员工提供一个展示才能的舞台。许多外企认为员工是企业最宝贵的财富，办企业的目的是谋求人的更好的发展，企业应该成为员工自我完善的舞台，员工在企业中也是平等的合作伙伴，他应该广泛地参与公司的管理，完善企业。

（2）外企往往有良好的工作环境。外企之所以成为众人心向往之的地方，固然是因为外企提供优厚的薪金、福利和发展机会，但宽松的工作环境同样不可小觑。许多优秀的外企往往能够将严格的管理和宽松的环境处理得非常和谐，并行不悖。

尽管每个企业为了保证产品的质量，提高工作效率，都必然要有科学严格的管理，但优秀的外企同时也非常强调管理决不以牺牲创造性为代价。它以人性为出发点，注意给予员工灵活自由的发展空间，重视员工的个性和创意发挥。

（3）外企拥有良好的管理机制。由于很多优秀的外企有着悠久的文化历史，所以它的管理机制相对于国内的其他企业而言是稳定而有成效的，也是相对透明的。

外企在内部管理上十分遵循已定的款项条例，即便老总也要在制度面前"守规守矩"。工资上，外企的工资等级有明确规定，有规则可遵守。

三、职业核心信息分析

（一）职业信息的五要素

职业规划的基本原则是：了解你自己，了解职业，在自我和职业之间进行匹配。但职业不是人，它不会说话，没有喜怒哀乐，从来都是人主动选择职业而不是职业主动选择人。因而，即使了解了自己的性格，还要学会去分析职业的"性格"是不是和自己"合得来"。职业有哪些"性格"？怎样了解职业的"性格"？

▶ **1. 三虚**

在构成职业吸引力的五大要素中，"社会声誉""未来需求"和"发展空间"是不太好把握的，有些"虚无缥缈"。第一，它们是不可明确衡量的；第二，不同的人对它们有不同的评价；第三，未来具有不确定性；第四，有些要素并不是单纯由职业的性质决定的。

比如说很多家长都喜欢子女当公务员，但是有些年轻人觉得在政府机关当"小公务员"是"混日子"；"发展空间"则是"谋事在人，成事在天"，取决的不是职业本身，而是个人的努力和机遇等。

▶ **2. 二实**

"工作环境"和"薪水报酬"是实实在在"看得见摸得着"的，只要通过网络资料、朋友的经验等就能知其大概。可能大家最关心的是"薪水报酬"，而这又属于大多数公司的机密。了解薪水有几个方法：第一是了解行业平均利润率，平均利润率高的行业平均薪水通常也会比较高，平均利润率低的行业薪酬的"性价比"通常不会很乐观；第二是职业的薪酬构成特点，基本工资、分红、年终奖金、保障福利分别占总报酬的比例及计算方法，加薪的幅度和频率等；第三是岗位在公司中的重要程度，通常核心部门、业务部门要大于辅助部门。虽然每家公司提供的薪水报酬不尽相同，但同一行业内的差异不会太大。

（二）获取职业应聘要求的三大方法

▶ **1. 充分利用就业指导中心的资源**

作为即将毕业的大学生，应了解职业环境，善于利用各种职业资源。首先要善于运用高校职业发展教育和就业指导服务中心的资源。高校的毕业生就业指导服务中心是唯一把毕业生的工作当成自己的头等任务的地方，其职能就是为大学生提供职业生涯发展教育和就业指导服务，其最大作用已经不是"推荐工作"，它的价值在于具有丰富的雇主资源，是毕业生与用人单位之间的桥梁。

（1）积极参与就业指导服务中心的活动，不管是作为志愿者还是参加活动。

（2）参加校园宣讲会，尤其是每年12月、1月和下半学期的宣讲会。这时候的校园宣讲会参加的毕业生很少，你有充足的时间和用人单位交流。

（3）每学期约一次就业指导服务中心的老师咨询和访谈，特别是对专业人士的访谈。隔行如隔山，任何一个"职业咨询师"都是"肤浅"的，他们掌握的是职业规划的一般方法，真正具有"深度"的是从事该职业的资深人士，约他们做一次"采访"并建立长期的联系是最好的方法。正确地利用访谈，和圈内人士进行探讨，以帮助自己决定是否从事该项职业，而不是已经知道自己想从事哪项职业，只不过借访谈之名争取推荐或者实习。

▶ **2. 与专业人士取得联系**

（1）向学校有关部门提交一份计划，开展校友访问，获得校方的支持。

（2）组建一个"职业发展研究"社团或者小组，邀请专业人士进行指导，或以编制刊物的名义约他们进行采访。

（3）访问专业/行业网站，这里有着大量的专业人士，可以获得人力资源专业报告。人力资源是公司的核心竞争力之一，所以有很多专业公司提供人力资源咨询，一些知名企业也会自己进行相关的研究。专业性的人力资源发展报告往往具有很强的前瞻性，不失为职业规划的参考资料。获得人力资源专业报告的方法有以下几种。

① 搜索全球前十大的人力咨询和管理咨询顾问公司，定期访问它们的网站。

② 搜索排名前列的人力资源、招聘和所感兴趣的职业领域的专业网站，在这些网站上注册，订阅它们的电子邮件杂志。

③ 阅读新闻时，如果新闻中提到一些专业的报告或数据，马上到网上搜索报告的完整版，并保存到个人电脑上。

▶ **3. 分析招聘广告**

最直接反映雇主招聘要求的是公开的招聘广告，从公众招聘网站、人才市场报、目标公司的网站上收集大量你感兴趣的职位的招聘要求，运用统计分析的方法就可以知道该岗位最核心的招聘要求。

（三）用人要求

在进行职业生涯探索的过程中，大学生应有意识地关注用人单位的情况，主要包括用人单位的所有制性质、隶属关系、经营范围和种类、经济状况、规模、发展前景、福利待遇（包括工资、福利、奖金、住房等）、地理环境，以及用人单位的联系方法等。掌握这些信息在日后毕业择业时，可以减少随意性和盲目性。

不同的用人单位对毕业生有不同的要求。比如，企业单位希望毕业生知识扎实，勇于开拓创新，做事踏实，勤奋忠诚。越来越多的企业认识到创新对于一个单位整体发展的重要性，日益看重能够在实际工作中有独特想法、勇于提出不同见解的大学毕业生。另外，近几年，由于毕业生的就业期望值普遍提高，有些大学毕业生不愿下基层，不愿从事基础性的工作，抱有"这山望着那山高"的心态，从而出现了不顾个人的实际情况频频违约、跳槽的现象。在这种情况下，用人单位开始注重对一个人求实和忠诚程度的考察。那些对具体工作不刻意挑肥拣瘦，能够脚踏实地地从事本职工作，不随波逐流，有个人成熟的职业发展计划的毕业生备受青睐。当然，良好的外语和计算机水平是应聘各个单位的重要条件。对于外资企业，这就更重要了。而教学与科研单位的用人标准又不一样，它们重视毕业生的专业功底和科研能力。在这种情形下，为了考察毕业生的专业水平和科研潜力，用人单位就会比较重视应聘者求学期间的学业成绩、科研成果以及毕业论文等。教学岗位还看重求职者的口头表达能力。因为教师的首要任务就是承担教学工作，要能将知识清楚地表述给学生，传道授业解惑。

国有企业、民营企业和外资企业这三类单位的择才标准各有不同。

▶ **1. 国有企业的择才标准**

由于国企规模相对较大，人事部门在择才方面更加注重对人才的全面考察。

（1）比较看重学历与专业。对一般职位的招聘，国企相对而言还是比较看重学历与专业。因为国企规模较大，人事部门不太清楚某个岗位所需人才的具体情况，所以往往选用专业对口、学历较高的毕业生。这样的选择比较平稳，即便毕业生将来不能在工作岗位上取得卓越成绩，也不至于出现太大偏差。

（2）对应聘者的道德修养要求较高。尽管有不少国企在用人机制、管理机制、奖罚机制上有很大改进，但在国企中还存在一部分工作出成绩不能马上得到奖励或提升的现象，这与民营企业或外资企业立竿见影式的奖励机制是不太相同的。在这个时候，单位最渴望的是职工的理解，而不是怨声载道。

（3）对实际经验较为看重。国企的创业历史较早，所以在职能取向上一般都偏重于实用型，科技含量不算很高，所以，他们在招聘时对实际经验还是比较看重的。

当然，对于一部分优秀的国企而言，它们的择才标准往往不仅局限于此，在不少方面，它们与民营企业、外资企业比较接近。

▶ **2. 民营企业的择才标准**

民营企业的领导往往是企业的创建者，是改革开放中的弄潮儿，所以他们的择才标准既灵活大胆，又严格有加；在择才时一般不受条条框框的限制，所以往往能够设身处地地为企业着想，对症下药，招聘到优秀的人才。

（1）要有强烈的敬业精神，与公司同呼吸、共命运。民营企业在经营机制上比国企灵活，但在不受限制的同时，却也没有国企所拥有的种种国家给予的好处与保障。如果没有一种将企业的前途与自身前途绑在一起的精神，那么民营企业的神话也就无从谈起。

（2）要有艰苦奋斗的创造激情。民营企业往往是从几个人的小团体起步而后发展起来的，企业领导者，即当初的创业者，对应聘者的毅力与拼搏精神比较看重。

民营企业相对于国企与外企而言，更加注重员工对企业的责任感。如果说高级民营企业对人才的要求是重在创造精神的话，那么，还有相当多的民营企业更看重的是责任感和经验。

总体而言，民营企业在人员录用上，重学历而不唯学历，重在创造和贡献。在对毕业生高层次人才招聘时，除要求有一定的专业背景知识外，还要求应聘者有一定的协调、管理能力，以便将来在企业中挑起大梁。

▶ **3. 外资企业的择才标准**

相对于国企和民营企业而言，外资企业在择才标准上还是颇有特点的。许多跨国大企业都有相对独立的择才标准，但在总体上，它们的择才标准还是有一定的趋同性。

（1）注重个人素质。比尔·盖茨曾经说过："员工素质是无法估量的财富"，"微软公司与其他公司的最本质的区别就在于所雇用的员工的素质不同"。外企在招聘时对应聘者的个性、个人追求、职位要求、兴趣爱好等比较看重，对应聘者的考察主要体现在以下几个方面：沟通能力、专业水平、外语能力、分析判断能力、计算机技能、在校成绩、在校时的社会活动能力、组织领导能力。这就是为什么许多外企招聘的毕业生，往往是成绩中等偏上但为人灵活的学生，而那些高分低能的"优秀"学生常常落榜。它们要的人才，用一句话概括就是"要素质高的而不是专业精的"。

另外，外企对一个人的潜力也非常看重。有一位外企人事部负责人说："在招聘过程中，尽管有的人表现很好，但没有多少发展的潜力，这是不行的。"

（2）具有强烈的进取意识和竞争精神。在外企工作就像激流划船一样，唯有拼命向前，才不会被洪流淘汰。事实上，外企之间的竞争是非常残酷的，如果没有强烈的进取意识和竞争精神，也就无法出色地完成自己的工作，只满足于保持现状，就会迅速地成为落伍者。

（3）在精通业务的基础上能发挥创造力，不断追求新的目标。著名的日本松下公司认为员工的创造力对企业有着根本性的作用。

（4）员工须做好全球工作的准备，这是跨国企业与本土企业的差别。众所周知，跨国企业的人员是全球流动的，很多优秀的员工可能会被派到某个并不熟悉的国家或省份进行工作，这就要求每个人都得做好全球流动的准备。这既是对员工的一种激励，也是一种压力。

总之，不同的企业类型造就了不同的企业文化氛围，从而也导致它们对人才的不同认识，形成了各具特色的择才观。对于每个即将走向工作岗位的毕业生而言，能够对不同企业有适当的了解，会使你在求职过程中少走弯路，并做到有的放矢。

（四）具体行业的要求

▶1. 一般商业

一般商业包括管理、制造、运输，不包括办公行政职业以及销售、营销或创业。这个职业类别注重管理和监督能力，是所有职业领域中涉及范围最广的，工作极具竞争性，有一些为大机构工作的机会，绝大多数的工商专业都属于这个类别。

▶2. 办公行政职业

办公行政职业包括会计、秘书、文字处理、办公行政管理等。这个领域的大多数从业者都具有基本的计算机操作能力、较高的英语水平和计算能力。

▶3. 销售、市场营销职业

销售、市场营销职业包括市场营销专家、厂商销售代表、股票经纪人和房地产专业人士、零售商等。这个职业类别需要与其他人打交道。这个领域的从业者经常外出工作，而且喜欢与人一起工作。他们喜欢挑战，崇尚行动自由，不怕冒风险。他们中的大部分人喜欢走捷径，乐于接受工作变化。

▶4. 政府与社会服务

政府与社会服务包括警察部门、消防人员、邮政职员、福利顾问、职业顾问等。这个职业类别涉及的单位包括省、市、县和镇级相关机构。这是一个非常大的行业从业领域，虽然工作环境高度规范，但机会很多，工作比较稳定且有保障。

▶ 5. 文化、教育和宗教

文化、教育和宗教包括教育家、教师、神职人员、演艺人员、出版编辑、新闻主持人等。这个职业类别注重语言沟通能力。总体而言，从业人员要有创造力和表达力。其中大部分人是领导者，并且喜欢那种"控制"的感觉。对他们而言，更重视创造的自由，而不在乎工作的时间。

▶ 6. 高科技、工程师

高科技、工程师包括计算机科学专业人员、科学家、设计师、各种类型的工程师以及支持他们的技术人员。这个职业类别涉及现代科技，是一个难以界定的职业领域，从业人员通常是一些设计、建造、维护我们身边复杂的科技事物的人。这种工作通常在实验室中进行，并且需要高水平的技术，因而高学位的要求是普遍的。

▶ 7. 手工艺

手工艺包括所有在操作台上完成工作的职业、建筑工艺、重机械操作、印刷和纺织业等。

▶ 8. 保健服务

保健服务包括医生、护士、护理人员、医学实验室助手等。这个职业类别中的大部分从业人员富有同情心，乐于做时间不固定的工作。

▶ 9. 地球、自然和行为科学

地球、自然和行为科学包括生物学、动物学、化学、地质学和其他自然科学、人类学、社会学、政治学，以及其他尝试进一步认识世界历史和文化的科学。

▶ 10. 农业、林业和渔业

农业、林业和渔业包括所有形式的土地耕作、畜牧业、采矿业、食物储藏和运输业。这个职业类别涉及户外工作。大多数的从业人员比较喜欢接近自然，不害怕辛苦的工作，不喜欢被固定的工作时间所限制。

▶ 11. 军队

军队包括陆军、海军、空军等。这个职业类别强调爱国和纪律。这个领域中有很多职业，包括支持型服务的办公室行政职业直到高科技领域，工作环境具有组织化特点。这一领域的从业人员必须穿制服。

▶ 12. 餐饮、旅游服务业

餐饮、旅游服务业包括餐厅、宾馆和旅游行业等。这个职业类别的核心是服务。当你到用餐、观光、度假、休闲娱乐的场所时，就会发现这是个非常大的产业，而且增长速度极快。这个领域中的工作大部分是以人为中心的，从业者大多愿意在不固定的时间工作，喜欢活泼的或是迷人的工作氛围。这一行的很多人都成了管理者或者老板。

▶ 13. 企业家

企业家包括自己产品的制造、批发或零售者、总经销商、提供某种非家庭式特殊服务的人员。这一领域的从业人员较为自由。所有的职业都能为成为企业家积累经验。

▶ 14. 不寻常、特殊的职业

不寻常、特殊的职业包括博物馆馆长、宗教事务者、舞蹈治疗专家等各种不寻常的职业。社会发展之快让人跟不上每天产生的职业。有些人做着前所未闻的事，为自己创造工作机会。

▶ 15. 混合型职业

混合型职业是除了上述类型之外的一切职业。

四、大学生职业规划的制定与实施

(一)设计职业规划目标

设计职业规划目标包括目标设定、目标检测、目标分解以及制定行动步骤。

(二)大学生职业规划的主要原则

大学生职业规划的主要原则有目标导向、可行性、可操作性、时间梯度性。

【相关案例】

长 跑 冠 军

一个世界级长跑冠军,连续几次获得奥运冠军,记者采访他成功的秘诀,他只是笑了笑。第二次,当记者再次采访时,他仍然笑了笑,还是没有回答。后来,人们对此特别关注,于是有一天,他回应说:"其实很简单的,我只是在大赛开始前,仔细地查看了全部的赛跑路线,并以十公里为一个单元记住标志性建筑或有代表性的东西,于是我每走过一个标志心理便会感觉轻松很多,并朝着前面的目标跑去。我发现这种方法很见效的。"

(三)设立个人职业规划目标及行动计划

▶ 1. 设定目标

根据目标设定设立的指导原则制定你的五年目标。

(1)我的五年目标:要达到这一目标,需要经过哪几个步骤?

(2)我在一个月内的短期目标。

(3)我在两周内的短期目标。

在到了你设定设立的期限的时候,回答下列问题。你是否实现了你自己的目标?为什么(请应用目标设定设立的指导原则加以解释)?你是否需要对自己的目标做调整?

▶ 2. 目标分解与行动计划

目标分解是指将总目标分解成若干的阶段性目标,有助于对职业选择过程进行管理。

目标的设定,是在继职业选择、职业生涯路线选择后,对人生目标做出的抉择。其抉择是以自己的最佳才能、最优性格、最大兴趣、最有利的环境等信息为依据的。

通常目标分短期目标、中期目标、长期目标和人生目标。短期目标一般为1～2年,短期目标又分日目标、周目标、月目标、年目标。中期目标一般为3～5年。长期目标一般为5～10年。

(四)大学生职业生涯规划的常用方法

▶ 1.SWOT 法

SWOT 分析的五个步骤:评估自己的长处和短处、找出职业机会和威胁、列出3～5年的职业目标、列出3～5年的职业行动计划,以及寻求专业帮助。

▶ 2.5W 法

(1)你是谁(Who are you)?

(2)你想做什么(What you want)?

(3)你能做什么(What can you do)?

（4）你有哪些能力或资源支持你（What can support you）？

（5）最终你将成为怎样的人（What can you be in the end）？

（五）大学生职业生涯规划的实施

（1）大学生涯目标的设定。

（2）克服大学生涯规划实施中的阻力：克服惰性，要有危机意识；向你的同学、朋友公开你的规划书；找人监督；对发展目标做适当的调整；保持对环境的敏感性；改变方法。

任务训练

▶ **1. 案例分析**

一个美国小伙子立志做一名优秀的商人。中学毕业后考入麻省理工学院，他没有去读贸易专业，而是选择了工科中最普通、最基础的专业——机械专业。大学毕业后，这位小伙子没有马上进入商海，而是考入芝加哥大学，攻读为期三年的经济学硕士学位。最出人意料的是，获得硕士学位后，他还是没有从事商业活动，而是考了公务员。在政府部门工作了 5 年后，他辞职下海经商。又过了两年，他开办了自己的商贸公司。20 年后，他的公司资产从最初的 20 万美元发展到 2 亿美元。这位小伙子就是美国知名企业家比尔·拉福。

1994 年 10 月，比尔·拉福率团来中国进行商业考察，在北京长城饭店接受《中国青年报》记者采访时，他谈到他的成功应感激他的父亲的指导，他们共同制定了一个重要的职业规划，最终这个职业规划设计方案使他功成名就。

问题：优秀商人的成功之处在哪里？

▶ **2. 拓展训练**

谈谈职业理想，并设计一份短期的职业规划，为求职面试做好准备。

子情境二　求职材料准备、求职电话礼仪

学习目标

1. 制作一份真实、简明、体现自己优势的设计精良的简历。

2. 能够通过电话简明清楚地推荐自己。

导入案例

仅有的才子

四年的大学生活就要结束了，作为机械系"仅有的才子"，张强对那些已经开始着手找工作的同学不屑一顾，最后的才是最好的！在班上大部分的同学签了就业协议之后，张强才开始行动："那些土包子就为求个职，连简历怎么写、写多少内容都去咨询！"张强花了

三个晚上，写了一份三页的求职信、一份三页的个人简历。而且经过润色，使词句流畅，读起来朗朗上口。然后又用整整一天的时间，对求职信进行了精美的设计，最后"不惜血本"用彩色打印机打印了20份，用张强的话说："这资料，洋洋洒洒万言，肯定让人家看了就不想放下。"可事与愿违，20份"精美"的求职材料都寄给了那些他认为比较喜欢的企业，竟然没有一家企业和他联系。

（资料来源：曹艺．商务礼仪［M］．北京：清华大学出版社，2009．）

一、求职材料

（一）求职信

▶ **1. 求职信的格式**

求职信的基本格式与书信无异，主要包括标题、称呼、正文、结尾、署名、日期和附录共七个方面的内容。

（1）标题。在信纸首页上，居中大字书写"求职信"。

（2）称呼。求职信的称呼与一般书信不同，书写时须正规，如果写给国家机关或事业单位的人事部门领导，可用"尊敬的××处（司）长"称呼；如果是企业负责人，则用"尊敬的××董事长（总经理）先生"；如果是各企业厂长（经理），则可称之为"尊敬的××厂长（经理）"；如果是写给院校人事处负责人或校长的求职信，可称"尊敬的××教授（校长、老师）"。

（3）正文。求职信的中心部分是正文，形式多种多样，但一般分为三段内容，一是说明求职信息的来源并直接说明自己写信的目的；二是简单扼要地介绍自己与应聘职位有关的学历水平、经历、成绩等，令对方从阅读完毕之始就产生兴趣（这些内容不能代替简历）；三是说明能胜任职位的各种能力，这是求职信的核心部分，表明自己具有专业知识和社会实践经验，具有与工作要求相关的特长、兴趣、性格和能力。

（4）结尾。结尾一般会表达两个意思，一是希望对方给予答复，并盼望自己能够得到面试的机会；二是表示敬意、祝福之类的词句，如"顺祝愉快安康""深表谢意""祝贵公司财源广进"等，也可以用"此致"之类的通用词。最重要的是别忘了在结尾写明自己的详细通信地址、邮政编码和联系电话，以方便用人单位与求职者联系。

（5）署名。无论是写稿还是打字稿，都应有求职人的亲笔签名，以示庄重和负责。

（6）日期。在署名的下方，应用阿拉伯数字书写，年、月、日全部写上。

（7）附录。求职信一般要求和一些证明材料的复印件一同寄出，如学历证、职称证、获奖证书的复印件，并在正文左下方一一注明。

▶ **2. 注意事项**

最好选用署有本学校名称的信封、信纸，忌讳选用带有外单位名字的信封、信纸。字迹清晰工整。如果写一手漂亮的书法，也可手写，因为更多的人相信字如其人。如果字写得不好看，就不如用计算机打印出来。篇幅要适中，不宜过长，1000字左右较为合适。自荐是个人与单位的第一次接触，所以，文笔要流畅，可以有鲜明的个人风格，不可过高地评价自己，也不可过于谦虚，尽量给用人单位留下较为深刻的印象。

（二）简历

▶ **1. 简历的设计原则**

真实、简明、无错是简历设计的三个原则。真实原则是指简历从内容上讲必须真实，比如选了什么课就写什么课，如果没有选就不要写，附录里的成绩单一定是学校教务处盖章认可的。做过什么学生工作或是兼职工作同样如此，做了什么，就写什么。因为在面试时，面试官会就简历上的任何问题提出疑问。讲真话，不要言过其实，相信自己的判断力是十分重要的。

简历，最好简单明了。如果简历内容过多，又缺乏层次感，会给人以琐碎的感觉。必要信息如姓名、性别、出生年月、联系电话和地址等一定要写上。可以将自己认为重要的信息全部浓缩到第一页上，然后把认为次要的信息，诸如每学期成绩单、获奖证书复印件等信息都当作附件。

▶ 2. 简历的内容

（1）个人基本资料。主要指姓名、性别、出生年月、家庭住址、政治面貌、身高、身体状况等，一般写在简历最前面。

（2）学历。用人单位主要通过学历情况了解应聘者的智力及专业能力水平，一般应写在前面。学历的顺序是按时间的先后，但实际上用人单位更重视现在的学历，最好现在开始往回写，写到中学即可。学习成绩优秀、获得奖学金或其他荣誉称号是学习生活中的闪光点，可一一列出，以加重分量。

（3）生产实习、科研成果和毕业论文及发表的文章。这些材料能够反映你的工作经验，展示你的专业能力和学术水平，将是简历中一个重要的参考内容。

（4）社会工作。近几年来，越来越多的用人单位渴望招聘到具有一定应变能力、能够从事各种不同性质工作的大学毕业生。学生干部和具备一定实际工作能力、管理能力的毕业生颇受青睐。对于仍在求学的毕业生来说，社会工作主要包括社会实践活动和课外活动，是应聘时相当重要的经历。

（5）兼职经历。即使勤工助学的经历与应聘职业无直接关系，但是勤工助学能够显示你的意志，并给人留下能吃苦、勤奋、负责、积极的好印象。

（6）特长，兴趣爱好与性格。指你拥有的技能，特别是指中文写作、外语及计算机能力。兴趣爱好与性格特点能够展示你的品德、修养、社交能力及团队精神，它与工作性质关系密切，所以用词要贴切。

【相关案例】

求 职 信

尊敬的××经理：

您好！

我写此信应聘贵公司招聘的经理助理职位。我很高兴在招聘网站得知贵公司的招聘广告，并一直期望能有机会加盟贵公司。

两年前我毕业于××经济贸易大学国际贸易专业，在校期间学到了许多专业知识，如国际贸易、国际贸易实务、国际商务谈判、国际贸易法、外经贸英语等课程。毕业后，就职于一家外贸公司，从事市场助理工作，主要是协助经理制订工作计划、承担一些外联工作，以及文件、档案的管理工作。本人具备一定的管理和策划能力，熟悉各种办公软件的操作，英语熟练，略懂日语。我深信可以胜任贵公司经理助理之职。

个人简历及相关材料一并附上，希望您能感到我是该职位的有力竞争者，并希望能尽快收到面试通知，我的联系电话：139××××××××。

感谢您阅读此信并考虑我的应聘要求。

此致

敬礼！

××谨上
××××年××月××日

（资料来源：曹艺．商务礼仪［M］．北京：清华大学出版社，2009.）

二、求职电话礼仪

【相关案例】

求职电话的细节

有一次我找公司的人事部经理说一个事情，他刚好在打电话，我就在旁边等他。三句两句说完之后，他把电话扣下，然后我们说事情。在谈的过程中，有一个问题不是很清楚，于是我让他打电话叫文秘从资料室把资料拿来核对。他拿起来电话，就听里面居然有人说话，惊讶之余，就问对方什么情况。这个时候，他才弄明白，自己刚才没把电话挂住，对方一直都没挂电话。刚才的那个电话是他通知人来面试的电话，换句话说，对方一直在听我们谈话。我开玩笑地对他说，他这回要招一个颇懂得商务礼仪的青年来了。他苦笑一声，在桌上的简历上画了一个叉，然后说："商务礼仪害死个人啊！"在传统商务礼仪中，应该高位置的人先挂电话，按照面试者的理解，自己是低位置，当然要等人家啦。但如此一来，他听取了我们关于公司内部的一些事情，这也算是机密，虽然这个面试者很不错，但是知道了这些毕竟对公司是一个隐患，人事经理只能忍痛割爱。

（资料来源：孙祺奇．面试礼仪［M］．北京：中国经济出版社，2014.）

面试电话，见不到人，看不到表情，完全就是凭借声音来感染对方，礼仪如何表现？分寸如何拿捏？求职的电话礼仪有以下几方面的内容。

（一）研究招聘信息

在求职前，应做好充分的信息准备，先认真阅读用人单位的招聘广告，对方招聘的时间、地点、职位、所需资历等，做到心中有数。如果不知道哪个部门哪位主管招聘，要事先打听清楚。最好知道主管的姓名，但不会念或者念不准时，先查查字典，读准后再通话，千万不要叫错主管的姓名。

（二）选择恰当的通话时间

打求职电话不要在用人单位刚上班和即将下班时打电话，休息时间就更不要打电话。一般宜在上午或下午的工作时间打电话。中午12点到下午2点不要打电话，以免打扰对方休息，晚上7点以后，早上8点之前、三餐时间不宜打电话。

（三）提前准备通话要点

打电话之前，一定要做好充分的准备工作。在电话中应该说些什么，一次电话该打多久，打电话前应有"腹稿"。如果怕有遗漏，可以事先拟出通话要点，厘清说话的顺序，要根据用人单位的需求情况，结合自己的特长，列出一份简单的提纲，讲究条理并重点突出地介绍自己，还要备齐与通话内容有关的资料。

▶ **1. 电话拨通后**

电话拨通后，应先向对方问一声"您好"，接着问："您是某某单位吗?"得到明确答复后，再说明自己的身份和意图。要用简短的话语描述自己的特长和擅长的技能，要对自己有一个客观、公正的评价，扼要地介绍自己的经验，并询问对方是否需要"我这样的员工"。打电话的时间宜短不宜长，每次通话一般以 3～5 分钟为宜。为了在这么短的时间内充分展示你的优势，可以精选一分钟电话内容：自己的简历、家庭状况、担任过的社会工作、自己的专业、主修的课程、对未来工作的简单设想等。

▶ **2. 接通的一瞬间**

在找工作的期间，必须保持电话畅通，避免漏接面试电话。那么，电话接通的一瞬间，如何应对呢? 很简单，"您好，哪位?"就这一句话，确认对方身份后就可以进入后续的电话交谈。

(四)讲究通话的方式

通话中，不仅要用"您好""请""谢谢"等礼貌用语，而且还要控制语气语调。因为电话是声音的传递，声音往往代表了形象，所以，在通话时要调整好心态、态度谦虚、声调温和且富有表现力，语言简洁、口齿清晰，努力控制好说话的语音、语调、语速，在短暂的时间里，展现自己积极向上的良好品质，力争给对方留下深刻的印象。如果对方说话像连珠炮，自己最好也说得快一些，尽可能三言两语交代清楚。要是对方说得很慢，则可以放慢说话的速度，让对方不会有压迫感。打电话求职一定要礼貌、谦逊，忌不文明用语以及自高自大、口齿不清、拖拖拉拉。

(五)注意倾听

充分注意互动性，传统商务礼仪中有一条电话的约定：一定要会倾听，别人在讲话的时候，不要发出任何声响。打电话时除了要认真倾听对方讲话，重要内容要边听边记。同时，还要礼貌地呼应对方，适度附和、重复对方话语中的要点，不能只是说"是"或"好"，要让对方感到你在认真听他讲话，不要轻易打断对方的谈话。

(1) 当面试官在询问你时，一般都以"好的""没问题"来回应。也可简要做答。

这个回应同样也要应用于面试官对你灌输某些事情的时候。因为这个时候，面试官不过是需要你表达一个态度，不需要你做过多的解释。

(2) 当面试官问你意见性问题时，如："这事你怎么看，我说得对不对?"也可适当表达一下自己的看法，注意要言简意赅。

结束电话之前，要感谢对方与你通话，显示出良好的职业修养。通话完毕要礼貌地说"再见"，并等接电话者道过再见或挂断后，才挂断电话。切不可突然挂断电话。

总之，求职电话打得好，彬彬有礼、思维敏捷、吐字清楚、语言表达能力强，往往给招聘单位以良好的第一印象，起到先声夺人的效果。

任务训练

▶ **1. 案例分析**

以下是某企业人力资源经理对求职者的忠告。面试从你接到电话通知的那一刻就已经开始了。也许是等待就业的心情比较迫切吧，我在通知有资格参加下一轮面试的面试者时，一般从电话另一头听到的都是一些浮躁的声音，这里摘了一点我们的对话，供大家参考。

"喂！"

"喂，您好，请问是×××先生吗？"

"你是谁啊？"

"我是××公司的，请问您参加了我们公司的招聘吗？"

（当时，我的心里已经不高兴了，但是不会表露出来。）

"哪个公司？"（肯定是撒大网了）

"我们把您的面试时间安排在了明天的×××，地点在×××。"

"我记一下，你们是什么公司？"

这时，我就会把我的看法写在他的简历上，供明天面试的时候参考，影响可想而知。

（资料来源：张岩松．现代礼仪教程［M］．大连：大连理工大学出版社，2014．）

问题：

（1）应该怎样接听通知你参加面试的电话？

（2）你认为面试是从什么时候开始的？为什么？

▶ 2．拓展训练

（1）根据自己的实际情况设计一份求职简历。

（2）根据招聘广告，模拟一次电话求职，要求求职电话符合礼仪规范的同时注意语言技巧。

子 情 境 三　　面试礼仪

学习目标

1．做好面试的各项准备工作。

2．了解和掌握面试的礼仪规范。

导入案例

一次不寻常的面试

用人单位在招聘人员时，除了对学历、年龄、性别有专门规定外，还对应聘者的工作经历做了相应的要求。我在刚刚毕业时对此很不屑，工作经验不就是在工作中获得的实践知识吗？课本上枯燥、烦琐、复杂的理论知识都难不倒我，那些所谓的实践知识又会有多难掌握呢？但一次普通的面试却改变了我的看法。

2000年5月，我前往一家有名的咨询公司应聘，从招聘信息上我们得知，该公司的主要业务是为本市和外埠企业联系代理商和经销商，并提供办公场所搜寻、公司注册、办公事务代理和会务组织等服务。这家合资公司面向社会招收业务人员时，对应聘者的实际工作经验没有专门规定。我在大学学的是企业管理，条件与公司的各项要求相符，就顺利通过了初试，对接下来的面试我也很有信心。

按照面试单上的地址，我提前来到了公司所在的富华大厦。大厦门口，两名精干的保安站在那里，立在他们前面的不锈钢牌上写着醒目大字：来客请登记。我问其中的一位保安：1616房间怎么走？保安抓起了电话，过了一会儿告诉我："对不起，1616房间没人。不可能吧，我赶忙解释：今天是A咨询公司面试的日子，我这儿有他们的面试通知。

那位保安看后又拨了几次电话，然后告诉我：对不起，1616没人，我不能让你上去，这是大厦内部的规定。""我真的是来面试的，公司面试单上写的就是今天。""那我再帮你试试看。"时间一分一秒地过去，我心里虽然着急，却也只有耐心等待，同时祈祷那该死的电话能够接通。

9点10分，已经超过约定时间10分钟了，保安又一次礼貌地告诉我电话没通。不可能，难道是我记错了？我再次翻开面试单，用磁卡电话拨通了那个印得不起眼的电话号码，电话那头终于传来了声音，对方请我速上16楼1616房，因为内线电话有误，他们还应我的要求告知了保安。

等我忐忑不安地推开经理室的门，已远远超过了面试的时间。"年轻人，你迟到了15分钟。""但我真的很想加入你的公司，我相信我能够胜任相应的工作。""很好，我公司就需要有韧劲的业务人员，为达到目的，百折不回。刚才保安接不通电话，实际上就是我们面试的一部分，以考验你的应变能力，你完成得不错。不过面试还没有结束，我公司准备购置一批电脑，请你到大厦旁边的电脑市场了解一下最新的电脑行情。"

一刻钟后，我将从电脑市场要来的几份价目表交给了经理。"这是零售价，如果批发15个，价格是多少呢？"又过了一刻钟，等我把从销售商那里问到的电脑批发价格告诉经理后，他又问我："计算机的UPS电源怎么卖？另外，打印机、电脑桌有没有优惠？"

"那我再去电脑城了解一下。"看到我疲于应付的样子，经理叫住了我，并让秘书递给我一杯茶。"你在面试的第一阶段做得不错，有闯劲，能够突破常规，遇事多想一步。但从后面完成市场调查的任务来看，还显稚嫩。"

"我们做业务必须有良好的观察和思考能力，想法要多、要深，最好能够快人一步。业务人员不仅要善于动手，还要善于动脑，如果不能做到这点，就不可能为客户提供有效的信息与咨询服务，为采购商提供质优、价廉、物美的产品，反而会造成人力、物力、财力的浪费。"虽然求职以失败告终，但我将那次宝贵的经验记在日记本上：工作中要注意锻炼自己的领悟力和洞察力，独立思考、多谋善断，凡事比别人多想几步，才能真正取得成功。

在以后的工作中，我及时调整了自己的思维方式，努力提高自己的应变能力和处理问题的水平。我告诫自己：不要一味地苦干蛮干，只埋头拉车而不抬头看路，否则就是原地踏步，明天重复昨天和今天的错误。最近一次同学聚会上，我把同样的话告诉了大家。这时的我，已是一个国际知名品牌的地区代理商了。

（资料来源：雪火. 面试得来的经验[J]. 公关世界，2004(11).）

知 识 链 接

一、外表修饰

求职者的外表形象直接影响应聘效果。许多用人单位的负责人认为，应聘时起决定作用的因素70％源于"第一印象"，即应聘者的精神面貌与衣着打扮。应聘者应注意自己在应聘、面试那一刻的形象。外貌是应聘的"敲门砖"，虽然应聘者的五官相貌很难改变，但是他（她）的穿着打扮、风度气质和言谈举止是可以训练改变的，从而给人留下深刻的印象。

为自己设计合适的形象，请牢记一点，良好的个人形象不是漂亮的形象，而是合适的形象。

在人们心目中，特定的职业和岗位也已经被贴上了标签，即特定的职业和岗位的从业人员应当是一个怎样的形象，大家已经有一个基本的共识。军人的职业，特种兵的岗位；教师的职业，幼儿园的岗位；会计职业，出纳的岗位；美术职业，平面设计岗位等所有的人都有一个形象的概念，并且人们也经常反向思维，根据特定个人的形象，推测他（她）的职业和岗位。

个人的形象设计其实也很简单，首先是确定自己的基本风格。基本风格应当与职业、所在企业的文化与环境、目前的专业和职务、同事的情形等因素相吻合，尤其是职业和专业特征一定要准确。

确定一个基本的发型。一般而言，对个人形象影响最大的因素是发型，板寸发型和披肩发基本上代表了不同的风格。通常情况下，应当确定一个中庸的发型，重点与个人五官相配合，如果您的职业和职务相对固定，建议不要轻易改变基本的发型。

个人形象设计同样也必须重视细节，细节就是各种小的服饰，如袜子；小的饰品，如戒指。

▶ **1. 服饰的具体要求**

在应聘面试活动中，合适的穿着本身就是一种很好的礼仪。应聘者的服饰不能简单地认为名贵、款式新奇、色彩华丽就是好的，而是要与求职者的年龄、身份、气质和体型等条件相协调。

不同职业，对该职业的劳动者的服饰有特定的要求，只有当求职者的服饰符合职业要求时，才有较好的效果。反之，如果不注意这一点，片面地理解着装，不考虑职业特点，一定不会给招聘单位留下良好的印象，求职也难以成功。

▶ **2. 男士形象要注意的问题**

不要留长发，将鼻毛和胡须修好，使人显得面部光洁，神采奕奕。西服要笔挺，衬衫要得体，领带要选好，不能与西服的图案有任何冲突；皮鞋要擦亮，袜子要够长，颜色应当和西服相配；公文包要简单；服饰配件应当不引人注目。最重要的是个人的气质应当与外在的形象一致。

▶ **3. 女士形象应注意的问题**

一般的面试场合，女士穿套装就很合适。一般来说，面试时裙子的长度要比在社交场合或日常业务往来时穿的裙子略长一点，这会使双方感到自在。裙子的长度可以用指尖做标准，如果你站立时双臂自然下垂，裙子在手指尖以上，说明这件裙子太短，不适合在面试场合穿。衬衣以长袖衫最适合，短袖衬衫不太好，无袖衬衫则绝对要避免。还可以戴一条丝巾，漂亮的丝巾可以为服装增色。别穿跟太高的鞋，那样走起路来摇摇晃晃，步伐不稳。袜子应以不引人注目为准，要穿中性或肉色的袜子。丝袜有可能在最不该出问题的时候脱线或抽丝，所以应另外准备一双连裤袜或长筒袜，放在公文包或手提包里备用。尽量少戴首饰，应避免几个手指都戴戒指。拇指不要戴戒指。耳环应当小巧且不引人注目。女士要注意一下化妆，千万别妖艳，做到以下几点即可：先遮瑕，再打粉，厚薄要均匀，薄有三处，即眼角、腮边、嘴周围。

即使是同样的职业，不同的岗位也有一定的形象差异。办公室的女性白领，女秘书的形象应当强调专业，不能太花哨；女性经理，则应适当弱化女性特征，突出一定的权威。

二、面试的准备

▶ **1. 面试的心理准备**

面试是事关职业发展的大事，很多求职者都不由自主地感到紧张、不安，这是很正常的现象。解决的办法是面试前做好心理准备，用积极的心态来迎接挑战，满怀信心地在面试中展示自己的风采。

（1）不必苛求完美。面试时不必妄自菲薄，多想想自己的优点和长处，也不必暴露自己的缺点，因为世上根本就没有完人。

（2）坚信自信是成功的一半。面试还没有开始，很多人的信心大厦就已经垮了，他们不战而败。所以，面试前给自己足够的信心非常关键。

（3）尽量做到不卑不亢。自高自大令人生厌，自轻自贱让人可怜。面试中，最好不要让面试官认为你在有意讨好他，没有人愿意录用一个可怜的人。

（4）充分认识适度的焦虑是很正常的。人在大部分情况下都有焦虑，只是表现得轻重不同而已。面试的时候要学会接纳自己正常的焦虑，以平常心去面对自己正常的焦虑，带着自己正常的焦虑去坦然面试，这才是对付焦虑的最有效的方法。

求职者要树立诚实、自信、谦虚、尊敬他人的人生态度，这需要平时的道德修养的积累。顺利时不要放松、不掉以轻心，遇到困难时也不必急躁，不要轻言放弃，积极寻求可行的办法予以解决。但要认识到求职的经历中可能会遇到无数次的失败，只要坚持，不放弃，就有可能成功。

【相关案例】

小张的面试

小张是快要毕业的大学生，得知一家电缆厂在招销售人员，认真准备了简历小张来到了面试现场。"那次面试是在一个大教室，来了很多人，但同学们进教室后都选择离讲台较远一些的后排坐下了，随后就开始和旁边的同学或者与自己一起来的同学聊了起来。"小张回忆说。这时前排空荡荡的，而对于平时就喜欢坐在第一排听课的小张来说，在这样的场合要勇敢地坐到第一排也算是个挑战，但她还是决定坐到第一排去。理由很简单："这样面试老师提出的问题我能听得清楚些。"此时的教室"坐镇"形成了两个极端，第一排一个人，后面直到第四排才开始有同学坐并且也没坐满。

正当大家都在窃窃私语等待面试开始时，面试官说话了，"第一排这位同学，你被录取了。"这让大家都感到有些惊讶甚至不解。宣布录取之后，面试官告诉现场的同学，求职者的积极性非常重要，尤其是销售岗位的人员，更应该主动接近我们的目标客户，在面试现场，我们就是求职者的目标客户。就这样，小张顺利进入了这家公司。

（资料来源：百度文库《面试经典案例》，2019.9.）

▶ 2. 守时

守时是职业道德的一个基本要求。提前 10～15 分钟到达面试地点最好。可用面试前的时间熟悉一下环境，稳定一下心情。如果你面试迟到，不管什么理由也会被视为缺乏自我管理和约束能力，即缺乏职业能力。不管什么理由迟到都会影响自身的形象，这是一个对他人、对自己尊重的问题。

面试之前一定要知道面试的具体时间、地点，熟悉交通路线，了解路途所需要的时间，以便准时到达。

▶ 3. 耐心等待面试

进入公司前台，要把访问的主题、访问者的名字和自己的名字报上，然后在等候室耐心等候，并保持安静及正确的坐姿。如已准备了公司的介绍材料，则应仔细阅读了解情况，不要四处张望，不能吸烟或嚼口香糖；不要来回走动显得浮躁不安，也不要与别的面试者聊天，因为这可能是你未来的同事，你的谈话对周围的影响是你难以把握的，这也许会导致你应聘失败。

【相关案例】

见　面　熟

李文向来以"见面熟"著称，这次他去面试一家向往已久的公司。到公司后，前台人员礼貌地接待了他，并把他安排到休息室，让他稍等一会儿，这时，他又用开了"见面熟"的特长，坐了不到两分钟，就又来到前台，和刚才接待他的工作人员聊上了。那位工作人员很忙，对他说了好几次："您先去休息室坐着稍等一会儿吧！"李文说："没事，不用休息，咱们以后是同事了，哪用这么客气。"一会儿又说："我帮你接电话吧。"15 分钟后，李文接到了主考官的通知：下次有机会再来面试吧。

三、面试的第一印象

▶ 1. 入座的礼仪

进入面试官办公室时，必须先敲门再进入，之后应等面试官示意坐下才可就座。如果有指定座位，则坐在指定的位子上。如觉得座位不舒适或光线正好直射，可以对面试官说："有较强光线直接照射我的眼睛，令我感觉不舒服，如果您不介意，我是否可换个位置？"若无指定位置时，可以选择面试官对面的位子坐定，以方便与面试官面对面交谈。

坐下时要放松自己，但要坐得挺直，切勿弯腰弓背，不要双腿交叉和叠膝，不要晃动小腿，最好双腿自然并拢或稍微分开一点儿。应试者要绝对避免伸懒腰、打呵欠、双手抱在脑后、莫名其妙地跺脚等举动。随身携带的皮包、物品等东西应拿在手中，或放在膝盖上面。双手保持安静，不要搓弄衣服、纸片、笔或其他分散注意力的物品。整个面试过程要始终面带微笑，看着面试官的眼睛。神态要保持亲切自然，和颜悦色，不亢不卑。面试时若与对方握手，要有感染力，态度要诚恳，微笑并双眼直视对方。

【相关案例】

那次"我"穿得更得体了

体面合适的穿着打扮是给面试官留下好印象的重要途径，而小罗的这次经历则让她至今难忘。"那次我去的是一家时尚类的杂志社，我从来不穿正装去面试的，那次面试也没有。"对于平时不太在意打扮的小罗来说，这次面试也挑战了一下自己的心里极限。得知室友要去一家时尚类杂志社面试，小罗宿舍的同学便开始帮她做起了"包装"。

"室友给我化了妆，还让我穿得时尚一些，刚开始有些不适应，但想着也对，要从事这个工作首先得适应这个环境。"在室友的精心包装下，小罗豁出去了。来到面试现场，小罗的穿着打扮在同一批求职中很显眼，很快就引起了面试官们的注意。经过简单的交流，小罗被录用了。

录取理由："要想做好这份工作首先得喜欢这份工作，而融入这个环境则是非常重要的。"杂志社人力资源负责人解释道："我们是一家时尚类的杂志社，非常注重求职者的形象气质，恰当的装扮能让我们的员工在客户眼前一亮，从而让工作更顺畅进行。"

（资料来源：百度文库《面试经典案例》，2019.9.）

▶ 2. 自我介绍

当面试官要求你做自我介绍时，因为一般情况都已事先附在求职信上，所以不要像背书似的发表长篇大论，那样会令面试官觉得冗长乏味。将重点挑出稍加说明即可，如姓名、毕业学校、主修科目、专长等。如面试官想更深入了解家庭背景及成员，再简单地加以介绍即可。自信地介绍自己；如在握对方的手时，要使自己的整个手臂呈"L"形（90度）并有力地摇两下，然后把手放下。不要用力过大或是时间太长，这样会表现出你过于紧张，自信心不足。

【相关案例】

福特开启辉煌之路

亨利·福特是美国的汽车大王，被尊为"为世界装上轮子"的人，而福特当初进入公司的"敲门砖"竟是一个微不足道的小小动作。那时候，福特刚从大学毕业，他到一家汽车公司应聘，一同应聘的几个人学历都比他高，在其他人面试时，福特感到没有希望了。当他敲门走进董事长办公室时，发现门口地上有张纸，很自然地弯腰把它捡了起来，看了看，原来是一张废纸，就顺手把它扔进了垃圾篓。董事长把这一切都看在眼里。福特刚说了一句话："我是来应聘的福特。"董事长就发出了邀请："很好，很好！福特先生，你已经被我们录用了。"从此以后，福特开始了他的辉煌之路，直到把公司改名，让福特汽车闻名全世界。

（资料来源：曹艺. 商务礼仪[M]. 北京：清华大学出版社，2009.）

四、面试的交谈的礼仪

(一)面试交谈的一般礼仪

面试是与面试官交谈和回答问题的过程，在这个过程中自我介绍和交谈要口齿清晰、发音正确，尽量使用普通话。交谈时要控制音量、语速、语调，在抑扬顿挫之中表现出你的坚定和自信。

一般情况下，语速在每分钟 120 个字左右为宜，要注意语句间的停顿，不要滔滔不绝而让人应接不暇。

交谈中还要注意谈话礼貌，不要打断对方的讲话，要集中注意力认真倾听对方的讲话。听清和正确理解对方的一字一句，而且要听出其"弦外之音"，这样才能做出敏捷的反应。回答问题是面试交谈的重要方面，得体地回答面试官提出的问题是面试取得成功的关键，面试者要对面试官可能提到的问题有充分的准备。

（二）核心阶段的交谈礼仪

面试的核心阶段是指面试的最主要环节，在此阶段，面试官就广泛的问题向应试者征询、提问，并根据应试者的回答和表现对他们的能力、素质、心理特点、求职动机等多方面进行评价。在谈过主要问题之后，面试官可能会提出一些比较敏感、尖锐的问题，以便深入、彻底地了解应试者的情况，为录用抉择提供更加充足的信息支持。就一定要掌握应答中的基本要领。面试中的话，要应付这种局面，回答得体，到底该怎么说？有没有技巧和原则可言？下面介绍几种方法。

▶ 1. 确认提问内容，答必所问，注意篇幅

面试中，面试官提出的问题过大，以致不知从何答起，或对问题的意思不明白时，一定要请求面试官谅解并要求给予更加具体的提示，然后做出恰当的回答。对于面试官来说，与其听你答非所问的叙述，不如等你将问题搞明白，再进行对话更轻松些。

在确认问题后，我们说的话有了指向性，那么说话的篇幅就要结合你的指向性的言语来确定。无论是说多还是说少，都是有原则的。这里有几个技巧，大家可以遵循一下。

（1）询问型问题。面试官一般会有一些询问型的问题，比如你家住哪、多大年龄等。对待这样的问题，一般回答的时间越短越好，除面试官特殊关注的以外，我们尽量把回答控制在 5～10 句以内。

（2）论述型问题。有一些问题则表观点，表达一些自己的看法。而这恰恰是最容易说废话的时候，我们只要记住一个技巧就可以了：采取新闻报道的形式，先说观点，再来解释。实际上是一个降低风险的办法，你把观点或者结论说给面试官听，面试官就会自己去思考你的观点，那么就会大大降低我们被淘汰的概率。

▶ 2. 知之为知之，不知为不知

在面试时，常会遇到一些自己不熟悉、曾经熟悉但却忘了或根本不懂的问题。面临这种情况，首先要保持镇静，不要表现得手足无措、抓耳挠腮、面红耳赤。面试官也不会要求应试者无所不知，所以应试者不必为自己的"无知"而懊恼，甚至感到无地自容。其次不要不懂装懂，牵强附会，坦率承认自己不懂。最后不要回避问题，默不作声。对没把握的问题可以略答或致歉不答，但绝不能置之不理或略而不答。

▶ 3. 控制情绪

在面试中，一般是面试官有意识地逐步向应试者施加压力，以考察其能否适应工作中的压力。有的面试官提出特别尖锐的问题或有意令应试者感到左右为难，以此考验应试者的应变能力，看他的胸襟是否广阔、立场是否坚定、是否有主见等。

中国人有句话叫"喜怒不形于色"，意思就是高兴与不高兴都不表现出来，在这一点上，现有的商务礼仪也是这么认为的。这种情绪上的表现，说到实质上其实就是对自己情绪的控制。当你有什么情绪的时候，必须用各种方式让其不表现出来，最明显的就是脸上

不能显露。很多让你开心、难过甚至是发火的事情，都是面试官故意设计出来的考验，为的就是看你情绪是如何表现的。

因此，应试者应对为难之问有心理准备，切勿表现出不满、怀疑、愤怒，要保持冷静、表现出理智、容忍、大度，保持风度和礼貌，系统地与面试官讨论问题的核心，将计就计。此外，接到面试官所提的问题后，要尽可能全面细致地考虑回答，以防穷追不舍，同时注意不要自相矛盾。

▶ **4. 正确判断面试官的意图，对症下药**

首先，要注意识破面试官的"声东击西"策略。当面试官觉察到你不太愿意回答某个问题而又想有所了解时，可能采取声东击西的策略。例加，对于政治问题和其他一些敏感性的问题，许多人不愿真实地表达自己的观点。面试官为了打消你的顾虑，可能会这样问你："你周围的人对这个问题有些什么看法？"面对这种情况，你不要以为说的不是自己的意见，就可以信口开河。因为面试官往往认为，你所说的很大部分都是你自己的观点。另外，面试官可能采用投射法测验你的真实想法。所谓投射就是以己度人的思想方法。例如，面试官让你看一幅图画，然后让你根据画面编一个故事。这种方法一方面是测验你的想象力，另一方面是测验你深度的心理意识。这时，你尽可以放开思维，大胆构思，最好能有一些新奇的想法，展示你的创造力、想象力，但同时不要忘记：首先，所编故事情节要健康、积极、向上。因为面试官认为你是在"以己度人"，故事情节融入了你的真实心理。其次，要分析判断考官的提问是想了解你哪方面的素质和能力或其他什么评价要素，有针对性地作答。

【相关案例】

面试官的经历

我面试过一个毕业生，硕士学历，人看着很精干。最关键的是，他认为自己最牛的是口才。在此之前，他已经经过了几轮面试。那些面试过他的面试官都被其口才所打败，那滔滔不绝的架势确实是唬住了不少人。这些高学历的青年们是要被作为苗子来培养，集团领导的意思是在最后一步上一定把好关。作为我来说，必须要在他们闪亮的形象背后找到其硬伤所在。面试伊始，这个青年依然是"口才战术"，不断地用语言轰炸试图让我投降。我没有及早地下结论，而是仔细观察他的一言一行，完整地听完他说的每一句话。青年阐述完毕后，嘴角带笑地看着我，那个意思是：看看你有什么本事来反驳我？我心想：既然你自以为口才了得，那就让你输在口才上！"你说得很棒，但是就差一句！"我慢慢地说道。"您是什么意思？"他很疑惑。"你再说一句话，就把我感动了，来吧……"我做了一个请的手势。"我……我认为……咳咳……"青年有些手足无措。之后的 5 分钟，青年一改之前的口若悬河，几乎是有些语无伦次。最后挣扎后，他彻底叹了一口气，忽然睁大眼睛问我："为什么会这样！"这个话的意思就是：从来没人能在口才上考验到我，你是如何做到的？

总结一下：面试官是要为集团选拔高质量的人才，用意是要在应试者表面光鲜的形象下找到是否存在其他问题，本案例就是运用了心理学的方法，考查了对方的临场应变能力及解决复杂问题的能力。

▶ **5. 指向性明确**

对于面试来说，话多话少，都不是重点，重点是你的每一句话，必须带有强烈的指向性。换句话说，你每一句话都要有强烈的目的性，即便你举出长篇大论的例子，也必须是围绕你的观点而来。但凡是让人们产生反感的话语，基本都是指向性很弱的。一般来说，一个人听另一个人说话时，会本能地试图抓住其说话重点，也就是其话语指向性所在。若是对方的言语中指向性很弱，那么人们会本能地选择"节能模式"，尽量去忽略那些废话，而去听有用的部分。若通篇都是废话，那人们就会选择"逃避模式"，想办法结束这个谈话。

换句话说，你的语言指向性不强烈，导致听话的面试官非常疲劳和费劲，这便是最大的失礼了！

【相关案例】

孔 明 舌 战

孔明舌战群儒时，座上忽一人抗声问曰："今曹公兵屯百万，将列千员，龙骧虎视，平吞江夏，公以为何如？"

孔明曰："刘豫州以数千仁义之师，安能敌百万残暴之众？退守夏口，所以待时也。今江东兵精粮足，且有长江之险，犹欲使其主屈膝降贼，不顾天下耻笑。由此论之，刘豫州真不惧操贼者矣！"虞翻不能对。

座间又一人问曰："孔明欲效仪、秦之舌，游说东吴耶？"

孔明视之，乃步骘也。孔明曰："步子山以苏秦张仪为辩士，不知苏秦、张仪亦豪杰也。苏秦佩六国相印，张仪两次相秦，皆有匡扶人国之谋，非比畏强凌弱，惧刀避剑之人也。君等闻曹操虚发诈伪之词，便畏惧请降，敢笑苏秦、张仪乎？"步骘默然无语。

忽一人问曰："孔明以曹操何如人也？"

孔明视其人，乃薛综也。孔明答曰："曹操乃汉贼也，又何必问？"综曰："公言差矣。汉传世至今，天数将终。今曹公已有天下三分之二，人皆归心。刘豫州不识天时，强欲与争，正如以卵击石，安得不败乎？"孔明厉声曰："薛敬文安得出此无父无君之言乎！夫人生天地间，以忠孝为立身之本。既为汉臣，则见有不臣之人，当誓共戮之：臣之道也。今曹操祖宗叨食汉禄，不思报效，反怀篡逆之心，天下之所共愤；公乃以天数归之，真无父无君之人也！不足与语！请勿复言！"薛综满面羞惭，不能对答。

座上又一人应声问曰："曹操虽挟天子以令诸侯，犹是相国曹参之后。刘豫州虽云中山靖王苗裔，却无可稽考，眼见只是织席贩屦之夫耳，何足与曹操抗衡哉！"孔明视之，乃陆绩也。

孔明笑曰："公非袁术座间怀桔之陆郎乎？请安坐，听吾一言：曹操既为曹相国之后，则世为汉臣矣；今乃专权肆横，欺凌君父，是不惟无君，亦且蔑祖，不惟汉室之乱臣，亦曹氏之贼子也。刘豫州堂堂帝胄，当今皇帝，按谱赐爵，何云无可稽考？且高祖起身亭长，而终有天下；织席贩屦，又何足为辱乎？公，卜儿之见，不足与高士共语！"陆绩语塞。

（1）尽量不要引经据典。

这一条主要是针对一些语言把握能力不是很好的人。引经据典是非常常见也是非常经典的语言表达手法，但是有一点，引经据典会占据说话时间，如果你没有足够的能力把握对方的兴趣，那么你的故事可能会让对方反感。

另外，更重要的一点是，引经据典要绕开你的主题去旁敲侧击地解释一个问题，这很可能会分散你自己的注意力。一边要整理自己的说话逻辑，一边还是继续你的故事，还要考虑故事结束以后的启发和总结，这个动作本身已经很高难度了。我们尽量把思想和观点表达清楚，并控制在有限的面试时间内，千万不能让对方反感，这是一个原则。

（2）总结关键词。

要学会给自己的话总结关键词，然后围绕着关键词去阐述自己的观点。这不光是面试的语言，我们日常说话也要用到这些。所谓关键词，是指自己语言中的关键所在。平时要多多练习，用时方能达到一个好的效果。

【知识拓展】

交谈中的常见问题

以下是首席大学生就业顾问、著名职业生涯规划专家李震东老师向大家介绍的面试问题及回答思路，供参考。

问题一："请你自我介绍一下。"

思路：①这是面试的必考题目。②介绍内容要与个人简历相一致。③表述方式上尽量口语化。④要切中要害，不谈无关、无用的内容。⑤条理要清晰，层次要分明。⑥事先最好以文字的形式写好背熟。

问题二："谈谈你的家庭情况。"

思路：①介绍家庭情况对于面试官了解应聘者的性格、观念、心态等有一定的作用，这是招聘单位问该问题的主要原因。②简单地罗列家庭人口。③宜强调温馨和睦的家庭氛围。④宜强调父母对自己教育的重视。⑤宜强调各位家庭成员的良好状况。⑥宜强调家庭成员对自己工作的支持。⑦宜强调自己对家庭的责任感。

问题三："最能概括你自己的三个词是什么？"

思路：例如，经常用的三个词是：适应能力强、有责任心和做事有始有终，结合具体例子向面试官解释，使他们觉得你具有发展潜力。

问题四："你有什么业余爱好？"

思路：①业余爱好能在一定程度上反映应聘者的性格、观念、心态，这是招聘单位问该问题的主要原因。②最好不要说自己没有业余爱好。③不要说自己有哪些庸俗的、令人感觉不好的爱好。④最好不要说自己仅限于读书、听音乐、上网，否则可能令面试官怀疑应聘者性格孤僻。⑤最好能有一些户外的业余爱好来"点缀"你的形象。⑥找一些富于团体合作精神的爱好。这里有一个真实的故事：有人被否决掉，因为他的爱好是深海潜水。面试官说：因为这是一项单人活动，我不敢肯定他能否适应团体工作。

问题五："你最崇拜谁？"

思路：①最崇拜的人能在一定程度上反映应聘者的性格、观念、心态，这是面试官问该问题的主要原因。②不宜说自己谁都不崇拜。③不宜说崇拜自己。④不宜说崇拜一个虚幻的或是不知名的人。⑤不宜说崇拜一个明显具有负面形象的人。⑥所崇拜的人最好与自己所应聘的工作能"搭"上关系。⑦最好说出自己所崇拜的人的哪些品质、哪些思想感染着自己、鼓舞着自己。

问题六："你的座右铭是什么？"

思路：①座右铭能在一定程度上反映应聘者的性格、观念、心态，这是面试官问这个问题的主要原因。②不宜说那些易引起不好联想的座右铭。③不宜说那些太抽象的座右铭。④不宜说太长的座右铭。⑤座右铭最好能反映出自己某种优秀品质。⑥参考答案——"只为成功找方法，不为失败找借口。"

问题七："谈谈你的缺点。"

思路：①不宜说自己没缺点。②不宜把那些明显的优点说成缺点。③不宜说出严重影响所应聘工作的缺点。④不宜说出令人不放心、不舒服的缺点。⑤可以说出一些对于所应聘工作"无关紧要"的缺点，甚至是一些表面上看是缺点，从工作的角度看却是优点的缺点。绝对不要自作聪明地回答"我最大的缺点是过于追求完美"，有的人以为这样回答会显得自己比较出色，但事实上，他已经岌岌可危了。

问题八："谈一谈你的一次失败经历。"

思路：①不宜说自己没有失败的经历。②不宜把那些明显的成功说成是失败。③不宜说出严重影响所应聘工作的失败经历。④所谈经历的结果应是失败的。⑤宜说明失败之前自己曾信心百倍、尽心尽力。⑥说明仅仅是由于外在客观原因导致失败。⑦失败后自己很快振作起来，以更加饱满的热情面对以后的工作。

问题九："有想过创业吗？"

思路：这个问题可以显示你的冲劲，但如果你的回答是"有"的话，千万小心，下一个问题可能就是："那么为什么你不这样做呢？"

问题十："你参加过义务活动吗？"

思路：现在就着手做一些义务活动，不仅仅是那些对社会有贡献的，还要是你的雇主会在意的，如果他们还没有一个这样的员工，那么你会成为很好的公关资源。

问题十一："你为什么选择我们公司？"

思路：①面试官试图从中了解你求职的动机、愿望以及对此项工作的态度。②建议从行业、企业和岗位这三个角度来回答。③参考答案——"我十分看好贵公司所在的行业，我认为贵公司十分重视人才，而且这项工作很适合我，相信自己一定能做好。""我来应聘是因为我相信自己能为公司做出贡献，而且我的适应能力使我确信我能把工作带上一个新的台阶。"

问题十二："对这项工作，你有哪些可预见的困难？"

思路：①不宜直接说出具体的困难，否则可能令对方怀疑应聘者不行。②可以尝试迂回战术，说出应聘者对困难所持有的态度——"工作中出现一些困难是正常的，也是难免的，但是只要有坚韧不拔的毅力、良好的合作精神以及事前周密而充分的准备，任何困难都是可以克服的。"

问题十三："如果录用你，你将怎样开展工作？"

思路：①如果应聘者对于应聘的职位缺乏足够的了解，最好不要直接说出自己开展工作的具体办法。②可以尝试采用迂回战术来回答，如"首先听取领导的指示和要求，其次就有关情况进行了解和熟悉，接下来制订一份近期的工作计划并报领导批准，最后根据计划开展工作"。

问题十四："与上级意见不一致，你将怎么办？"

思路：①一般可以这样回答："我会给上级以必要的解释和提醒，在这种情况下，我会服从上级的意见。"②如果面试你的是总经理，而你所应聘的职位另有一位经理，且这位经理当时不在场，可以这样回答："对于非原则性问题，我会服从上级的意见，对于涉及公司利益的重大问题，我希望能向更高层领导反映。"

问题十五："我们为什么要录用你？"

思路：①应聘者最好站在招聘单位的角度来回答。②招聘单位一般会录用这样的应聘者：基本符合条件、对这份工作感兴趣、有足够的信心。③参考答案——"我符合贵公司的招聘条件，凭我目前掌握的技能、高度的责任感和良好的适应能力及学习能力，完全能胜任这份工作。我十分希望能为贵公司服务，如果贵公司给我这个机会，我一定能成为贵公司的栋梁！"

问题十六："你能为我们做什么？"

思路：①基本原则上"投其所好"。②回答这个问题前应聘者最好能"先发制人"，了解招聘单位期待这个职位所能发挥的作用。③应聘者可以根据自己的了解，结合自己在专业领域的优势来回答这个问题。

问题十七："你是应届毕业生，缺乏经验，如何能胜任这项工作？"

思路：①如果招聘单位对应届毕业生的应聘者提出这个问题，说明招聘单位并不真正在乎"经验"，关键看应聘者怎样回答。②对这个问题的回答最好要体现出应聘者的诚恳、机智、果敢及敬业。③如："作为应届毕业生，在工作经验方面的确会有所欠缺，因此在读书期间我一直利用各种机会在这个行业里做兼职。我也发现，实际工作远比书本知识丰富、复杂。但我有较强的责任心、适应能力和学习能力，而且比较勤奋，所以在兼职中均能圆满完成各项工作，从中获取的经验也令我受益匪浅。请贵公司放心，学校所学及兼职的工作经验使我一定能胜任这个职位。"

问题十八："你希望与什么样的上级共事？"

思路：①通过应聘者对上级的"希望"可以判断出应聘者对自我要求的意识，这既是一个陷阱，又是一次机会。②最好回避对上级具体的希望，多谈对自己的要求。③参考答案——"作为刚步入社会的新人，我应该多要求自己尽快熟悉环境、适应环境，而不应该对环境提出什么要求，只要能发挥我的专长就可以了。"

问题十九："告诉我三件关于本公司的事情。"

思路：你应该知道十件和公司有关的事情，他问你三件你回答四件，他问你四件你回答五件。说几件你知道的事，其中至少有一样是"销售额为多少多少"之类。

问题二十："你为什么还没找到合适的职位呢？"

思路：别怕告诉他们你可能会有的聘请，千万不要说"我上一次面试弄得一塌糊涂……"或者告诉对方这是你第一次面试。

五、薪资的谈判与咨询

▶ 1. 巧问薪酬

货比三家是做生意的基本原则，人才择业，实际上就是推销自己的过程，从某种意义上说，也是一种"生意"，也应当货比三家，从而找到最能体现自我价值的发展机会。

目前有一种说法，即在择业的过程中，最好不要问自己的薪酬，否则可能引起招聘者的反感。甚至有的人事经理更加绝对地说，如果应聘者主动问薪酬，肯定让他走人。于是这就给应聘者出了一道难题：主动问吧，怕被人看成是斤斤计较，弄得不好还要得罪招聘者；不问吧，心有不甘，况且万一开出个低得自己难以接受的价，岂不是自己给自己难堪？问题的关键并不在于该不该问薪酬，而在于你问这个问题要把握好时机。

（1）在人才交流会上，当你递交应聘资料时，可以不失时机地问一声：这个岗位的收入大约是多少？由于交流会人多嘴杂，招聘者忙得焦头烂额，很可能在不经意中露出真相。如果他不愿回答甚至有反感，由于此时乱哄哄的，他也不大可能耿耿于怀记住你的名字。

（2）面试时，在谈到你的工作经历时，招聘者往往会问你现在的收入情况。你可以在回答了对方的问题后，反问一句：贵公司这个岗位的薪酬区间是？当然老练的招聘者不会回答准确数字，但是因为有了参照物，他的回答也许会含蓄些。比如，"不会低于过去的收入"或"目前我们可能还达不到这个水平，但差距不会很大"之类。通过这些回答，你可以推算出新岗位的大致薪酬水平。即使对方不作正面回答，或对这个问题有反感，但由于这个问题是"承前启后"的，所以也无法过分怪罪于你。

（3）还有一些招聘单位在面试时会主动问：你期望的薪酬大约是多少？此时，你可以以退为进提出反问：我愿意接受贵公司的薪酬标准，不知按规定这个岗位的薪酬标准是多少？这样，你不但没有露出自己的底，反而可能摸清了对方的底。如果你对对方的标准满意的话，那么双方可能一拍即合。

（4）其实，要打听应聘岗位的薪酬，不但可以直接从招聘者口中问到，你还可以通过各种社会关系间接打听到你所应聘企业、应聘岗位的大致薪酬水平。要提醒的是，根据一般心理，从间接打听到的数字往往会比实际水平低，因此，如果你对打听到的数字能接受的话，那么，你下一步的任务就是千方百计地表现自己吧。

▶ **2. 巧妙要求加薪升职**

加薪和升职永远是职场里的人最关心的话题。面对这个颇为棘手的问题，让我们来看看都有哪些妙计。

（1）身为一个老板，都会很希望每个员工向他报告"我今天做了什么，完成了什么，发现什么地方出了问题"。因为老板不可能每时每刻都留意你的表现，所以，如果你能及时向他报告这方面的事情，那老板一定会认为你是一个有责任感、靠得住的好员工。这样，加薪升职又算什么问题呢？这叫有技巧地表现自己。

（2）巧妙地向老板要求加薪升职，开玩笑应该是最好的方式。在老板心情极好、和大家打成一片或者是当众表扬你的时候，像开着玩笑那样说："老板，我们干得这样好，给我们加加工资（升职）吧！"如果是正儿八经地提这些要求，一般气氛都会颇为尴尬。开玩笑既放松了大家的心情，又方便你自己和老板下台，防止留下后遗症。

（3）不妨通过"第三者"之口告诉老板，某家竞争对手正以高薪等优厚条件"挖"你过去，而你暂时还不为所动，让"对手"帮你达到加薪升职的目的。

总之，只要工作做得出色，上司总会看在眼里，加薪升职都不是问题。

▶ **3. 薪水谈判的要点**

（1）认清自己的价值：根据你自己的人际网络、能力、资历等多种因素，确定自己的市值。把自己的要求详细列出来：薪酬、保险、职位职级、休假，如果你认为合适，还可以加上停车位、旅游补贴、专业书籍等。

（2）只说范围：例如说，要求薪水在 5000～7000 元，瞄准中位数。

（3）提前打算：如果第一次面试未能获取所需，在面试之后提出将来加薪的要求。战略考虑：弄清楚最理想的情形是什么，能够接受的条件是什么。要求你想要的东西，但在次重要的问题上做好让步的准备。

（4）积极主动：记住你和雇主都企图从这次谈判中获得满意的结果。开诚布公：一开始就把所有要点拿上桌面。

（5）从容镇定：为自己争取详加考虑的时间，向人显示你的兴趣，告诉对方你会在一定时间给出答复。

（6）薪资条款：协商清楚所有聘请的条款——基本责任、薪水以及各项备注。

▶ **4. 获取高薪的途径**

高薪是工薪阶层的追求目标。谋求高薪的门径大同小异，归纳起来可分为以下几个步骤。

（1）挖掘个人"含金量"的最大值。目前，在各领域都能发挥专长的人很多，即所谓"多面手"，如有些人才同时拥有注册会计师和律师资格证书，但究竟应从事会计工作还是律师工作，得看其能否发挥专长。不过，清楚地了解自己，是找准位置、获取高薪的基础。

（2）发现快速成长或高回报的行业。当初的房地产、金融业曾造就了不少高薪职位。再看如今的 IT 领域、生物制药等行业，无一不是厚利行业。反观那些"减负增效"的行业，恰恰都是"微利保本"或在残酷竞争中不得不"薄利多销"的行业，因而根本没有高薪让你拿。

（3）寻找处于上升期的企业。企业也有初生期、成长期、鼎盛期和衰老期，即使在同一行业，有的企业已经垂垂老矣，有的则青春焕发、风华正茂。欲取高薪，就必须寻找处于上升期的企业。

（4）尽自己所能，寻找技术含量高的职位。许多人进入企业坐稳"交椅"后，就安于现状，不思进取，或按部就班地等待升迁。切记，机会只垂青时刻追求的人。假若你是个普通秘书，断不可指望别人提拔你坐上总经理秘书的位置，而你应该大胆地去争取行政或人事助理的职位。

（5）拿符合自身能力的薪水，干超越自身能力的工作。承担的工作越多，风险越大，使你成为"他人所不能为"的人才，进而完成职级跳跃的可能性也越大。工作本身就是最好的进修，也会带来提升机会。迅速构筑职业壁垒，使他人无法轻易渗透。如果你对目前所从事的工作及职务相当满意，那你也必须迅速在岗位上作出与众不同的业绩，使他人无觊觎之心。这样才能把持高薪宝座而不至于轻易丢失。现在读 MBA 提升学历者众多，大多也缘于此。世上从无免费午餐，当然也不会有易得的高薪。若想拿到高薪，不动脑筋不行。

六、面试后的礼仪

礼貌地向面试官告辞。当面试官暗示或明示可以结束面试时，应试者要礼貌地与考官告辞。告辞时一般要面带微笑，并说感谢对方给了自己这次面试机会之类的话。告辞前如果面试官没有明确告诉你什么时候可以接到面试结果通知，你可以向他提出这个问题。辞别时应整理好随身携带的物品，不要丢三落四，不要风风火火，要从容稳重，有条不紊。

出去推门或拉门时，要转身正面面对面试官，让后身先出门，然后轻轻关上门。

在面谈结束后，可写信给面试官致谢。这不仅体现出你对面试官的尊敬，而且还可以帮助主考官在决定雇用何人时想到你。在写信致谢后几天，就可以打电话询问了。如果对方还没有决定，可以再询问是否还有下一轮的面试以及自己是否有希望，如果你被几家公司同时录取，并决定接受其中一个职位，有必要向被你拒绝的公司写信表示感谢，也许将来会有一天换到那家公司工作。这封致谢信会给对方留下良好的印象。表示拒绝的感谢信应该直接寄给最后决定录用你的人，在信中只要表达你的谢意和已经接受其他公司的工作就可以了，不必做任何解释，也不要提及拟入职公司的名字。

【相关案例】

离职后的礼仪

我们公司原来有一个同事。此人平日里可谓客客气气，为人谦逊，不幸的是，再客气的态度、再谦恭的为人也不能弥补其专业性的不足。在办砸了几件事情以后，老板终于考虑开除他。那天从老板办公室出来的时候，他的脸色非常不好看，用他自己的话说，他对职场的信念从此就已经"死去"了。接下来的几天，他要做很多的交接工作，他不但把工作交接给了同事，也把他的人生态度教给了其他同事。

要知道，干技术的人，本身都是非常自信的。他们可以允许你质疑他的长相、穿着、品位、言辞，甚至是三观、人品，但绝不可以去质疑他们的专业性。很可惜，这个人便是一个专业性很不好却无比自大的人物。

他告诉所有人，这是老板的阴谋。他们害怕有一天失去了自己，这个公司的所有项目都要瘫痪，害怕他因为过多地掌控公司的命脉，所以老板在其还没有实质性介入项目的时候就开除他，以免造成难以挽回的后果。他那无比哀怨的情怀以及岭南腔调，成为了公司一时间的风尚。人们总是喜欢相信弱者，加之这么一个平日谦和的同事，那么的弱势。

这事很快就传到了老板耳朵里，老板非常生气！而这个被开除的同事却不在乎，他认为到了这个时候，没必要再去讲礼节，走出这个门一样有新的开始。

很多年以后，我又碰到了他，聊起之后的事情他感慨万千。因为他的行为惹毛了公司，本来好聚好散的事情变成了鱼死网破。老板让人力资源部给同行业发了一份公开信，把此人的行径公布了出来。他在莫名其妙被面试官拒绝很多次以后，终于从一个熟人那里知道了真相。因为这件事情，他有近半年待业在家，最后还是在朋友的帮助下，才找到了新的工作。当然，我也是在无比压制自己情绪的情况下才听完他那怨妇般的讲述。

【知识拓展】

跳　槽

一、需要跳槽的五种迹象

1. 怀疑自己不合格

工作感到痛苦，实际上这可能是自己工作表现不佳而又不愿正视这个问题。因此应该反身自省：自己到底干得如何？即使没有得到公开的负面反应，仍然可以发觉一些蛛丝马迹，表明你的工作没有达到一定标准。你可以请老板对你的表现作一个评定，以确定是否仍符合他的要求，或者是请教一位精明且诚信的同事（最好他的级别比你高）为你做一个非正式的评估。如果你从哪一方面都得不到建设性的意见，不知为何感到自己的工作表现欠佳，这可能确实到了该找一个能给你更多支持的工作环境的时候了。

2. 与上司不合拍

你如果表现上符合上级的期望，但仍感觉不快，这可能是你与上司个人风格不同的缘故。一种较好的测试方法是：你在上司身边时感觉如何——是自在放松还是紧张不安？他提供的"帮助"是否更像是批评？是否他希望迅速答复而你总需要时间来反应？他对任务有明确的指示还是希望你能自己领会？或者你的上司难以相处。如果你发现他确实有这种名声，最好向人事部门征求一些意见，然后再直接找你的上司，比较得体地表达你的意见。有许多经理意识不到他们可以有效地与人交流。当然，如果普遍的看法是"没什么希望"，那么你就可以考虑着手准备自己的求职简历了。

3. 与同事不合拍

你的同事不都是你最要好的朋友，如果你属于直截了当、性格开朗的，而你的同事却是阴郁不坦率的，可能对你的心境有不良的影响。如果想了解你是否与企业文化相适应，可以问问自己：当你与公司的人交往时是否觉得格格不入？你是否对引起他们兴趣的话题感到乏味和无聊？你在工作中是否感到有些不自在？如果是这样的话，那你可能已陷入一个无法展现自己的环境。在找到适合你的工作环境之前你是难以快乐起来的。

4. 你闭着眼睛都能工作

这可能表明你的能力已远远超越你的职位而自己却不知道。你可以问自己几个问题：你仍然能够从工作中学习新的东西吗？想进一步发展你正在使用的技能吗？有无长远发展的机会？对你的产品或服务是否关心，还是仅仅领工资回家？多数人当不能从工作中学到东西时，他们会疲惫无聊的。

5. 奇怪自己为什么会干这一行

许多人选择职业多少有些偶然性，结果可能胜任这项工作，但并未发现自己真正的兴趣所在。几个小问题可以帮助你发现是否在干自己想干的工作：如果你可重新选择，你还会选择同一职业吗？你是迫不及待地阅读你这一行的报刊，还是将它们扔到一边？你有兴趣阅读这一领域有名人物的自传吗？如果不是，你该考虑去见职业咨询顾问或参加求职测试或讲座了。

变换工作并不意味着供职于不同的公司，如果你喜欢目前所从事的行业，但并不满意当前所在的职位，那么可以考虑同人事部门讨论一下组织内部调动的可能性。这也许才是最行之有效的解决方法。当然，这还存在一个薪金增长的问题，以及你的上级对你所做工作的评价。因此，如果你推断这种内部的调动不太可能，则可考虑寻求一份新工作。

二、跳槽前要考虑的问题

如果你对自己所做的工作感到不尽如人意而想变换一种工作，那么，在离职之前你不妨先问明自己以下的问题：

（1）真的已经对正在从事的职业厌倦了吗？还是不想干现在干的工作？有把握在同行业中找到满意的工作吗？是不是因为工作条件差的缘故，才决定改弦易辙的？

（2）为什么不试试调整一下心绪？

（3）是否渴望有一份新工作来充分表现自身的价值？

（4）是否考虑到新工作将要求你付出更多的精力，表现出更多的能力？你行吗？对自己的性格及向往的工作环境有个基本了解吗？

（5）有把握确定自己的兴趣与向往的职业吗？

（6）知道别人看重你哪方面的能力吗？

（7）是否具有目前无机会发挥的能力？

（8）有没有想过重起炉灶将可能使你薪水减少、花费时间或遭家人反对。

（9）能否在不参加培训或不再次接受教育的前提下去接手新的工作？

三、不想跳槽的人

国家统计局中国经济景气监测中心的一项调查表明：七成城市居民不打算换工作。此次调查，不愿跳槽者多为在机关事业单位工作或从事管理的人。这是因为机关事业单位有许多隐性的福利，如退休金或养老保险、医疗、住房等一系列福利，而体制外的人，比如在公司工作，即便月薪较高，但需自己负担医疗保险住房等，为适应迅速更新的知识时代，还要重新学习、不断充电，这样算来，成本是很高的，再加上竞争压力、职业风险，两相比较，机关事业单位自然好处多多。

四、跳槽相关法律规定

跳槽者应提前30天书面通知原单位（《劳动法》第31条：劳动者解除劳动合同，应提前30日以书面形式通知用人单位）。下列情况可以随时解除劳动合同。

（1）试用期内。

（2）用人单位以暴力、威胁或非法限制人身自由的手段强迫劳动的。

（3）用人单位未按照劳动合同约定支付劳动报酬或提供劳动条件的（《劳动法》第32条）。

如果你曾经担任过因经营不善破产的公司、企业的董事或者厂长、经理，并对该公司、企业的破产负有个人责任的，自公司破产清算之日起不超过3年，不能再担任其他公司的董事、监事、经理。如果你个人所负数额较大的债务到期没有清偿的，不能担任其他公司的董事、监事、经理（《公司法》第57条）。承担国家或本市重点工程、科研项目的主要技术和管理工作，尚未完成规定任务的人员；从事或曾经从事国家机密工作，尚在规定的保密期限内的人员等，未经原单位同意或有关部门批准，相关法规规定其他单位不得擅自聘用。相关法规鼓励人才向国家和本市重点和急需的建设工程、科研项目、优先发展的行业、部门和地区流动。

五、跳槽者面试要点

（1）应征一家公司前，应对该公司有所了解，先收集该公司的基本资料，了解公司情形、运营状况等。接到面试电话时，应询问对方面试官姓氏、职位，是用人部门面试还是人事部门面试？之前先做好准备，面试时才不会慌张。

（2）面试要提前半小时到达，但不是提早半小时进公司，而是先到公司附近了解当地环境，观察公司员工的穿着，是西装笔挺或是T恤、牛仔裤，看看是否适合自己的风格。进公司后再观察员工上班情形，办公室是很安静还是人声鼎沸？事前观察有助于最后决定是否要进该公司工作。

（3）勿夸大以往工作表现。面试时要将能表现个人能力的资料准备齐全，让面试官信服你有能力胜任这份工作。但不能过于夸张自己的工作表现，大部分公司都喜欢脚踏实地的人，品德、诚信是公司用人时最先考量的因素，因此求职者不能夸大在前一公司的工作表现，虚报职位或薪资等，这很容易被拆穿。而一旦被拆穿，不但得不到这份工作，甚至会影响以后的求职之路。

（4）面试重点在"讲话的方式"，而非"讲话的内容"。主管在面试时注重的是求职者如何回答问题，而非回答的内容，他们会由求职者讲话的方式来判定谈话内容是否真实。而求职者的行为模式也是面试重点，因此有些公司会设计情境来观察求职者的行为模式，例如，要应征秘书，就设计面试主管临时有事离席，而此时有电话进来，借此观察求职者如何应对。被录取求职者的表现是接了电话，留下记录，并告知主管有人来电，这种良好的工作模式是公司需要的，所以该名求职者就被录取了。

（5）对于之前离职的理由描述勿空泛，不能用抽象化的词语，应该有实际的陈述，比如说之前的公司空调不佳造成身体不好等，不要把离职理由一味怪罪公司或是自己，应诚恳地说出实情。也不要光说"想到贵公司这样的环境工作"，会马上被反问："你知道公司的环境如何？"回答不出来时，反而尴尬。

（6）面试要主动发问。面试结束前通常面试官会问有无问题，有60%的求职者没有问题，这会失掉进一步了解公司的机会，也会在面试官心中留下不好的印象，认为不够主动。如果面试官是该岗位的直接领导，可以问工作内容为何；如果是人事主管，可以问对方公司组织状况如何、公司文化等。最好面试前先列出想问的问题清单，如员工相处情形、员工离职率，是否会出国等。

（7）重视公司整体薪资福利胜于月薪。在询问薪资时，应问清楚公司整体薪资福利情形，一年领多少个月薪水，有无分红配股等，要将变动性薪资列入考量因素，不要光问月薪多少。而薪资多少应衡量对这次转职有多少期待，每个人的认同幅度都不同，有些人觉得与前一份工作持平就好，有些人可能要上涨一定百分比能满足。

（8）随时更新简历。要时常更新自己的简历，平时的准备很重要。简历中呈现专业的水准，将自己在工作中的成长列出。平时应培养自我能力，面试只是一个引爆点，让平时培养的能力得以发挥。

（9）在找工作时重要的是能不能选到自己可以发挥的工作，像墨守成规的人就不适合到广告公司上班。找到适合自己的工作，而且能力要一直成长，才不会被社会淘汰。每一项工作都会影响下一个工作，因此要确定自己的志向、了解自己、清楚自己的能力极限。重要的是找到"适合自己能力"的工作，不是找到"一个"工作，或一味地往高处爬。

（资料来源：方圆．新求职应聘全书[M]．北京：中国华侨出版社，2000．）

任务训练

▶ **1. 案例分析**

某大公司招聘总经理助理，由总经理亲自面试。应聘者小张来到总经理办公室。总经理一见到小张就说："咱们好像在一次研讨会上见过，我还读过你发表的文章，很赞赏你所提出的关于拓展市场的观点。"小张一愣，知道总经理认错人了。但转念一想，既然总经理对那人那么有好感，不如将错就错，对我肯定有好处。于是就接着总经理的话说："对，对。我对那次研讨会也记忆犹新，我提出的观点能对贵公司有帮助，我感到很高兴。"

第二个来应聘的是小高，总经理对他说了同样的话。小高想：真是天助我也，他认错人了。于是说："我对您也非常敬佩，您在那次研讨会上是最受关注的对象。"

第三个来应聘的是小孙。总经理再次说了同样的话。但小孙一听就回答说："总经理先生，对不起，您认错人了。我从来没有参加过那样的研讨会，也没提出过拓展市场的观点。"总经理一听就笑了，说："小伙子，请坐下。我要招聘的就是有您这样诚实品质的人，我们接下去再聊聊其他的问题。"最终，小孙被这家大公司录用了。

问题：（1）小孙为什么会应聘成功？

（2）求职为什么要遵循做人诚实的基本道理？

▶ 2. 拓展训练

谈谈关于面试的基本程序，根据专业模拟相关的岗位、面试问题及现场环境布置，并分组进行角色扮演，组织一次模拟招聘会。

拓展章节 8

学习情境八
Chapter 8
酒店服务礼仪

子情景一
酒店前厅服务礼仪

子情景二
酒店客房服务礼仪

子情景三
酒店餐饮服务礼仪

子情景四
酒店的客诉处理

子情景五
酒店事故处理应急预案

参 考 文 献

[1] 罗宇．商务礼仪实用手册[M]．北京：人民邮电出版社，2008．

[2] 王慧敏．商务礼仪教程[M]．北京：中国发展出版社，2008．

[3] 李兴国．社交礼仪[M]．北京：高等教育出版社，2006．

[4] 金正昆．经理人礼仪[M]．北京：中国人民大学出版社，2007．

[5] 徐克茹．商务礼仪标准培训[M]．北京：中国纺织出版社，2007．

[6] 王慧敏、吴志樵、周永红．商务礼仪教程[M]．北京：中国发展出版社，2008．

[7] 张晓梅．梅说礼仪[M]．北京：中国青年出版社，2008．

[8] 李晶．现代国际礼仪[M]．武汉：武汉大学出版社[M]，2008．

[9] 陈光谊．现代实用社交礼仪[M]．北京：清华大学出版社，2009．

[10] 曹艺．商务礼仪[M]．北京：清华大学出版社，2009．

[11] 张岩松．现代礼仪教程[M]．大连：大连理工大学出版社，2014．

[12] 孟庆强．商务礼仪[M]．武汉：华中科技大学出版社，2013．

[13] 刘韵．汽车商务沟通与谈判技巧[M]．上海：同济大学出版社，2014．

[14] 孙祺奇．面试礼仪[M]．北京：中国经济出版社，2014．

[15] 方圆．新求职应聘全书[M]．北京：中国华侨出版社，2000．

[16] 理查德·格里格、菲利普·津巴多．心理学与生活[M]北京：人民邮电出版社，2004．

[17] 侯玉波．社会心理学(第二版)[M]．北京：北京大学出版社，2008．

[18] 孔洁、张葵葵．大学生职业礼仪与社交礼仪[M]．北京：中国电力出版社，2013．

[19] 谢迅．商务礼仪[M]．北京：对外经济贸易大学出版社，2007．

[20] 刘长凤．实用服务礼仪培训教程[M]．北京：化学工业出版社，2007．

[21] 徐克茹．商务礼仪标准培训[M]．北京：中国纺织出版社，2007．

[22] 李嘉珊．国际商务礼仪[M]．北京：电子工业出版社，2007．

[23] 唐树伶，等．服务礼仪[M]．北京：北京交通大学出版社，2006．

[24] 杨海清．现代商务礼仪[M]．北京：科学出版社，2006．

[25] 沈杰、方四平．公共关系与礼仪[M]．北京：清华大学出版社，2006．

[26] 刘长凤．实用服务礼仪培训教程[M]．北京：化学工业出版社，2007．

[27] 周璇璇．实用社交口才[M]．北京：北京大学出版社，2008．

[28] 李晓洋．人际沟通[M]．长沙：湖南科学技术出版社，2005．

[29] 胡爱娟，等．商务礼仪实训[M]．北京：首都经济贸易大学出版社，2008．

[30] 郭文臣．管理沟通[M]．北京：清华大学出版社，2010．

[31] 杜明汉．营销礼仪[M]．北京：电子工业出版社，2007．

[32] 吕维霞、刘彦波．现代商务礼仪[M]．北京：对外经济贸易大学出版社，2003．

[33] 雪火．面试得来的经验[J]．公关世界，2004(11)．

[34] 黄大庆．尊重一个人的含义[J]．读者，2002(19)．

教师服务

感谢您选用清华大学出版社的教材！为了更好地服务教学，我们为授课教师提供本书的教学辅助资源，以及本学科重点教材信息。请您扫码获取。

≫ 教辅获取

本书教辅资源，授课教师扫码获取

≫ 样书赠送

公共基础课类重点教材，教师扫码获取样书

 清华大学出版社

E-mail: tupfuwu@163.com
电话：010-83470332 / 83470142
地址：北京市海淀区双清路学研大厦 B 座 509

网址：http://www.tup.com.cn/
传真：8610-83470107
邮编：100084